见证

"中国通"与
中国共产党

张 虹 著

北京师范大学出版集团
BEIJING NORMAL UNIVERSITY PUBLISHING GROUP
北京师范大学出版社

本书系教育部社科基金青年项目
"延安时期中共对外话语的传递研究"
（项目号：19YJC710102）研究成果

序　言

　　历史学家史景迁（Jonathan D. Spence）曾经写过《改变中国：在中国的西方顾问》（*To Change China: Western Advisers in China, 1620–1960*），从利玛窦（Matteo Ricci）、汤若望（Johann Adam Schall von Bell）到伯驾（Peter Parker）、赫德（Robert Hart），他们无一不怀揣着"改变中国"的愿望投身中国近代历史发展的进程中。由于出生年代的便利，我们有幸能以更长的历史镜头来观察这些西方顾问。盼望着把西方宗教、哲学和文化播撒在中国大地的那些西方人士，若穿越时空来到现在不免会有些失望，西方宗教及其文化的痕迹非但没有深耕，反而在复兴的中国传统文化和主流的马克思主义话语中式微。然而，他们当初为了理想而努力融入的官僚体制和地方文化，对他们个人却产生了难以磨灭的影响。我们已经很难说，到底是他们改变了中国，还是中国改变了他们。

　　这个话题放到近代来华的"中国通"（China Hand）身上同样有趣。西方学者对于中国通的定义从阐释到研究不等。"中国通"意味着读懂中国，虽然这个词语是舶来品，但是我们同样有定义的权利。纵观近代以来观察研究中国历史和中国革命的西方人，如果没有亲历中国革命的现场，没有对马克思主义和中国文化的深入了解，没有体悟近代中国生存、发展、突围之艰难，我们很难说他对于中国是通晓的。在这一群体当中，有一部分人显得尤为特殊，那就是曾经到过陕北革命根据地的150余位西方记者、军事观察家和外交官们。

游历中国最偏远贫穷地区，准备报道中国民间疾苦的冒险记者斯诺（Edgar Snow），在因报道中国共产党蜚声中外之后，在瑞士临终时陪伴左右的是中国派出的医疗小组和当初一起进入红区的医生马海德（Shafick George Hatem）。斯诺为自己的女儿取名叫西安，还留下遗愿，将把自己骨灰的一部分安置于曾经执教的燕京大学未名湖畔。被罗斯福总统派往游击区观察敌后抗战的美军上尉卡尔逊（Evans F. Carlson），一路跟随华北游击队穿山匿林，最后把抗日先锋团体"工合"作为冲锋口号带回美国海军陆战队并建立"工合营"。准备在中美关系之中大显身手的美军观察组成员、国务院二等秘书谢伟思（John S. Service），兴致勃勃地从延安返回美国旋即遭到逮捕，麦卡锡主义时期遭到迫害，中美关系恢复时又成为白宫"座上宾"，人生起伏已经和中国密不可分。这些致力于研究中国问题并参与到中国历史当中的观察者们，他们的命运，在选择中国作为考察的对象时，就已经发生转折。这个对象塑造了他们的作品，也塑造了他们自己。

在这一群体当中，有一部分人不应该被遗忘，那就是女性左翼作家们。帮助斯诺整理书稿的海伦·斯诺（Helen Foster

Snow），选择走出幕后亲自探寻红区真相，枪林弹雨中翻墙上马，引人入胜的《续西行漫记》（*Inside Red China*）背后是一位有勇气又有真知的战地女记者。1937年南京沦陷后，革命女战士史沫特莱（Agnes Smedley），在武汉披着仅有的一件军大衣，却做着整个中国红十字会和国际援助的协调和援助工作，她一生感情和经济贫困，但在中国这片土地上实现了最大的自我价值。还有23岁拿到芝加哥大学哲学博士学位，选择走出花园寻找革命的斯特朗（Anna Louise Strong），广泛周游世界革命的中心，在先后六次来访中国后，最终选择在中国度过人生最后的时光。她们的命运被中国改变，她们的作品也应该被时代铭记。

中国近现代史的近百年历程，既是"改变自己，影响世界"的中华民族复兴史，也是"革命自我，改变他者"的中国共产党发展史。这些"他者"对中国和世界的解读，在延安山谷的窑洞里，在延河上空的月光下，在敌后抗战的硝烟中，在没有时钟却跨越时空的交谈中，悄然改变了。他们的命运，也随着中国革命的直济沧海而变得波澜壮阔。他们有幸见证了中国革命高歌猛进的辉煌阶段，也为中国共产党壮丽的历史长卷增添了别样的色彩。

在见到中国共产党人之前，"中国通"们都怀着这样的疑问：中国共产党人究竟是一群什么样的人？他们所提倡的游击战争和统一战线到底是什么意思？他们是否听命于苏联和共产国际？他们有没有可能和欧美国家结成同盟？在找到各自的答案并铸就传奇人生之后，后来人也会忍不住问：这群"中国通"是一群什么样的人？他们信仰共产主义吗？他们如何认识和记录中国革命？有机会来到新中国的他们又作出了何种对比？这样的考察同样具有意义，或许也能为我们提供一份观察历史的多样范本。

感谢恩师杨凤城教授，本书的研究内容和部分章节是由本人的博士学位论文演化而来的。感谢在本书撰写过程中为我提供宝贵资料和意见的孙华、舒暲、刘力群老师。感谢本书的策划编辑李雪洁、宋旭景女士，感谢本书的责任编辑岳蕾女士，没有她们的提议、督促及耐心细致的工作，就不会有这本书的诞生。本书所有图片由延安红星园国际友人展览馆提供，特致谢忱。

由于篇幅和本人研究旨趣的缘由，本书所记述的"中国通"们集中在延安时期与中国共产党有过密切接触并产生了有影响力作品的十余位人物。希望随着时间的推移和研究的深入，这本书可以发展延伸为一个此主题的系列。让我们静待佳音。

张　虹

2021 年 2 月 1 日

目 录 / Contents

图　录

第01章

/ 被红星照耀：
埃德加·斯诺的复始之旅

　　"消息盈虚，终则有始"，斯诺（Edgar Snow）为自传取名《复始之旅》（*Journey to the Beginning*）[1]。庄子用灭生始终来晓义万物，对于斯诺来说，来到中国，的确是他生命旅程的一个新的开始。

　　在中国共产党对自我形象的界定、对革命史观的建构以及内外政策诉求的联动等含有"中国底色"和"中国经验"的观念体系中，认识中国的历史传统和思想文化的重要性，认识决策者的革命经历和政治经验的巨大影响，在学界方兴未艾。斯诺在20世纪60年代对毛泽东浓墨重彩的叙述中，采用的两个角度就分别是"从孔子到毛泽东"，以及"中国为什么会变红"。换言之，斯诺是从中国传统思想文化的变迁以及同马克思主义经典理论有着密切关联的中国革命史来对毛泽东及其领导的新中国社会主义革命和建设进行观察的。

/ 从"个人历史"到"伟大事业"：
斯诺的名记者成长之路

"犀利的历史洞察力来源于犀利的现实洞察力，一个连自身所在的现实都看不清的人，我们根本无法相信他具有足以穿透历史时间屏障的能力。"[2] 作为西方世界当中知名度最高的几位"中国通"[3]之一，当斯诺有机会与最高领导人接触时，他并不是一位就事论事的专题式记者，他对自己所站立的这片古老的土地有充分了解，而且在不断的学习实践中逐渐形成了中国的历史观。所以，我们有必要回顾一下斯诺成长的历史以及他如何能蜕变成一位名记者。

1905 年 7 月 19 日，斯诺出生在美国中部小城堪萨斯城的一个中产家庭。父亲经营一家小型印刷厂，当地最畅销的《堪萨斯城星报》（Kansas City Star）是这家小厂的主顾之一，家中两子一女，斯诺排行最末，吃穿不愁。斯诺的母亲是虔诚的天主教徒，斯诺从小就入了教，但是内心对天主教不以为意的斯诺父亲总是见缝插针地为斯诺读一些天主教禁书。这些朗读的内容对斯诺的宗教信仰产生了何种影响不得而知，因为成年后的斯诺对于任何派别的宗教都很淡漠，他对佛教和道教的哲学感兴趣，不过也并不求神拜佛。但是这样的灌输使得斯诺从小就拥有怀疑和理性的态度，而不是教条和专制。斯诺的曾祖父在 19 世纪 60 年代美国消灭奴隶制的革命战争前就解放了所有奴隶，斯诺的祖父在经营肯塔基的农场时，从他的田地、牛棚、果园、马厩里找不出一个奴隶。所以斯诺说，祖父大概是整个家族成员中最能理解他为什么去中国并且留在中国的人。

斯诺的整个青少年时期充满冒险和阅读。他 14 岁的时候就瞒着父母和同学去加利福尼亚玩。夏日的太平洋让斯诺立下了有朝一日要漂洋过海的雄心壮志，囊中羞涩、流浪漂泊的冒险有未知的危险，也有来自陌生人的关怀。类似于在火车两节车厢中间的挂钩上站着睡着，醒来躺在车轮底下安然无恙这样的经历也让年轻的斯诺隐约明白人类生存的一些奥秘，机遇非常重要，因为有些人是真的命大。带着冒险的经历回到学堂，斯诺从《悲惨世界》想到沿途遇见的工人和失业者，从小说中开始了想象中的异国旅行。经典作品为斯诺展现出一个充满各种观念和重大道德和政治问题的新世界，斯诺开始关注"外国人"，关注动荡年代的历史。这些都为之后斯诺的中国之行埋下了伏笔。

1925 年，斯诺来到密苏里大学哥伦比亚分校学习新闻专业。斯诺所在的新闻学院是全世界第一所新闻学院，在全美排名前三，培了众多优秀的相关从业人员，同样也是民国时期中国的显贵们培养后代的热门目的地，现蹲踞于学院门口的两尊石狮子就是宋子文所赠。斯诺在这里就读一年之后辍学去了纽约。但是名校的光环普照，斯诺在上海的第一份工作——《密勒氏评论报》（初名 *Millard's Review of the Far East*，后更名 *The China Weekly*

Review）的助理编辑，就是新闻学院的院长写信推荐的。就是在这份工作岗位上，二十出头的斯诺实现了从一个青年冒险者向专业记者的蜕变。

《密勒氏评论报》是美国人在租界经营的最重要的政论杂志，也是"密苏里帮"的核心报刊，在 20 世纪上半叶的中国，对新闻职业化的推进，信息、情报网络的建立，以及中国和国际舆论的链接发挥了至关重要的作用。[4] 在这样的报刊工作带给斯诺的锻炼是不言而喻的。1929 年，斯诺考察了将近 8000 英里[5] 的中国铁路沿线，从北京到绥远，从上海到东北，到达了很多人迹罕至而又极度贫穷的地区，对异国他乡的同情心和同理心油然而生，斯诺决定深入报道这片土地上正在发生和将要发生的事情。从专业记者到有独特视角的新闻工作者的第二个蜕变悄然发生了。

从 1930 年开始，斯诺在亚洲的采访工作更加深入。在缅甸，斯诺目睹了缅甸第一次土地革命并把报道首发回美国。在印度，斯诺见到了甘地，报道了印度抵抗英国殖民统治的民族主义运动。回到中国，斯诺接手了为宋庆龄作传的任务，由此更加了解了中国的政治形势和中国人民的民族情感，并开始和中国一些有影响力的高层人物建立私人友谊和联系。之后斯诺在燕京大学教授新闻专业，亲自协助策划了声势浩大的"一二·九"运动，在运动中与斯诺相识的黄华、黄敬和姚依林等学生领袖日后都成长为中国共产党的重要领导人。此时的斯诺已经处于亚洲民族主义运动的前沿，从独特视角的新闻工作者到对世界新兴民族主义运动有深刻洞察和理解的记录者，斯诺职业生涯的第三个蜕变也完成了。

此时的中国，已进入抵抗日本侵略的全民族战争，国内各方势力争相角逐，中国共产党领导的红色区域尤为神秘，一方面被主流媒体形容为"草寇土匪"，另一方面却能在远离重庆的西北安居一隅并逐渐壮大，富有新闻敏锐度的新闻工作者无一不想去一探究竟。但是在当时的形势下，想要穿过重重炮火和封锁去往红区，并不是一件容易的事情。恰逢此时，毛泽东给宋庆龄写信，请她推荐两类人才去往陕北：记者和医生。宋庆龄推荐了记者斯诺和医生马海德（Shafick George Hatem）。1936 年 6 月，斯诺带着中共北方局负责人刘少奇委托柯庆施用隐性墨水写给毛泽东的介绍信、两架照相机、24 卷胶片和许多笔记本，在张学良的协助下到达了陕北保安。6

/ 抗战与外宣：延安中国共产党的对外显像

无论是专业学者还是《西行漫记》（*Red Star over China*，又译《红星照耀中国》）的读者，在谈到斯诺的时候，大多以斯诺为第一视角，使用"斯诺第一次向世界介绍了中国共产党"这样的叙述，而忽略了这一历史事件的真正主角：中国共产党。实际上，斯诺对陕北的成功采访，与中国共产党的主动对外宣传密不可分。中国共产党在从延安走向世界的进程中，对外宣传活动不仅要向外界宣传中国革命，还要应对外界对中国共产党人的评说，更在一开始就有了把自身革命与世界局势相联系的自觉意识。1936年斯诺到陕北保安的成功采访，并不是历史的偶然，中共中央打的是"有准备之仗"。斯诺去往陕北前曾向中共中央列出了一个问题清单。之后，斯诺于1936年4、5月间又向中共中央提出了十几个问题，涉及日本帝国主义侵略中国的形势下中国与世界各国的关系、中国的外交政策等问题。[7]对这些问题的解答，不仅可以回应国际上共同关心的重大问题，还能把中国共产党对内政外交的看法告诉世界，广泛促进国际反法西斯统一战线的建立，促进中国共产党同世界人民的友好关系。

1936年5月初，毛泽东、彭德怀率领的红军东征回师。在5月8日延长县交口镇大相寺召开政治局扩大会议后返回瓦窑堡的途中[8]，毛泽东接到了斯诺的问题清单。为了商量对斯诺所提问题如何答复，中共中央专门召开中央政治局常委会进行了讨论。会议的中心主题是"对外邦如何态度——外国新闻记者之答复"，当时负责报告和总结的是分管外交的毛泽东。会议分为两个阶段，第一阶段为报告斯诺所提的问题和准备的答复，第二阶段为与会者讨论。毛泽东在最后的发言中说，现在对国际各国统一战线和国内统一战线问题，我们只能说日本侵略中国，也侵犯了各国在中国的利益；关于不平等条约的问题，"将来根据双方利益得到解决，并尊重他的利益"。[9]这次会议是中共中央对当时的国际关系和对外政策进行的一次广泛、具体的讨论，是中国共产党历史上第一次专门讨论国际关系问题的会议。

中共中央和毛泽东之所以对斯诺的采访如此重视，是因为从斯诺本人的记者经历和他在学生运动中的表现来看，他既是一个秉持实事求是、专业素养极高的新闻记者，也是一个对深处战乱的广大普通中国人民怀着强烈同理心的同情者，是报道陕北情况的一个理想人选。如前所述，斯诺来华任职《密勒氏评论报》助理编辑后，就广泛游历中国南北，目睹了战时中国所遭受的种种苦难。在燕京大学新闻系任教期间，他报道了"一二·九"运动，并保护被搜查的学生。早在这时，斯诺就对访问川陕苏区的友人表达过渴望去往苏区的心情。[10]1936 年 3 月斯诺尝试西行，但最终没有到达苏区。随后经宋庆龄引荐，张学良派人护送，马海德医生陪伴，于 1936 年 7 月到达中共中央在陕北的驻地保安。7 月13 日傍晚，毛泽东步行至中华苏维埃人民共和国中央政府外交部，看望当天到达保安的斯诺和马海德，对他们来苏区访问表示欢迎，并出席了 14 日举行的欢迎会。[11]

1936 年 7 月 15 日，毛泽东与斯诺进行第一次正式谈话。在这次谈话中，斯诺按照问题清单的顺序对毛泽东作了如下提问：（1）苏维埃政府对帝国主义的总政策是什么？（2）苏维埃政府如何区别友好国家和帝国主义国家？（3）苏维埃政府是否承认北京政府和南京政府缔结的对外条约？如果承认，是哪些条约？（4）你们的政府是否承认外国在中国的财产权，也就是说是否承认现有的外国投资？如不完全承认，那末哪些类别的外国投资将得到承认，在什么情况下外国商人能够在中国经营？（5）关于（甲）外国政治权利和（乙）外国投资，苏维埃政府的政策同国民党的政策有什么基本不同？（6）苏维埃对外国传教士的新政策是否意味着将承认他们的财产权？他们是否将继续享有传教、教书、拥有土地、办学校和其他事业的权利？（7）苏维埃目前对美国政府和美国人民的希望是什么？美国政府和人民怎样才能最好地帮助中国人民？（8）苏维埃政府目前对英国政府和英国人民的希望是什么？英国政府和英国人民怎样才能最好地帮助中国人民？（9）很多人认为中国如果苏维埃化，苏维埃中国将受到苏联的支配，其内外政策将置于"莫斯科控制"之下。（10）中华苏维埃政府主张同外国组成一个反帝、反法西斯联盟，中国是否可能同民主的资本主义国家建立这样的联盟？[12] 毛泽东根据中央政治局常委会的讨论内容和结果，站在抗日统一战线的立场上，把世界其他国家的利益与中国人民的利益联系起来，详细回答了斯诺的问题。斯诺记载说，毛泽东告诉他，"中国共产党反对日本侵略者，愿意同一切不反对自由、独立、平等、领土完整者建立友谊关系"[13]，"中国愿意与各国建立经济、文化的关系，也欢迎外资"[14]，"美国政府与中国绝大多数利益并不冲突，苏维埃政府愿意与美国建立反法西斯太平洋战线"，而且"与欧美国家一样，独立之后的中国与苏联也会结成联盟，不会受莫斯科控制"[15]。这次谈话的核心要义是，中国人民的抗日战争，既是反对侵略的民族之战，也是为了世界及国际和平的正义之战，中国期望欧美国家能在未来的中日战争中扮演更为积极的角色。

毛泽东尽可能利用时间与斯诺会面交谈。斯诺在延安期间，除了7月下旬至9月中旬去前线采访外，毛泽东几乎每天与他会面。毛泽东与斯诺的谈话集中在五个问题上：7月16日谈反对日本帝国主义；18日至19日谈内政问题；23日谈中国共产党与共产国际和苏联的关系；9月23日谈联合战线问题；9月底至10月初谈个人生平和红军长征史。[16]毛泽东向斯诺系统介绍了中国共产党的基本政策和中国苏维埃运动的发展历史，其中关于农村革命根据地创建的艰苦经过和长征的曲折历程，是毛泽东第一次对外系统梳理，当时延安内部正在编写的红军长征史还没有完成。在对斯诺详细描绘了红军长征的全景后，毛泽东说："长征的胜利第一是因为党的正确领导；第二是我们拥有优秀的干部和骨干领导；第三是红军战士的勇猛战斗；第四要归功于人民群众的支持和帮助。"周恩来对斯诺说："无论红军走到哪里，首要任务都是在群众中宣传我们的革命理念。"[17]红军对斯诺说，他们所到之处人民都称他们是"穷人的军队"。毛泽东笑言，甚至还有一个农民代表团来欢迎"苏维埃先生"（音译Soviet的第一个汉字"苏"是个常见的中国姓氏，加上"维埃"两字，很容易被当作一个人的姓名。——原注）。[18]毛泽东说："长征的宣传作用是巨大的。云、贵、川的工农群众以前不知道红军，不知道我们的革命理念，但是长征之后他们了解了。革命的火种在二万五千里长征中被播撒，并结出丰硕的果实。"[19]这也是为什么斯诺能在《西行漫记》中总结红军长征是"军事史上伟大的业绩之一"，是"历史上最盛大的武装巡回宣传"[20]。

除了武装宣传之外，毛泽东对长征是"溃逃西窜"还是战略转移的问题也作了详细的解释。共产党"从几百个衣衫褴褛、食

1936 年 8 月斯诺在保安采访参加长征的老革命徐特立（左起：徐特立、黄华、王林、斯诺）

不果腹的年轻然而坚决的革命者建立起一支有好几万工农所组成的军队，最后到一九三〇年时已经成了政权的争夺者"[21]，其威胁严重到南京政府不得不进行一再的"围剿"。从决定"举国大迁移"开始，到"大渡河英雄"，再到"过大草地"，再加上具体而触目惊心的统计数字，红军在毛泽东的叙述中终于到达了目的地，一幅激动人心的长征史诗画卷也徐徐展开。至此，长征的两个目标，把"军心涣散的溃退变为精神抖擞的胜利进军"，进军到中国共产党认为当时将对中、日、苏命运起决定性作用的战略要地西北去，全部实现了。[22] 毛泽东是长征的亲历者，他对斯诺的口述，回顾了长征的艰苦历程，对长征历史的多个方面进行了分析和评价，成为长征历史记忆的组成部分，为中国共产党对外形象的塑造和对外话语的建构奠定了坚实基础。

毛泽东还通过斯诺生动刻画了中国共产党人的群像。当时，外界流传着关于毛泽东的各种传说，有些人认为他能说流利的法语，有些人则说他是一个无知的农民，有一条消息说他是一个半死的肺病患者，有的消息则强调他是一个发疯的狂热分子。[23] 在与斯诺深入接触后，毛泽东认同为了让人们更多地了解党和红军的领导人，坚定人们对中国革命事业之信心，有必要向大众系统介绍他们的基本情况，尤其是毛泽东本人。毛泽东向斯诺讲述的个人生平事迹，是毛泽东一生中唯一一次系统地、完整地对别人讲述的自己的历史。在对斯诺的讲述中，一个社会革命家的形象跃然而现：一个有坚强的意志力、有力的、进取的、有决断的人，一个能干的政治和军事的战略家。从"个人历史"到"伟大事业"，从"我"到"我们"，从"年少时让所有中国人都吃上饭"的朴素愿望，到"立志为大多数中国穷苦人民谋得幸福"，并为实现这一目标改造中国和世界，毛泽东的讲述是从个人经历的主观印象，到关心人类集体命运盛衰的客观史料记载。[24]

1939 年 9 月下旬，斯诺再赴陕北。毛泽东于 9 月 24 日再次回答斯诺提出的问题。[25] 1936 年斯诺采访毛泽东是在长征后的保安，1939 年斯诺与毛泽东的再次相见则是在全民族抗战中的延安。此时，中华民族全民奋起抗战，欧洲反法西斯战争也刚刚全面打响，整个世界的反法西斯战争统一战线正在加快形成。毛泽东见到斯诺的第一句话就是："延安比保安好，是不是?""自从你

1939 年 9 月 24 日毛泽东与斯诺在延安

一九三六年访问我们以来，我们曾竭力在各方面求进步。给我们以时间，如果我们能保持现在进步的速率，到一九四五年我们就可有一些东西给你看了。"[26] 斯诺自认为，1939 年的采访并没有使他以前所记录的印象增添多少，几年来的战争不曾使毛泽东有什么改变，"他革命的乐观主义始终不动摇；他永远自信共产党最后必在中国胜利"[27]。除了观察毛泽东在延安的生活状态，此次采访斯诺用巨大的篇幅记录了延安的抗战状况以及中国共产党武装力量的抗战力量。毛泽东希望斯诺知道的是，中国的最后胜利，以国内的完全动员和"重要的外国援助"为基础。[28]

毛泽东强调："在革命的现阶段中，第一重要的问题是抵抗日本帝国主义。"在武装斗争的长期历史中，红军的发展没有苏联的物质援助，也没有利用叛变势力的丰富的实际政治经验，中国共产党和第三国际一切其他支部都鲜有关系。大革命失败后，中国共产党长期以农村为活动基地，党内绝大多数党员为非无产阶级出身。共产国际担心失去和城市工人阶级和工人运动的天然联系，会影响无产阶级的先进性。但是，建党十几年来，中国共产党一直遵守中共一大确立的信条，并在此基础上发展建立了自己的军队，发展了自信和独立的判断。对于外界质疑毛泽东是不是真正的马克思主义者，斯诺凭着自己对毛泽东的了解，自信地判断，毛泽东将冷笑着说："如果这可以使那些想以亲华而反斯大林出名的自由主义者解决感情上的矛盾，那末就让他们爱怎样便怎样叫好了——只要他们能努一些力去阻止美国的武装日本，并援助中国和八路军争取胜利。"[29]毛泽东告诉斯诺："我们永远是社会革命者，我们决非改良主义者。中国革命课题有两个主要的目标。第一个包括要实现民族和民主革命的任务，另一个是社会革命。后者必须做到而且完全做到，在目前那革命是民族和民主的性质，但到了某一阶段之后，它将转变到社会革命。……一半国家已经殖民地化了，而其余的一半也受着同样命运的威胁。中国经济仍是半封建的性质。那些作着相反的幻想而企图在中国创立法西斯主义的人，是一定连他们的脖子也要折断的。"[30]毛泽东认为："如此……一场规模巨大的（日本）帝国主义者的战争——差不多可以肯定是会具有世界大战性质的战争——将会使亚洲的人民群众得到了武装，锻炼，政治经验，组织自由，和使国内警察力量严重的削弱，并为革命势力取得力量作好了必要的准备……"[31] 毛泽东相信中国农民是社会主义革命的主要力量，这是从客观经验中发展出来的，是苏联人没有的。"谁赢得了农民，谁就赢得中国。""谁解决了土地问题，谁就赢得农民。"[32]

斯诺指出，对于建立民主共和国的诚意，毛泽东说，他们打了十年内战，就是为了建立这种诚意；他们的斗争是对付反革命的国民党，因为它反对民主而要求独裁。无论如何，跟他们建立"联合阵线"的要求是赤诚的，民主运动也是诚意的，因为适合目前形势的客观现实。至于民主运动，"不仅日益普及于工农之间，而且日益普及于学生、青年、知识分子、科学家、政治家、军人、作家和教师等。这种运动当前的阻碍是陈旧的政治制度。问题在于怎样改造这种政治制度（不妨害抗战），因为除非政治制度改造了，除非民主实现了，胜利是不会有的"。在这里，毛泽东认为："抗战和民主是一柄刀的两面。"[33] 毛泽东正确分析了国内和国际的因素，准确无误地描画了内战停止，共产党和红军不仅存在，而且在民族联合阵线中力量增强的未来轮廓。毛泽东预言，如果某些条件做不到，战争将是长期性的和艰苦的，而且一定是历史上稀有的例子之一，仅仅依赖军事斗争，决不能获得迅速而容易的胜利。另一方面，毛泽东又正确估计中国自己的资源、人力、物力，如加以革命方法的动员，必能保障巨大的持久力，而这帮助建立了更坚定的民族自信心。[34]

斯诺根据再访的素材，记录下了全民抗战元素给延安带来的新气象和新变化。他写下了延安的工商业面貌、新闻出版面貌、音乐艺术面貌，还有延安的女子大学、农业生产、医疗卫生和乡村选举，等等。斯诺剖析了中国共产党军民的"鱼水关系"和游击战略战术的作战效力 [35]，对中国共产党的抗战显像产生了广泛的传播效应。此外，这一时期中国共产党采取了多种宣传手段：一是报纸杂志和翻译出版的马列著作、外文著作。这一时期翻译出版的"马克思恩格斯丛书"十卷本、《列宁选集》十六卷本等马列丛书，经济、军事、哲学和文艺等方面的著作，以及外国记者的作品，诸如《西行漫记》《外国记者西北印象记》等，不仅扩大了马克思主义在中国的传播和影响力，还为中国共产党切实有效地推动对外工作、进一步深化与促进党的宣传提供了保障。二是对外宣传的保障部门，比如承担了大量外事接待活动和统一战线工作的延安交际处。三是中国共产党对外关系的研究部门。例如，处于外事工作前沿的中共中央南方局，通过与英美记者的联络，冲破了国民党的新闻封锁，将皖南事变真相公之于众。还有延安的日本问题研究会，通过对一手资料和对方政治军事的深入剖析，不仅成为中国共产党外交政策的重要参考，还逐步发展成为智库型机构。总之，这一时期中国共产党的宣传工作产生了丰富的成果。

当中国共产党开始重视对外宣传工作的同时，国民党也重组了国际宣传机构，撤掉之前由陈公博担任部长的军事委员会第五部，由蒋介石信任的邵力子担任宣传部部长，由董显光负责部内的国际宣传机构。在密苏里大学受过专业新闻训练的董显光上任后大力改革，对外科恢复外国记者招待会，对敌科进行日本情报分析供国民政府高层决策，摄影科也拍摄了一些有国际影响力的揭露日本侵华罪行的照片，并在英美等国家铺设国际宣传网络。西安事变后，国共抗日民族统一战线初步形成，时任国民政府军事委员会政治部副部长的周恩来经常到董显光的国际宣传处视察工作，并出席记者招待会。尽管国共两党在政治理念上有所分歧，而且此握手言和不久后就转为针锋相对，但周恩来的个人魅力当时引起了许多外国记者的注意，就连董显光也称赞周恩来在汉口期间"极大地促进了（国际宣传处）与外国媒体的友好关系"。[36]

中国共产党在延安时期的对外宣传工作是出于自身的革命战略转变的需要。虽然延安时期中共中央的对外政策仍然缺乏稳定性和连续性，但是"坚持独立战争和自力更生的原则下尽可能地利用外援"的根本方针和把"英美的人民和英美的帝国主义政府的相区别"的区别对待理论为更加灵活和实用的对外政策留下了余地和空间。[37]另外，不能忽略的一点是，中国共产党历来注重宣传工作。无论是把西方记者和美军当作中国共产党与美国政府之间的传声筒，还是出于宣传根据地建设和中国共产党抗日力量的目的，从记者们的报道、著述和美军观察组发回国务院的报告来看，中国共产党在与国民党的这场宣传战中完胜。抗日战争时期，斯诺对延安状况和中国共产党的军队作了大量报道，国民党政府对此非常不满，曾经取消过斯诺的记者特权。皖南事变后，斯诺从新四军后方联络官廖承志处了解到实情，由于无法通过重庆的新闻检查，斯诺就从香港发出多篇电讯，报道了事变真相。

由于这些客观报道，斯诺在重庆的同行全部受到查问，国民党政府再次取消了斯诺的记者特权。1945 年，蒋介石拒绝斯诺入境。[38]再加上麦卡锡主义（McCarthyism）时期，受"《美亚》（Amerasia）事件"[39]蔓延的影响，斯诺被指控为"《美亚》集团"的核心成员，受到出境限制[40]，直到 20 世纪 60 年代才再次来到中国。

/ 重访中国：斯诺眼中的毛泽东与新中国社会主义建设

与斯诺在延安时期对毛泽东的采访和其著作《西行漫记》相比较，对新中国成立后斯诺与毛泽东的交往的研究并不算多。一种声音认为斯诺对新中国的采访是对延安忠实记录的延续，他的书像之前一样充满了"诚实感"，不仅客观介绍了中国革命和社会主义建设，还对中美政要产生影响，并在中美关系中发挥作用。[41]另外一种声音则认为新中国成立后斯诺的采访无论从采访本身还是作品的影响力来说，都"大为逊色"。尤其是斯诺在其新中国采访中出现的一些数据和事实的失真，是其记者生涯的失误。[42]在这些研究中，无论是把斯诺放置于中美关系发展史中严谨考证斯诺访华过程的学术著作，还是把斯诺本人作为直接考察对象，通过私人档案和文献史料还原斯诺生平的传记研究，都能广泛搜集材料进行客观讨论，也都肯定斯诺在这一时期的历史价值。正如斯诺本人所自信的："很多记者和作家都到过中国，但是没人比我做得更好。"[43]这样的成绩很大一部分建立在斯诺对中国共产党领导人的采访以及与他们的密切接触上，尤其是斯诺与毛泽东的历次交往。

仔细推敲新中国成立后斯诺与毛泽东交往的时间，分别是三年困难时期、"文化大革命"前期和尼克松访华前夕。在第二次世界大战前驻中国的美国记者群中，斯诺是第一个有机会重访中国的。作为从延安时期开始就与中国共产党有深入接触的名记者，在斯诺眼中，新中国成立后的毛泽东及其领导的中国共产党人与延安时期是否一致，是否还在坚持"矢志为大多数人谋幸福、用社会主义改造中国和世界"的初心？作为因广泛报道中国共产党而在麦卡锡主义浪潮中饱受质疑的美国人，斯诺以何种身份和心境重返中国？他眼中的建设困难、个人崇拜、国际关系等问题又是如何？这些看似简单对比的历史背后有着斯诺对中国历史和中国革命的深刻理解，有着斯诺与毛泽东"互相不讲假话"的绝对信任，以及中西方关于社会主义发展道路更深层次的讨论。

我们知道，儒家思想的行为法则为中国提供了一个超稳定的官僚统治制度。孔子、孟子等中国先哲非常重视统治者的德行，力图创造一个理想的大同世界，但得到的答案却是——等级分明。斯诺认为，正是由于稳定和等级这两个因素，传统社会的中国人自然认为儒家思想"是唯一'正确'的处理人类关系的方法，而使很多中国人自认为'高人一等'"[44]。外侮内腐的清王朝被推翻，斯诺认为："在这些年代中，太平天国的改革精神和爱国主义精神却继续萌芽、播种，形成了种种形式的地下革命活动。"[45]虽然列宁给孙中山的复信为"不团结而动乱"的中国打开了新局面，但是中国传统社会依然在持续分化。中国的现代化应该由谁去完成？由于中国军民团结一致、众志成城抵御外辱，日本侵华战争不但没有实现野心，反而摧毁了中国的殖民势力，削弱了城市官僚资本主义，锻炼了人民群众。斯诺对毛泽东在 1936 年的预见表示赞同：中国的现代化应该"由共产党领导无产阶级革命，建立生产资料公有制，动员全体人民和他们强大的劳动力去完成"[46]。

中国为什么会变红，即中国为什么会选择马克思主义和中国共产党，斯诺通过与毛泽东的交谈找到了"最有启发性的答案"。首先，在西方帝国主义的影响下，崩溃了的经济使衰落的农民家庭中的几百万剩余劳动力被抛进了继续膨胀的失业劳工市场中去，以至于当中国的青年人读到马克思所说的"现代的劳动者不但没有随着工业的进步而站起来，反而随着他本阶级的存在而越沉越深"这样的话语时，他们并不把它当作 1848 年时欧洲情况的分析，而是把它看作对他们自己切身环境的描述。其次，中国人所遇到的西方民主，只是担任了保护以暴力夺取中国的"权力与利益"的外国警察力量的角色，因此，对于马克思对西方民主的伪善所作的藐视性的抨击，中国人立即可以完全接受。当"爱国主义的观念，阶级战争和在当时苏联领导下的国际共产主义三方面，已经取得了一致的步骤"，马克思主义在知识分子中间就产生了强大的吸引力。[47] 马克思的革命理论和唯物辩证法，对中国来说是一个全新的内容。"毛泽东相信中国农民是社会主义革命的主要力量，这是从客观经验中发展出来的。"[48] 土地革命使农民和中国共产党结为一个整体。斯诺总结道："整个中华民族的经历使共产党的胜利必然达到。"[49]

带着这样的洞察力和分析力，斯诺于 1960 年重返中国。在 1936 年长征后的保安和 1939 年抗战中的延安，斯诺戏剧性地发现了中国共产党领导下的工农兵群众和革命知识分子艰苦斗争所取得的丰硕成果。[50] 1960 年的到访与 1936 年类似。像以前一样，斯诺冲破了重重封锁，突破了中美的紧张关系和麦卡锡主义时期的困难，先后致函毛泽东、周恩来、路易·艾黎（Rewi Alley）等人，最终重访中国[51]；像以前一样，此时的毛泽东依然面临复杂的国际关系和国内形势，斯诺需要再一次发现中国共产党人以及现象背后的本质才能解释疑惑。"冷战"中意识形态的激烈对抗使得美国人希望听到的是中国共产党的坏消息。虽然在麦卡锡主义时期斯诺经历了近十年的迫害，但他还是决定再一次逆舆论而上。

1960 年 10 月 22 日晚，毛泽东在中南海的住所庭院中迎接斯诺。在斯诺眼中，毛泽东穿着"企领的黑灰色便装"，"脚上穿了一双已经需要擦油的棕色皮鞋，一双棉布袜子松松地垂在足踝上"[52]。和在延安时一样，毛泽东"仍然很潇洒，行动也很从容不迫，敏于分析说话中微细的差别，眼睛充满智慧"[53]。毛泽东与斯诺谈论的话题虽然包括了从公共舆论到台湾问题，从恢复在联合国的合法席位到经济封锁，从经济建设到世界和平，等等，但是其内核不外乎两种诉求：其一是以自信的、独立的、人民的观点和信念探讨超越时代和所有国家的发展途径和治理方式；其二是以和平、平等、解放为号召和对外政策话语解释中国共产党的道义使命和对外行为。比如，谈及美国对新中国恢复联合国合法席位设置障碍的问题，毛泽东对斯诺说："我们并不急于进入联合国。……我们的国家就是一个'联合国'，我们的一个省就比有的国家大。"[54] 谈及"古巴禁运"和延安时期国民党对中国共产党的经济封锁，毛泽东对斯诺说："愈是压迫人民，人民的力量就发展得愈快。"[55] 谈及原子弹的问题，毛泽东对斯诺说："世界和平的责任我们是要担负的。……外面有一种说法，好像在各国共产党中，中国共产党特别调皮，不守规矩，不讲道理，是乱来的。……那种话不可全信。"[56]

斯诺对毛泽东的采访，是自 1949 年以来毛泽东第一次接受美国记者的采访。斯诺是新中国被准许在军事设施内部照相和拍电影的第一位西方人，也是第一位返回延安的外国参观者。1960 年，按毛泽东的指示，上海市市长让斯诺参观了上海市最贫穷的地方。周恩来和毛泽东对斯诺说，他的访问对别的记者们来说是没有先例的。[57] 在这样的"特殊待遇"下，斯诺到达 14 个省、19 个重要城市和 11 个公社，对新中国的社会主义建设作出了很多客观记录，包括中国的城市建设、钢铁和工业建设、科学与教育、医疗卫生事业、少数民族政策实施以及文艺和音乐，等等。

以医疗为例，斯诺在老朋友马海德的带领下参观了中国皮肤性病治疗实验室及其附属医院。斯诺了解到，在全国性地普及治疗皮肤性病的成功战役中，医护助手们受到了诊断和治疗的专业技术训练，在短短的两年内，"已有七万名受过二至三年医疗训练的'中等医生'或助手，并有六万名护士"[58]，中国城市内的患者绝大部分得到治疗。依靠"医药上的群众路线"，数以百万计的人民对公共卫生工作获得了初步的了解，并明白每个人在这项工作中都担负着重要的任务。所以在农业合作社中的医疗队和流动教练中心都得到了农民们的充分合作。同时数达三十万人的中医力量也被充分使用。[59]长期身处医疗工作一线的马海德对斯诺说："中国永不可能以另一个方法站起来，一切都是成功的。"[60]马海德清楚新中国建设中的一些挫折和失败，但是他同时又充满信心。这也帮助斯诺更加理解："在所有宣传的后面，有着几百万不为人知，以及沉默地埋头工作的男男女女，他们成功地并且忠诚地进行着把数亿人民自无知，迷信，疾病，文盲和贫困等不幸中解放出来的工作。这件工作当然远未能称做完毕，但是一个现代化的文明社会已打下了基础。"[61]

斯诺的认识是在和毛泽东的交谈中不断深入的。当他把医疗方面的进步和国外报纸关于中国已经没有苍蝇蚊子的报道与毛泽东交流时，毛泽东说："中国的变化主要是在革命方面……至于建设方面，现在才刚刚开始。……说有所改变是正确的，说基本改变了是不符合事实的。……我们的基本情况就是一穷二白。……我们说中国有进步，初步有些成就，但是并未根本改变中国的经济面貌。根本改变中国的经济面貌需要一个很长的时间。"[62]毛泽东对斯诺说："人民还不能吃饱。"[63]这样的诚恳使斯诺意识到，毛泽东不是斯大林，中国不会迷恋莫斯科。斯大林在集体化过程中对待农民过于粗暴，但毛泽东"认识到为取得样板伤害了农民时，他就从不好的政策中退了回来。粮食短缺是来自共产党的失误，而不是因为领导背弃了农民。在这长期的非难中，共产党领导下的中国人是在走向进步，尤其在粮食产量稳定的地区不是毫无进步的"。所以，"中国的粮食危机不是'革命的终结'"。[64]

1962 年，斯诺根据 1960 年在新中国的采访和旅行写成《大河彼岸》(The Other Side of the River，又名《今日的红色中国》)一书。这本书既是珍贵的资料文献，反映了一位非共产党员记者对新中国的直接印象，也是一部考察新中国及其人民在中国共产党执政十年后如何生活、考察中国共产党的领导人如何看待外部世界的研究著作。该书甫一上市就得到美国各界的广泛关注，并且销量出色。随之而来的，还有各种批判和质疑的声音。哲学家们喜欢批判，认为"哲学史就是一些努力建构理论的人和另一些努力将那些理论推翻的人之间的辩证历史。……没有批判对象，批评家就无法进行批判；没有批评家挑剔的眼光，理论建构者也不可能有效地建构起他们的理论"[65]。同样，斯诺对中国共产党的认识也在和这些评论者们辩论的过程中经历了从质疑到重建的过程。

新闻界和学术界的批判主要来自两个方面：一是斯诺在写作中的政治倾向性；二是斯诺在报道中的数据真实性。斯坦福大学中国问题专家诺思（Robert C. North）评论道："斯诺需要眼光更敏锐，叙述更严谨，分析更有自我约束力。"[66] 曾经是敌后抗日游击队无线电技师的林迈可（Michael Lindsay）评论斯诺"仍然停留在 20 世纪 30 年代的政治经历中"[67]。当然，任何评论都是毁誉参半的。有赞扬的声音认为斯诺的报道得到了中国的信任，又兼具批判性。费正清（John K. Fairbank）说："在 20 世纪 30 年代，人们很容易就能够穿越四分五裂的中国，而在 1960 年，在动员起来的中国，要做到这样却艰难得多。"[68] 斯诺与中国的联系和撰写报道的才能再一次受到肯定。

与斯诺政治立场相关的身份危机其实由来已久。由于在延安时期对中国共产党的广泛报道，斯诺在麦卡锡主义时期一直被指认为中国共产党的"宣传者"。斯诺 1960 年 10 月在中国所记的日记，或许最深刻地揭示出，作为中国革命的坚定朋友，同时又是政治上独立的新闻记者的斯诺，当他为广大的美国"资产阶级"读者写作时，在内心所感受到的冲突和两难困境。斯诺指出："一个人并不总是知道事实真相，而一旦他知道了，首要的责任就是忠实于事实真相。"[69] 对于斯诺来说，担任"可靠中间人"的角色，的确是一种很微妙的平衡行动。所以他在重返中国之时拒绝一切来自中国方面的资助，在每一笔资金的使用上都尤为谨慎分明，为的就是强调自己独立记者的身份。[70]

与报道真实性相关的现实质疑在斯诺本人身上同样存在。他在中国期间就曾对朋友抱怨，尽管他得到了"许多材料"，但是如果缺乏"背景材料"和"真实情况"，这些材料就是毫无意义的，"没有人将前不久和目前所发生的事情坦率而诚实地讲出来"[71]。在撰写书稿的过程中，斯诺写信对爱泼斯坦（Israel Epstein）说："我正在尽最大努力如实介绍中国的农业问题及其成就，但由于缺乏具体材料，因而很难回答。"[72] 斯诺的上述论断的意义在于他的不确定性，而不是绝对真理或谎言。从当时的实际情况来看，斯诺在 1960 年访问中国期间确实不曾看到大片荒芜，甚至最高领导人也没有充分认识到各地粮食危机的严重性。最终，斯诺在他的书中承认写作的角度是建立在"中国是一个阶级专政的国家，她的政府明确地决定那（哪）些事情是人民应该认识，那（哪）些是不需要知道的；那（哪）些地方准许记者去和那（哪）些地方禁止记者前往"。他同时也指出，他的目的是"想使人们了解这个特别的政府为什么和怎样诞生在这个特别的国家里，她的专政权力是否作出比她所推翻的旧政权更光明的目标和结果"[73]。对于最后一个问题，斯诺在书中的解答无疑是肯定的。

在这一重建信心和信任的过程中，斯诺采用了不同寻常的远见和考察问题的角度。第一是深厚的人民观，第二是革命的历史观，第三是独立的价值观。颂扬某一个统治者的做法与斯诺的观点背道而驰，他认为老百姓处于历史事件的中心。1936 年，红军对斯诺说，他们所到之处人民都称他们是"穷人的军队"，斯诺认为，"这就够了"[74]。斯诺在一次演讲中说："革命不是由革命者或他们的宣传所造成的。革命是由于在恶劣、无能和腐败的政府领导下，不能容忍的条件所造成的。在中国，共产党人也赢得了胜利，那是因为他们使更多的人民相信，他们有某些东西值得为之奋斗和牺牲。"[75]斯诺对中国共产党人的预见也形成了他个人历史的一部分。如果说他以前的经验培育了感情和理智的联系，那么这种经验也使他在衡量中国的成就上有一个正确的标准。斯诺懂得，他与中国的特殊关系赋予了他特殊的责任。他在这里逐渐形成了一个中国的历史观，同时保持了他作为美国人的价值观念。20世纪50年代，斯诺曾对一位朋友评论道："民族性比政治更为重要。"他认为："中国人正走在现代化的长征道路上，这将是中国人所特有的。"斯诺在他的长篇报道中指出：必须"把中国的今天，看作是一个伟大的民族，从远古时代经历了漫长的道路，在时间与空间上所达到的一个顶点"[76]。

在美国30多个州进行了50多次宣讲之后，1963年斯诺给毛泽东写信说："我觉得我有责任在中美两国未来一些关键性的事务上起到作用。无论是历史经验，还是现实的政治社会结构，或者国家间的利益冲突，可能都不会导致双方持续的敌对甚至是大规模的战争。以我从中国了解到的情况来看，我相信和平与竞争将会在中美两国之间长期共存。"[77]斯诺把麦卡锡主义时期的经历称作"荒废的十年"，他认为自己在打破中美隔绝敌对状态中肩负责任。带着这种使命感，斯诺于1964年再次回到新中国。

/ 在创造历史中书写历史：
斯诺和毛泽东关于中美关系的互动

历史学家认为："那些真正能观察到历史真相的人也很可能是那些对参与历史创造有相当热情，乃至有一定直接创造历史实践经验的人。"[78]斯诺毫无疑问就是这样一个兼具历史创造热情和历史实践经验的人。他与毛泽东的交往已经充分证明了这一点。需要注意的是，斯诺和毛泽东关于中美关系的互动是建立在大规模、高强度的战备以及由此推动的中国国家安全战略转变、美国对华政策的转变、中国国内政局动荡及其影响下的战略决策体制变化的基础之上的，抛开当时的国际背景和国内环境去讨论单个历史人物视角下的中美关系是不切实际的。

回溯中美从对抗到开始和解的历史，中国共产党领导人认知中的战略优先排序出现过两次关键性的转变。第一次转变是从 1964 年夏季到 1965 年秋季；第二次转变是从 1968 年夏季到 1969 年夏季。两次转变的关键内容和结果：一是断定苏联作为全球新的战争策源地，对中国的安全威胁压倒了其他安全问题；二是美国的威胁在下降。这两个共同因素导致其后中国与美国从对抗走向和解的一系列过程都极富戏剧性。其中具有偶然性意味的一幕就是，这两次转变正好与斯诺采访毛泽东的时间重合。

1965 年 1 月 9 日，毛泽东同斯诺谈话。美国入侵越南的问题成为一项重要的议题。毛泽东对斯诺讲："美国应把军队撤走一些。美国的手伸到了全世界。……反动派到处需要他们帮忙。……到最后，他们必须统统回老家去。"[79] 也就是说，美国只有停止那些被视为威胁中国安全的措施，先从越南撤军做起，才可能在安全和外交领域被视为中国的盟友。当斯诺问及中美两国因越南而引起战争的可能性时，毛泽东的答复是毫不犹豫的："不，那不会发生。……中国军队是不会越出国境去打仗的。这是很清楚的。只有当美国进攻中国的时候，中国人才会应战。"[80] 从历史的长时间段来观察毛泽东这一时期针对控制中美危机和避免中美冲突的话语，他对斯诺谈话中关于中美关系的论述，以及中美通过华沙的大使级会谈，都可以看作是对美持续的危机管理的一部分。[81]

斯诺第三次访问新中国是 1970 年 8 月至 1971 年 2 月，在中国停留了六个月。1970 年 10 月 1 日，在检阅国庆群众游行的天安门城楼上，斯诺夫妇站在毛泽东的身边，同毛泽东进行了亲切的交谈并合影留念。一周后，《人民日报》头版头条刊登了这一合照，报纸右上角刊登了一句话："全世界包括美国人民都是我们的好朋友。"毛泽东曾对身边工作人员解释，为何要对斯诺给予如此高的礼遇："醉翁之意不在酒。我先放个试探气球，触动触动美国的感觉神经。"[82] 现有的大部分有关这次事件的研究都认为，这是毛泽东向世界发出一个确实的信号：中国政府已经决定实现中美关系的缓和。[83] 这样的说法是值得商榷的。

准确地说，打开中美关系的决策要追溯到更早。毛泽东在 1967 年就阅读了尼克松那篇发表在《外交》杂志的文章《越南之后的亚洲》[84]，认为"尼克松如果上台，美国有可能会改变对华政策"[85]。1969 年，尼克松政府通过各种渠道，向中国传达改善关系的信息。比如，3 月同法国总统戴高乐谈从长远看需要与中国交往，6 月鼓励美国参议院民主党领袖访华，7 月美国政府第一次宣布取消部分对华贸易管制措施和放宽美国公民到中国旅行的限制。这些信息渐次被中国决策层收到。[86] 1970 年 1 月 20 日，在第 135 次中美大使级会谈上，美方主动提出举行部长级会谈。2 月 10 日，在美国使馆举行的第 136 次中美大使级会谈上，中国政府表示愿意在北京接待美方部长级代表或总统特使。中美高级别会谈的通道打开了。[87] 中国对美国的战略性转折已经迈出关键一步。所以，毛泽东邀请斯诺夫妇站上天安门观礼，《人民日报》对此作出大篇幅报道，既是对美国释放的欢迎信号，也是一件水到渠成的事情。

毛泽东与斯诺于 1970 年 12 月 18 日进行了最后一次谈话。当斯诺问到会不会允许像尼克松这样一个代表垄断资本家的人来中国时，毛泽东表示欢迎尼克松访华。毛泽东诙谐地说："他（尼克松）如果想到北京来，你就捎个信，叫他偷偷地，不要公开，坐上一架飞机就可以来嘛。谈不成也可以，谈得成也可以嘛。何必那么僵着？……现在我们的一个政策是不让美国人到中国来，这是不是正确的？外交部要研究一下。左、中、右都让来。为什么右派要让来？就是说尼克松，他是代表垄断资本家的。当然要让他来，因为解决问题，中派、左派是不行的，在现时要跟尼克松解决。"[88] 毛泽东同斯诺的谈话，到 1971 年 4 月 30 日才由斯诺在美国《生活》(Life) 杂志上公开，但其谈话内容很早就传到了白宫。

1972 年中美两国关系的缓和，如果超越直接的政治考虑、个性和"冷战"策略的角度，而从更广阔的视野来考察，显然是斯诺胜利，并证明了他的正确。在 20 世纪 30 年代，他始终认为，一个独立、统一和强大的中国，对于美国在太平洋地区的战略利益是重要的。为了使中国共产党人得到西方的同情和关注，斯诺在《红星照耀中国》一书和其他许多撰述中，一直注意刻画共产党人的形象，指出他们既是爱国者，也是革命者。1949 年，在中国共产党取得全面胜利的前夕，斯诺曾写道："从长远看，中国共产党不可能，也不愿意使中国的民族利益服从克里姆林宫的利益。"他后来在《复始之旅》和《今日的红色中国》等著作中反复重申这一观点。在"冷战"年代里，他敦促美国与执政的中国共产党人缓和紧张关系。通过与毛泽东的深入交往，他知道，大国能够干预中国事务的时代已经结束了，无论是俄国人还是美国人都不例外。[89]

/ 结　语

斯诺之所以能成为深度参与中美关系发展，深得毛泽东和周恩来等中共领导人信任，在国际新闻传播史上占有重要地位的名记者，是因为他对历史、现实和未来的洞察力是深刻的。费正清曾在《红星照耀中国》的序言中说："《红星照耀中国》的非凡之处在于，它首次记录了毛泽东和其他共产党人的生平故事，以及这场鲜为人知的革命。后来的事实证明这是极具预言性的。斯诺的这本著作之所以成为一部经典，是因为它在两个方面经受住了时间的检验，一是作为历史的真实记录，二是作为对历史趋势的预见。"[90]斯诺对于中国共产党的记录之所以历久弥新，就是因为他从长征后的保安看到了抗战时的延安，从延安看到了十几年后的新中国，看到了未来世界将要崛起的新力量。同样，新中国成立后，斯诺在与毛泽东的交往中看到了社会主义建设的巨大变化和光明前景，看到了中国共产党对于"穷人政府"的初心坚守，在"冷战"年代就看到中美将在和平和竞争中走下去。

斯诺与毛泽东交往的历史遗产还不仅于此。斯诺去世后，好友克拉克（Grenville Clark）为其筹建了斯诺纪念基金会，致力于中美文化交流与合作。[91] 斯诺纪念基金会从中国改革开放后开始不定期资助优秀学者赴美国学习交流。[92] 由斯诺纪念基金会和北京大学中国埃德加·斯诺研究中心在中美两国每隔两年交替主办的斯诺研讨会截至 2020 年已举办 19 届。斯诺研讨会的主题包括学术研究、艺术、教育、卫生、中小企业等，广泛促成了中美两国在多领域多区域的合作交流，开辟了中美民间交流的新模式，成为国际交往的重要补充和沟通桥梁。历史学有两个崇高理想：其一是通过国别史追溯民族和国家的来龙去脉，形塑认同，加强凝聚；其二是让历史活起来，真正成为"全球的""人类的"故事。在建构大国形象的过程中，如何重新认识漫长历史中那些闪耀着精神光芒和历史价值的人物，使之成为具有"中国底色"和"世界价值"的人类共同的故事，仍有巨大的研究空间。

斯诺的妻子海伦·斯诺（Helen Foster Snow）也是一位这样的人物。

注释

1. 宋久等译:《斯诺文集》第一卷《复始之旅》,北京,新华出版社,1984。

2. 王学典:《良史的命运》,387 页,北京,生活·读书·新知三联书店,2013。

3. "中国通"一词在西方最初指代 19 世纪中国通商口岸的外国商人,后来这一概念扩展到了解中国语言、文化和民众的外国专家。第二次世界大战期间,"中国通"被广泛使用在熟知中美外交政策,并致力于促进中美关系的外交官、记者和军事观察家群体上。学界普遍认可的"中国通"包括柯乐博(O. Edmund Clubb)、戴维斯(John Paton Davies)、费正清(John K. Fairbank)、拉铁摩尔(Owen Lattimore)、卢登(Raymond P. Ludden)、麦尔比(John F. Melby)、谢伟思(John S. Service)、斯诺(Edgar Snow)、白修德(Theodore White)、包瑞德(David D. Barrett)等人。相关研究见 Davies, John Paton, *China Hand: An Autobiography*, Philadelphia, University of Pennsylvania Press, 2012; Flynn, John T., *While You Slept: Our Tragedy in Asia and Who Made It*, New York, Devin-Adair Co., 1951; Kubek, Anthony, *How the Far East Was Lost: American Policy and the Creation of Communist China, 1941–1949*, Chicago, Regnery, 1963。

4. "密苏里帮"是毕业于密苏里大学新闻学院或与学院有关联的中西方记者群体。知名报人包括埃德加·斯诺、武道(Maurice Votaw)、董显光、沈剑虹等。《密勒氏评论报》为这个群体的凝聚和政治视野的培养提供了平台。更多租界英文报刊的详情请参阅魏舒歌著,魏舒歌等译:《战场之外——租界英文报刊与中国的国际宣传(1928~1941)》,北京,社会科学文献出版社,2020。

5. 1 英里 ≈ 1609 米。

6. [美] 埃德加·斯诺著，董乐山译：《西行漫记》，18 页，北京，东方出版社，2005；宋久等译：《斯诺文集》第一卷《复始之旅》，186 页，北京，新华出版社，1984。

7. 程中原：《有关斯诺访问陕北的史实补充和说明》，载《党史文汇》，1998（4）。

8. 中共中央文献研究室编：《毛泽东年谱（1893—1949）》上卷，540 页，北京，中央文献出版社，2013。

9. 程中原：《有关斯诺访问陕北的史实补充和说明》，载《党史文汇》，1998（4）。

10. 韩蔚尔（Norman Hanwell）是经济学家，与斯诺在燕京大学相识，也对中国共产党和红军有着浓厚的兴趣，早在 1935 年就曾进入四川接触红军。斯诺曾写信给他表示羡慕之情："你耳闻目睹了那里（四川红军）激动人心的政治运动。你的旅行计划正好是我梦寐以求的，但是我这边现在还有些状况。" Edgar Snow to Norman Hanwell, November 8, 1935, Edgar Snow Papers, Folder 9, University of Missouri-Kansas City Archives.

11. 中共中央文献研究室编：《毛泽东年谱（1893—1949）》上卷，557 页，北京，中央文献出版社，2013。

12. 《毛泽东文集》第一卷，390~398 页，北京，人民出版社，1993。

13. Edgar Snow, "Chinese Communists and World Affairs: An Interview With Mao Tse-tung,"*Ameriasa*, 1937(6), p.264.

14. Edgar Snow, "Chinese Communists and World Affairs: An Interview With Mao Tse-tung,"*Ameriasa*, 1937 (6), p.266.

15. Edgar Snow, "Chinese Communists and World Affairs: An Interview With Mao Tse-tung,"*Ameriasa*, 1937 (6), p.268.

16. 赵佳楹编著：《中国现代外交史》，709 页，北京，世界知识出版社，2005。

17. Edgar Snow diary#12, July 9, 1936, Folder 121, Edgar Snow Papers, University of Missouri-Kansas City Archives.

18. 董乐山译：《斯诺文集》第二卷《红星照耀中国》，181~182 页，北京，新华出版社，1984。

19. The Long March, interview with Mao, Oct 11, 1936, Folder 123, Edgar Snow Papers, University of Missouri-Kansas City Archives.

20. 董乐山译：《斯诺文集》第二卷《红星照耀中国》，185、186 页，北京，新华出版社，1984。

21. 董乐山译：《斯诺文集》第二卷《红星照耀中国》，163 页，北京，新华出版社，1984。

22. Mao Tse-tung interviews, 1936, Pao An, Folder 178, Edgar Snow Papers, University of Missouri-Kansas City Archives.

23. 董乐山译：《斯诺文集》第二卷《红星照耀中国》，107~108 页，北京，新华出版社，1984。

24. Mao Tse-tung interviews,1936, "My life: By Mao Tse-tung," Folder 179, Edgar Snow Papers, University of Missouri-Kansas City Archives.

25. 中共中央文献研究室编：《毛泽东年谱（1893—1949）》中卷，140~141 页，北京，中央文献出版社，2013。

26. Questions for Mao Tse-tung, Yenan, Sept. 25. 1939, Folder 183, Edgar Snow Papers, University of Missouri-Kansas City Archives.

27. 新民译：《斯诺文集》第三卷《为亚洲而战》，235 页，北京，新华出版社，1984。

28. 新民译：《斯诺文集》第三卷《为亚洲而战》，237 页，北京，新华出版社，1984。

29. 新民译：《斯诺文集》第三卷《为亚洲而战》，242 页，北京，新华出版社，1984。

30. Questions for Mao Tse-tung, Yenan, Sept. 25. 1939, Folder 183, Edgar

Snow Papers, University of Missouri-Kansas City Archives.

31. 新民译:《斯诺文集》第四卷《大河彼岸》,28 页,北京,新华出版社,1984。

32. 新民译:《斯诺文集》第四卷《大河彼岸》,61 页,北京,新华出版社,1984。

33. 新民译:《斯诺文集》第三卷《为亚洲而战》,244 页,北京,新华出版社,1984。

34. 新民译:《斯诺文集》第三卷《为亚洲而战》,236 页,北京,新华出版社,1984。

35. 尹韵公:《斯诺笔下的毛泽东与抗日战争——兼谈 1939 年斯诺再访延安的几个问题》,载《党的文献》,2015(5)。

36. 魏舒歌著,魏舒歌等译:《战场之外:租界英文报刊与中国的国际宣传(1928~1941)》,325 页,北京,社会科学文献出版社,2020。

37. 有学者认为,随着中日战争的深入和国际形势的发展,毛泽东对美国的话语言说也经历了一系列的曲折和反复:从"坐山观虎斗"的阴谋家到"民主国家"朋友;从"作外交联络"的国家到制造"东方慕尼黑"的危险者。实际上,这种变化的原因可以归为一点,即根据国际国内形势最大限度地维护民族利益,通过褒贬扬抑来努力争取美国对中国抗战的支持援助。可以说,这也是抗战时期毛泽东对美话语言说的基本准则。参见李永进:《被建构的他者:毛泽东关于美国的话语言说(1935~1946)》,载《党史研究与教学》,2017(2)。

38. Difficulties Experienced by Mr. Edgar Snow in Obtaining Permission to Proceed to China, Memorandum for the President, December 11, 1945. Papers of Harry S. Truman Confidential File, Box 37.

39. "《美亚》事件",详见本书第五、六章。

40. Letter from Ladd to Hoover, FBI Files on the Amerasia affair, A UPA Collection from LexisNexis,2005.Reel 7, pp.345–346. 中国国家图书馆

（缩微）。

41. 参见 [美] 约翰·汉密尔顿著，柯为民、萧耀先等译：《埃德加·斯诺传》，沈阳，辽宁大学出版社，1990；尹韵公：《斯诺：伟大的中国革命与建设的忠实记录者》，载《陕西师范大学学报(哲学社会科学版)》，2005（6）；张注洪：《斯诺访问新中国与中美关系的发展》，载《北京党史》，2001（1）；孙华：《斯诺与中美关系》，载《中共党史资料》，2009（1）；孔东梅：《斯诺中国报道对美国政要的影响》，载《党的文献》，2006（1）；等等。

42. 参见 [美] 伯纳德·托马斯著，吴乃华等译：《冒险的岁月：埃德加·斯诺在中国》，北京，世界知识出版社，1999；Michael Lindsay, "Review of Red China Today," New York Time Book Review, December 19, 1962; Rene Goldman, "Review of Red China Today," New Republic, April 27, 1963；张威：《危机与重建：斯诺的最后 30 年》，载《杭州师范大学学报（社会科学版）》，2011（2）；等等。

43. From Edgar Snow to Soong Ching-ling, April 28, 1967, Folder 68, Edgar Snow Papers, University of Missouri-Kansas City Archives.

44. 新民译：《斯诺文集》第四卷《大河彼岸》，20 页，北京，新华出版社，1984。

45. 新民译：《斯诺文集》第四卷《大河彼岸》，23 页，北京，新华出版社，1984。

46. 新民译：《斯诺文集》第四卷《大河彼岸》，27 页，北京，新华出版社，1984。

47. 新民译：《斯诺文集》第四卷《大河彼岸》，57~59 页，北京，新华出版社，1984。

48. 新民译：《斯诺文集》第四卷《大河彼岸》，61 页，北京，新华出版社，1984。

49. 新民译：《斯诺文集》第四卷《大河彼岸》，57 页，北京，新华出版社，

1984。

50. 胡愈之在《红星照耀中国》的序言中对此评论道："由于斯诺的惊人的洞察力和敏锐的分析能力，才使他认识了问题的本质，而这是西方的所谓'中国通'所不能办到的。"见董乐山译:《斯诺文集》第二卷《红星照耀中国》，中文重译本序，5 页，北京，新华出版社，1984。

51. From Edgar Snow to Mao Tse-tung, Sept 15, 1955; From Edgar Snow to Alley, Feb 25, 1958; From Edgar Snow to Zhou En-lai, Oct 17, 1960, Folder 41. 斯诺在 1963 年给毛泽东的信中写道："对于我来说，1960 年返回中国并不比 1936 年去延安见您更容易。"See From Edgar Snow to Mao Tse-tung, May 10, 1963, Folder 48. All in Edgar Snow Papers, University of Missouri-Kansas City Archives.

52. 新民译:《斯诺文集》第四卷《大河彼岸》，114~115 页，北京，新华出版社，1984。

53. 新民译:《斯诺文集》第四卷《大河彼岸》，116 页，北京，新华出版社，1984。

54. 《同斯诺的谈话》，1960 年 10 月 22 日，见《毛泽东文集》第八卷，212 页，北京，人民出版社，1999。

55. 《同斯诺的谈话》，1960 年 10 月 22 日，见《毛泽东文集》第八卷，212 页，北京，人民出版社，1999。

56. 《同斯诺的谈话》，1960 年 10 月 22 日，见《毛泽东文集》第八卷，217~218 页，北京，人民出版社，1999。

57. [美] 约翰·汉密尔顿著，柯为民、萧耀先等译:《埃德加·斯诺传》，256 页，沈阳，辽宁大学出版社，1990。

58. 新民译:《斯诺文集》第四卷《大河彼岸》，219 页，北京，新华出版社，1984。

59. 新民译:《斯诺文集》第四卷《大河彼岸》，222、220 页，北京，新华出版社，1984。

60. 新民译:《斯诺文集》第四卷《大河彼岸》, 223 页, 北京, 新华出版社, 1984。

61. 新民译:《斯诺文集》第四卷《大河彼岸》, 223 页, 北京, 新华出版社, 1984。

62. 《同斯诺的谈话》, 1960 年 10 月 22 日, 见《毛泽东文集》第八卷, 216~217 页, 北京, 人民出版社, 1999。

63. [美] 埃德加·斯诺著, 伍协力译:《漫长的革命》, 192 页, 上海, 上海人民出版社, 1975。

64. [美] 约翰·汉密尔顿著, 柯为民、萧耀先等译:《埃德加·斯诺传》, 266 页, 沈阳, 辽宁大学出版社, 1990。

65. [美] 乔治·J. E. 格雷西亚著, 汪信砚、李志译:《文本性理论: 逻辑与认识论》, 序言, 3 页, 北京, 人民出版社, 2009。

66. Robert C. North, "Review of Red China Today," *Nation*, February 23, 1963.

67. Michael Lindsay, "Review of Red China Today," *New York Times Book Review*, December 9, 1962.

68. John K.Fairbank, "Letter to the Editor," *New York Review of Books*, April 27, 1989.

69. [美] 伯纳德·托马斯著, 吴乃华等译:《冒险的岁月: 埃德加·斯诺在中国》, 389 页, 北京, 世界知识出版社, 1999。

70. From Edgar Snow to Marshal Chu Teh, August 26, 1960, Folder 41, Edgar Snow Papers, University of Missouri-Kansas City Archives.

71. From Edgar Snow to Han Suyin, December 21, 1961, Edgar Snow Papers, University of Missouri-Kansas City Archives.

72. From Edgar Snow to Israel Epstein, May 22, 1962, Edgar Snow Papers, University of Missouri-Kansas City Archives.

73. 新民译:《斯诺文集》第四卷《大河彼岸》, 序言, 5 页, 北京, 新华出版社，1984。

74. 董乐山译：《斯诺文集》第二卷《红星照耀中国》，181页，北京，新华出版社，1984。

75. [美]约翰·汉密尔顿著，柯为民、萧耀先等译：《埃德加·斯诺传》，246页，沈阳，辽宁大学出版社，1990。

76. [美]伯纳德·托马斯著，吴乃华等译：《冒险的岁月：埃德加·斯诺在中国》，369页，北京，世界知识出版社，1999。

77. From Edgar Snow to Mao Tse-tung, May 10, 1963, Folder 48, Edgar Snow Papers, University of Missouri-Kansas City Archives.

78. 王学典：《良史的命运》，386页，北京，生活·读书·新知三联书店，2013。

79. [美]埃德加·斯诺著，伍协力译：《漫长的革命》，218~219页，上海，上海人民出版社，1975。

80. [美]埃德加·斯诺著，伍协力译：《漫长的革命》，221~222页，上海，上海人民出版社，1975。

81. 这一时期，美国除了华沙会谈，也通过苏联传递消息，表示"要缓和"的立场。见《陈毅副总理接见苏联驻华大使契尔沃年科谈话记录》，1962年6月28日，外交部档案馆：106-01368-03。转引自牛军：《冷战时代的中国战略决策》，407页，北京，世界知识出版社，2019。

82. 林克、徐涛、吴旭君：《历史的真实》，231页，北京，中央文献出版社，1998。

83. 张注洪：《斯诺访问新中国与中美关系的发展》，载《北京党史》，2001（1）。

84. Richard M. Nixon, "Asia after Vietnam," *Foreign Affairs*, October, 1967.

85. 宫力：《中国的高层决策与中美关系解冻》，见姜长斌、[美]罗伯特·罗斯主编：《从对峙走向缓和：冷战时期中美关系再探讨》，682页，北京，世界知识出版社，2000。

86. 牛军：《冷战时代的中国战略决策》，462~463 页，北京，世界知识出版社，2019。

87. 骆亦粟：《在波兰的岁月》，见外交部《当代中国使节外交生涯》编委会编：《当代中国使节外交生涯》第四辑，181~182 页，北京，世界知识出版社，1996。

88.《如果尼克松愿意来，我愿意和他谈》，1970 年 12 月 18 日，见中华人民共和国外交部、中共中央文献研究室编：《毛泽东外交文选》，592~593 页，北京，中央文献出版社、世界知识出版社，1994。

89. [美] 伯纳德·托马斯著，吴乃华等译：《冒险的岁月：埃德加·斯诺在中国》，421 页，北京，世界知识出版社，1999。

90. John K. Fairbank, Introduction, *Red Star Over China*, New York, Random House, 1938, p.11.

91. 有关克拉克个人生平及其家族与斯诺的详细交往情况，请参考 Nancy Peterson Hill, *A Very Private Public Citizen*：*The Life of Grenville Clark*, University of Missouri Press, Columbia, 2014。

92. 截至 2021 年，已有 23 位中国学者通过斯诺学者计划赴密苏里大学堪萨斯分校（UMKC）进行学术研究和文化交流，其中包括物理学家黄昆、南丁格尔奖获得者护理学家林菊英、建筑学家陈占祥、经济学家高尚全、艺术家英若诚、画家吴作人等。

第02章

/ 走出幕后：
海伦·斯诺续写《西行漫记》

    海伦·斯诺的形象，借用作家丁玲的文字来描述最为妥帖："身材窈窕、穿灰色军装、系红色皮带的白种年青女记者……活跃在延安古城，有时是在大会场上拿着照相机跑来跑去；有时在煤油灯下，喁喁细语。那时她是何等吸引我们新到延安不久的知识分子以及一些老红军干部注意呵！"[1] 海伦·斯诺大多以埃德加·斯诺的妻子的身份出现，但是我们回到两人初识的20世纪，见到的是一个25岁前没有自己的著作就不结婚的新式女作家。在离婚之后依然沿用海伦·斯诺的笔名，留恋的不是一段感情和婚姻，而是她和斯诺共同经历的中国岁月和延安传奇，并以此保留一种特殊的联系。

    19世纪40年代，摩门教徒因为宗教迫害被迫西迁。他们一队从艾奥瓦州跨越落基山脉向西南方历经2030英里抵达加州的圣地亚哥，另外一队从纽约坐船绕道太平洋航行17000英里抵达加州海岸，两队人马历经艰险最终在盐湖城会合。这些被迫"长征"到犹他州的众多清教徒中，就有海伦·斯诺的曾祖父老索伦（Solon），他是摩门教会先驱横跨美国西部大平原第一个抵达犹他州的海伦家族成员。海伦家族最早定居在犹他州的圣·乔治。正是在这个地方，教会领袖杨百翰（Brigham Young）首先发起了"集体公社"，类似于美国版的"人民公社"，社区成员在自愿结合的基础上实行财产均享。通过这一制度，摩门教徒克服了早期非常严峻的物质困难，渡过了经济难关，实现了盐湖城的振兴。胡适曾经总结摩门教会有六大优点：讲求平等、维护女权、均产主义、共和主义、大同主义、重视教育。

犹他州当时是美国第二个赋予妇女选举权的州，而海伦·斯诺的母亲汉娜（Hannah Davis Foster）则是犹他州争取女权运动的领袖。汉娜是一名信仰虔诚的教徒，她曾在杨百翰大学执教，还积极支持当地的妇女参政运动。摩门教会非常重视对祖先历史记忆的保存，修纂家谱是教会成员的重要工作。这一传统也深刻地影响了海伦·斯诺。当海伦还是一个孩子的时候，母亲就教她如何编写家谱，撰写家庭成员传记。[2] 当海伦·斯诺来到中国后，她在 1937 年访问延安为朱德等红军领导人逐一撰写个人传记的方式，就来自母亲及其教会所带来的影响。美国历史学家保罗·海尔（Paul Hyer）说："人们可以有充分的理由认为，海伦在中国的岁月，促使她对家谱学产生偏爱，要回避这一点几乎是不可能的，因为中国文化尤其重视家族。家庭，对海伦是重要的。她没有子女，于是就心向她的家族，心向她的祖先。"[3]

/ 发起、组织与宣传：海伦·斯诺与"一二·九"运动

海伦的文字和斯诺的文字差异很大。斯诺的文字逻辑严谨、背景丰富、字斟句酌，而海伦的文字则是朴实的。海伦对此的解释是斯诺善于反复修改，而自己则善于长篇叙事，但是她甚少回顾整理。我们可以从这种朴素的文字中感受到海伦来到中国之后的种种变化，比如她对中国人民的观感。在 1931 年初到中国的通商口岸时，她认为"这类通商口岸型的中国人是多么空虚、多么低级、多么无用。跟他们讲话，甚至毫无价值。向来脾性温和、宽容的斯诺，也发觉他们愚昧无知。他们是一群没有国度的人，他们甚至连自己的头脑也没有"[4]。经历"一二·九"青年学生运动再从延安返回北平之后，海伦热情地表达："我对中国的热爱达到了顶点。我热爱青年学生，热爱他们中的每一个人。我热爱整个东北军，热爱它的每一名士兵。如果当时十九路军的宋哲元老将军肯倒向抗日的一边，任何土匪头子肯跨到这一边，我也可以爱他们。我热爱那些教员和传教士，他们诚心实意地请埃德（即埃德加·斯诺——引者注）给他们讲话，放映他拍摄的录像，深切地关心着他的发现。他们依稀认识到，在华外国人的全部前途，很可能取决于埃德发现的这些共产党人是何许人。"[5]海伦亲身经历了青年学生怀着一线希望冲出校门掀起抗日救国高潮，目睹了西安事变的前因后果，在延安看到了中国的另一番天地，面对整个华北甚至整个国家的团结抗日，内心充满欣喜和理解，用直观的感受描述了在军队和知识分子中间发生的心理上和

思想上的革命。

在"一二·九"运动中，海伦·斯诺发送资料、组织接头、提供保护、广泛宣传。当时在燕京大学，没有人出来积极反对法西斯。教职员对于学生抗日运动要么持中立态度，要么干脆反对。学校中有些教授甚至在宣传墨索里尼的演讲和青年运动，宣传意大利的种种先进，这使得斯诺夫妇意识到他们应该在北平组织一个反法西斯的组织。当时在北平外国人的宴会上，有个无形的规定："不谈中国，不谈政治。"不能同外国人谈中国，甚至和中国人也不能谈中国问题，这种现象被海伦·斯诺称为"买办思想"，和民族思想背道而驰。海伦回忆："胡适博士知道中国需要革命，然而等革命来了，他又反对。1935 年学生运动闹起来时，他在一次教职员会议上说，不应该支持学生运动，这是斯诺夫人鼓动的，说学生多半领了莫斯科的津贴。"[6] 但是她没有时间进行争论，这时的海伦·斯诺正在利用一切机会为学生们提供反法西斯的资料。埃德加·斯诺为学生们作反法西斯的演讲，海伦·斯诺拿着整手提箱的资料发送给学生们。她把能找到的资料用打字机不停地复制，然后一包包交给大学生。[7] 所谓"学生能危害国家"的论调此时对于海伦来说有了新的含义，那代表着他们在这个国家的知识分子中处于上层。

1935 年"一二·九"运动中的燕京大学的几个发起人，在晚年海伦的脑海中如数家珍：学生会副主席龚普生，一位结合了东西方优点的可爱人物，接受过基督教青年会的教育，1980 年被任命为中国首任驻爱尔兰大使，成为中国第二位驻欧洲国家的女大使。学生会秘书李敏，身材矮小，文静、忠诚，温情脉脉，贵州人，一个翰林学者及官员的女儿，依靠奖学金完成了在西方的学习，从古老的儒家学说进入亲共产主义的立场。张淑仪长得很漂亮，有一对酒窝，红扑扑的脸蛋，看起来很健康，身强体壮，面庞上总挂着一丝迷人的微笑，1972 年成为全国妇联的领导人。还有另外四个男生，张兆麟、黄华、陈翰伯、陈洁。清华大学的一些青年也协助过运动发起工作，例如姚依林。[8]斯诺夫妇对这些学生和他们的活动竭尽全力地支持。

1935 年 11 月，黄华组织同学起草了著名的《平津十校学生自治会为抗日救国争取自由宣言》。请愿书中还提到清华大学冯友兰以及其他学者遭受缉捕的事实。请愿书最初由燕京大学学生自治会签署，接着有十所学校参加，包括清华大学等六所高校，其余是中学。请愿书印了两千多份，寄往全国各个学校。一位学生把油印件带到斯诺夫妇的住宅进行翻译。海伦虽然觉得文字很激进，也很危险，但还是竭力找外国新闻机构发表这一请愿书。海伦把请愿书送给路透社，遭到了拒绝。[9]随后海伦又骑自行车去北方饭店联系美联社记者麦克拉肯·费希尔（F. MacCracken Fisher），美联社当时认为反对法西斯轴心国的战争与美国是同样的立场，麦克拉肯又把这条新闻发给美联社驻天津记者厄尔·利夫（Earl Leaf），从此他俩开始专门写学生运动。[10]

然而，美联社和《密勒氏评论报》的文章受众有限，请愿书发布之后全国风平浪静毫无波澜。海伦意识到，要想办法把消息传到各个学校去、传到全国民众中去，必须举行示威游行。1935 年 12

月9日，北平大中学生数千人举行了抗日救国示威游行，反对华北自治，反抗日本帝国主义，要求保全中国领土的完整，掀起全国抗日救国新高潮。"一二·九"学生示威游行后不久，黄华带着俞启威躲到了斯诺夫妇的住宅。[11] 俞启威是北平学联的领导，不仅指导华北的学生运动，也指导全国的学生运动。在当时气氛紧张、危险的情况下，斯诺夫妇的家成了学生运动智囊团们的避风港。

"我是主要发起人，是鼓动者。你是组织家和理论家。"[12] 海伦对俞启威等人如是说。在促使学生反对法西斯的过程中，斯诺夫妇发挥了不可忽视的特殊作用。但是海伦清楚地明白，发起运动的反对法西斯的学生们才是真正的力量。而这场迅速席卷华北的学生运动，导致了一场思想的革命，学生运动所到之处，政府和军队都受到影响。1936年，罗斯福以"孤立侵略者"的演说公开站出来支援学生运动。[13] 从1935年起，正是这些燕京大学、清华大学的学生，成了中国左派和共产党人同西方联系的桥梁，中美之间起起伏伏的友谊从1935年的"一二·九"运动中就开始生长。

/ 真正的革命：海伦·斯诺眼中的中国共产党

在斯诺1936年经历重重炮火成功往返陕北之后，海伦·斯诺也踏上了去往延安的路程。她对自己的评价一如既往地谦逊："我不希望牺牲自己的生命或者健康，去从事不必要的冒险活动。

我只是想去延安，写历史，然后平平安安地返回。我生来性情文静，举止从容，只是说话厉害点儿，得理不饶人。我独有的那一点儿勇气，只是心理上的。"[14] 但就是这样的海伦，却能在巡逻兵和警察的看守之下半夜翻墙出逃，在枪声之中镇定自若，有勇有谋，被软禁之地西京宾馆的老板称为巾帼英雄。把海伦在延安期间所得到的成果拿出来罗列，她也的确当得起这个称呼。海伦·斯诺自述："我根据在延安搜集的资料所写成的书有《续西行漫记》（1939 年纽约达勃戴·多伦出版公司出版）、《阿里郎之歌》（根据朝鲜人江明在延安告诉我的材料而写成的传记）以及《红尘：中国共产党人传记》（1952 年斯坦福大学出版社出版）。《中国工运》一书的部分材料是通过采访刘少奇获得的。此外，我还搜集到一些有关中国妇女运动史的资料。"一位杂志的编辑曾经对海伦·斯诺说，就他所知，就数量以及战地资料而言，"从来没有一个人在任何一个题目上做过如此出色的报道和研究"。[15]

海伦·斯诺在对中国共产党人的叙述中常用"清教徒"一词，这并不常见于其他外国记者的表述中。中国的许多旧习俗，在海伦·斯诺看来是凶残的。例如，溺死女婴为的是节省口粮，让家中其他孩子能吃饱。还有，没有人可以违抗显而易见的天命。海伦·斯诺认为，一个人只有亲自领教了这种落后、迷信与残暴的制度后，才能认识到共产党人努力从基层改变中国的了不起的进步性。所以判断中国进步与否的标准只能是中国自身的今昔对比，而不能采用其他标准。像"为人民服务"这样一个简单的口号，实际上是破除裙带关系和帮人"要保"的体系，破除封建学说的一整套制度。[16]

　　海伦·斯诺在刚开始踏入"中国通"的门槛时就意识到，中国的农夫和劳动人民比病态的、颓废的上层阶级要吸引人得多，不仅在外表上是这样，而且在心理上也是如此。大多数外国人同样能感受到这一点。上层阶级不仅鄙视体力劳动，甚至连用自己的两只脚走路也感到不大光彩，更不用说参加体育运动、参加锻炼了。那种脆弱、病态的青年画家绝不可能会想到下农村，锻炼其筋骨，培养其所缺乏的"智力"。但是在 20 世纪 30 年代，左翼艺术家们正着手跨越横亘于中国知识分子与工人阶级之间的鸿沟。马克思主义歌颂劳动，不仅因为劳动是生产性的，而且也因为劳动也是美好的。[17]

　　为了更清楚地认识中国近代历史和中国共产党人，海伦·斯诺不得不苦苦地思考基督教和西方文明的精髓是什么。因为在这时，传教士停止了反对孔学，不鼓励抵抗日本人。他们甚至说蒋介石是基督教徒，这些举动大大削弱了他们留在年轻一代中国人中的威望。海伦·斯诺认为，传教士不是社会主义者，他们也几乎不懂得基督教的革命含义。大约在 1911 年以前，新教徒确实在改变中国贫苦人民及劳动阶级的信仰，同上层阶级作斗争，是真正的革命行动。像福音时期那种传统的纯天主教，从来未到过亚洲。来到亚洲的是以耶稣会和其他教派形式出现的"反改革派"，他们更关心的是破坏新教徒的"革命"，而不是在亚洲创造一个新社会。基督教的博爱和怜悯，作为个人的品德，在中国并非不受欢迎，但是却不适应历史的需要。[18]

1937 年 5 月海伦在延安采访何长工等后合影（右起：何长工、海伦、聂鹤亭、边章伍）

在北平，海伦·斯诺开始模模糊糊地意识到，精神美德的领域，正在被年轻的共产党人或社会主义信仰者接管。传教士占有的那种精神领域，在海伦看来是低廉的，是很容易得到的，几乎不需要什么勇气，因为他们坚定不移地相信上帝在守护着他们，按照上帝的旨意去做就够了。然而，真正的勇气是一种自觉意志的行为，根本不知道还有"上帝"在保护着他。一切信仰的精髓都是甘愿为一种主义舍生——而不是贪生。这就意味着要为别人、为社会，或为将来牺牲你个人的利益。这是对"精神"品质的考验。"中国共产党人必须把这种品质修养到一个很高的程度，他们今天正在大规模传授这种品质，极力发展这种品质。他们遵循着毛泽东的教导，不进行脱胎换骨的改造，就不能成为共产党人。"[19]

除了对革命精神的观察，海伦·斯诺还对妇女们与红军部队一起行军、一起革命感到好奇。根据她对根据地的观察，在这支为了革命不惜牺牲一切的队伍里，战士们在道德上极为自律，在纪律上极为严明。不仅部队如此，政工人员中也是如此。……在她看来，自律和严格的道德观念，是中国共产党能够争取到民众的有效组成部分。根据地妇女地位的提高和对妇女权益的保护，也是中国共产党取得最后胜利的关键要素之一。

1937 年 5 月海伦在延安采访朱德

/ 经典作品的女性视角：海伦·斯诺与《西行漫记》

海伦·斯诺非常关注中国的妇女运动。但是在女权主义观念方面，海伦·斯诺是客观而又冷静的。虽然海伦·斯诺为斯诺的写作和出版工作付出了大量的心血，对于家务和社交也全部包揽，但是谈到自己写作的进度缓慢，海伦说，责任在于她自己。她说：

> 我从来没说过自己是个学者，尽管我常从事艰巨烦琐的研究。我是个研究者，我永远对一切事物都乐于探索。……我热爱过去，更倾心于未来。我也应受到责备，我没用我有生之年来创作关于中国的重要作品或史诗，尽管我有这么多经验，又做了多年的研究。为什么会这样？在中国的那些岁月里，我忽略了我自己的写作，成天忙于种种活动，东帮一把，西帮一把。这些非写作的活动耽误了我。埃德就不是这样——我也尽力不让他陷进事务中去。……我从 1938 年至1950 年，一直忙于为"工合"筹款。当时"支援中国工合委员会"由我一人主持，直到它解散为止。[20]

我们现在已经逐渐意识到女权的倡导并不是要求特权，而是平权。夫妻之间相处的琐碎在斯诺夫妇身上同样不能幸免。可以说，埃德加·斯诺有真正的自由，包括免于对家庭操心的自由。他认为海伦·斯诺会包揽这些事情，而海伦·斯诺则把它当作自己工作的一部分去完成。海伦·斯诺对此的评价是："很难相信有什么人会像我那样愚蠢。我晓得写作的诀窍，或者从事其他种类的艰难创作的诀窍。埃德天天那样做，而我仍没有看出门道。事情很简单，清晨起来第一件事必须做你自己的工作，其他事往后推。必须从睡意蒙眬的心境直接进入写作，不要任何事情在这条笔直而狭窄的小道上困扰你的思路，甚至早饭时不谈话，不看报，不接电话。这是一个复杂的心理学问题——不是缺少时间的问题。极少有妇女去了解这个重要的诀窍，因为这同她们的天性背道而驰。"[21] 斯诺夫妇的婚姻在其存续的时期，是一个"工合"式的成功，为许多人和不少历史事件提供动力。

这种动力也在阴差阳错中诞生了经典。1936 年海伦·斯诺从西安回到北平的家里时，已经是《密勒氏评论报》的华北记者，《亚洲》(*Asia*) 的撰稿人，伦敦《先驱日报》(*Herald Journal*)、《纽约太阳报》(*New York Sun*) 代理记者，以及《民族》(*The Nation*) 周刊驻华记者。[22] 然而，海伦·斯诺迅速发现了埃德加·斯诺带回来的采访资料的价值。这其中最重要的东西是毛泽东本人的生平自述。斯诺当时还得到了周恩来、彭德怀以及其他几位人物的生平小传。当海伦·斯诺在阅读这些材料的时候，她一方面认识到自己必须不惜任何代价，进行一次类似的旅行，搜集其他人的传记性资料；另一方面，当斯诺要求海伦·斯诺把毛泽东的生平材料压缩一下，为他的书做摘要，要用自己的话，把其中某些部分重新写一下的时候，海伦·斯诺发表了重要的意见。她对斯诺说不应改动原材料，而应该使用毛泽东向他讲述时的原话。

　　斯诺的想法是沟通思想，海伦的想法则是济世救人。斯诺认为把那么一大堆难以理解的东西塞进书里会毁掉这本书的销路。而海伦认为不必考虑销路的问题，书中保留着重大的传奇故事同样会成为经典著作。海伦·斯诺对自己的想法非常坚定。她为斯诺誊抄采访记录和书稿，当斯诺吩咐她删掉所有那些人名、地名和部队名称等许多复杂的中国名字时，她坐了下来，准确无误地抄下了每一个手写单词，就像当初红军向斯诺讲述的那样，名称及所有的一切，一个也没漏掉。[23]在争论中诞生的《红星照耀中国》拥有了经久不衰的永存价值。海伦·斯诺始终认为，使读者了解毛泽东及其面对的问题，是一件不容置疑的好事。

　　整理书稿的工作是异常辛苦的，但是海伦·斯诺一如既往地辛勤工作。为了使斯诺能集中精力写作，海伦替他回复来往的书信，仅此一项，工作量已经不小了。在此期间，海伦还要免费分送斯诺的几篇西北访问记和拍摄的一些照片。海伦·斯诺把一些免费的材料寄给美国人经营的《大美晚报》（*Shanghai Evening Post and Mercury*）的编辑兰德尔·古尔德（Randall Gould），其余的材料寄给约翰·鲍威尔（John Powell），供《密勒氏评论报》采用。正是在中国期间发表的这些材料，在国内外产生了巨大的影响，为共产党人和自由主义者建立统一战线铺平了道路。海伦在回顾这段忙碌而兴奋的岁月时，认为"只有美国人才能做出我们做过的事情，没有别人能够进行这样的活动。现在，我依然强烈地感到中美两国人民之间这种天然的历史的友谊——我们两国人民都能克制自己的言行，都无须有不共戴天的敌意。至于政治事态，犹如冬去春来，时时都在变化之中"[24]。

/ 人民的生产运动：海伦·斯诺与中国工业合作社

海伦·斯诺还有一个著名的头衔："'工合'之母"。1937 年 11 月 21 日，斯诺夫妇回到上海，但是映入眼帘的情景却是一片萧索凄凉。一只只日本的货船已经载满了抢劫来的机器和废铁，准备运回他们的岛国，上海正在战火中燃烧。当海伦·斯诺和约翰·鲍威尔等车的时候，海伦得知中国 70% 的工厂在上海和无锡，其余的大部分在位于长江之上的汉口。这意味着中国失去了抵抗日本的大部分机器。他们坐在出租车上，艰难地穿过衣衫褴褛疾病缠身的难民群。鲍威尔告诉斯诺夫妇，工厂失业的工人流落大街，濒于死亡的一定有 60 万之多。他正在带头搞一些红十字项目，忙碌得无法应付。为了解决救济问题，甚至连考虑办一些济贫施粥站也成为荒谬的事情了。租界内起码有 150 万难民。

英国领事约翰·亚历山大（John Alexander）在一次晚宴中的谈话使海伦·斯诺得到了启迪，她从而萌发了一个独创性的见解。亚历山大认为："在任何一种社会里——在资本主义社会，在社会主义社会，在共产主义社会，等等，合作社都是民主的基础。没有理由去反对合作社，因为任何东西都可以在这样一个基础上建立起来。"难道这不正是中国所需要的吗？海伦·斯诺反复回顾，为什么不把工业同合作社结合起来呢？于是第一本小册子《中国工业合作社》诞生了，所谓工业合作社，就是"劳动者自己拥有并管理工厂的职工股东协会……通过可以雇用劳动者的分配协会组织生产"[25]。海伦·斯诺抓住了关键——生产合作社同其他的合作社并非一回事。改变生产方式是改变社会结构的关键，而不是改变分配或信贷的关键。村庄里需要工业革命，那么，为什么不通过合作社去引导这样的一场革命呢？

中国第一个工业合作社促进委员会，是 1938 年 4 月 3 日在上海锦江饭店的一次宴会上成立的。梁士纯任主席，约翰·亚历山大任秘书。梁士纯带来了上海的三大银行家和女交际家黄鼎秀女士。海伦·斯诺带来了他们的著作出版者胡愈之。加上路易·艾黎和斯诺，共有 11 位出席。第 11 位就是卢广绵。[26] 关于工合的人事任命，其实是个复杂的话题。1938 年 6 月，运动的发起人之一艾黎曾在汉口同周恩来及救国会的沈钧儒商讨，拟推荐章乃器任"工合"总会总干事，杜重远任副总干事。卢广绵回忆说："（1937 年 12 月）到重庆后，艾黎先生几次要求我去看沈钧儒和胡子婴，催促章乃器来重庆就任总干事的职务，但章乃器当时担任国民党湖北省政府财政厅厅长，迟迟不来，也未明确拒绝接受这个职务。杜重远又去新疆。最后，艾黎只得推荐一个孔祥熙能够接受的原甘肃省政府民政厅长刘广沛担任'工合'总会的总干事，以曾任燕京大学新闻系主任的梁士纯担任副总干事。……理事会也正式组成，名单由艾黎提出，并经孔祥熙同意，共二十几个人，我记得其中有国民党政府的王世杰、邵力子、翁文灏、蒋廷黻、杭立武（陈立夫的人——引者注）、张治中、俞鸿钧；有当时驻在重庆的共产党领导人林祖涵、董必武、邓颖超；还有出席参政会的各界人士，如：沈钧儒、黄炎培、莫德惠、于斌、陈文渊等等。根据孔祥熙的建议，推举宋美龄为名誉理事长。"[27]另据艾黎回忆说："'工合'的领导人选还必须是孔祥熙能接受的。所以我不得不让刘广沛任总干事。我聘请杜重远任副总干事，但是他谢绝了，去了新疆。我又聘请章乃器，他虽然应允，但不来工作。沙千里任推进处长，但后来国民党坚持辞退他。同时推进副处长胡子婴也被辞退了。"[28]

全民族抗战时期，国民党对"工合"运动的态度是十分复杂的：一方面，对"工合"运动积极支持共产党和敌后根据地怀有戒备；另一方面，对来自美国的任何事物都很敏感。当时，"工合"运动由国际友人发起，并在宋庆龄的参与下成立了纽约美国援华会。迫于国际社会和国内上下一致抗日的气氛，国民党表面上作出支持"工合"运动的姿态，并对"工合"运动在战时所起的经济建设作用以及在短时期所取得的成就给予极高评价。孔祥熙就公开表示："工业合作运动，自普遍在国内开展，以迄于今，为时不过两年，在抗战期内各种经济建设中，其历史为最后起。由过去两年工作经验，深觉此一运动，在战时经济建设，极为重要，于战后生产恢复，尤有不可忽视之价值。"[29]但在暗地里，国民党内一直怀疑"工合"组织里有共产党在活动。"工合"运动尤其受到国民党CC系[30]的嫉恨。不少"工合"人员因此而被捕，甚至遇害。在美国哥伦比亚大学所藏宋庆龄往来英文信函中，就有一封 1943 年 4 月 17 日宋庆龄致普律德（Ida C. Pruitt）[31] 的信。信中询问：美方是否已有人试图会见宋美龄，听她如何谈论艾黎。信中还说：卢广绵"大为改变，甚至提出将杭立武（陈立夫的人）增补进委员会"[32]。这封信也曲折地反映出国民党 CC 系对"工合"运动所施加的压力。

斯诺在海伦·斯诺有了"工合"的想法之后给毛泽东写了一封信，询问毛泽东是否允许在红色区域内发展工业合作社，毛泽东立即明白了"工合"的价值，给出了肯定的回答。经毛泽东亲自批示，路易·艾黎在延安成立了中国工业合作社。延安的第一家合作社是延安灯具合作社，由七名社员组成，用植物油加工照明燃料，也生产一种经过改进的铁皮油灯。接着，成立了棉毛纺织合作社，然后是鞋袜被服合作社以及化工合作社（生产肥皂、墨水、粉笔）。在保安，一个医药合作社采集了治疗痢疾的中草药、制作了补脑药等，共有 16 种。延安还很快地建立了面粉厂、榨油厂（榨蓖麻油）、陶瓷合作社以及运输合作社。[33] 1949 年以前，"工合"成为苏区工业生产的主要形式。

这一切都是白手起家干起来的，并且遍及了整个苏区。1943年 10 月，毛泽东在边区高干会上作了《论合作社》的讲话：

> 今年边区在发展生产上，又来了一个革命，这就是用合作社的方式，把公私劳动力组织起来，发动了群众的积极性，提高了劳动效率，大大发展了生产。……这办法，可以行之于各抗日根据地，将来可以行之于全国，这在中国经济史上

要大书特书的。……这一套办法，资本主义国家及国民党是不能做的，只有我们才能做。因为我们不以剥削人民为目的，我们贯彻公私兼顾的方针。……合作社性质，就是为群众服务，这就是处处要想到群众，为群众打算，把群众的利益放在第一位。这是我们与国民党的根本区别，也是共产党员革命的出发点和归宿。……这种群众观点的生产学说，打破了过去各种不正确的"学说"。[34]

毛泽东运用他巨大的影响赞成生产合作社，认为这不仅是战时采取的临时紧急措施，而且从原则上讲，能把劳动力最终组织起来，使农村繁荣兴旺。1936 年 6 月，传教士安德鲁·罗伊（Andrew Lloyd）写了他在延安窑洞里看到的合作社，紧接着又写道："我是一个和平主义者……可是，中国西北有许多能使基督教徒拜服的事情。"[35]

1939 年 7 月，安徽的第一批合作社投产了。第一家以每日20 套的速度生产制服。第二家生产皮货：皮带、背包、手枪皮套以及皮靴子。到 1939 年 10 月，共有 15 家合作社开业，其中包括一个印刷所和医药供销合作社。到 1941 年，艾黎有 1800 个"工合"作坊在生产，还有数以百计的小作坊在苏区和非苏区涌现。在那些形势极其严峻、受到日本威胁的苏区，"工合"不仅是理想的，而且是从事生产的唯一可能的方式。直到 1951 年所有"工合"停止活动为止，这个组织在纽约筹集了 350 多万美元。兴办工业合作社的意见当时得到很多在华美国人的支持，罗斯福总统和他的顾问们表示同情。不过，除了 1940 年特别任命总统夫人埃莉诺·罗斯福（Eleanor Rossevelt）参加发起人理事会外，美国官方并没有提供任何形式的援助。[36] 对于资助这一切的这些美国人和其他人而言，不仅在有关救济工作的思想上，而且在向艰苦斗争的中国共产党人表示友好的思想上都称得上是一次革命。那些为西班牙共和政府捐款的人也同样资助了"工合"。很多捐款的人读过斯诺的《红星照耀中国》。[37]

关于"工合"的资金来源，1939 年 10 月 6 日，斯诺在给艾黎的信中说："毫无疑问重庆总部接受拨款是错误的。据我所知，蒋夫人没有权利这样做。这些款项都是'工合'国际委员会筹集的，理所应当去往国际委员会。重庆总部应该立刻写信给国际委员会解释事情的原委，并且获得已经挪用款项的授权。"[38] "工合"运动是宋氏三姐妹为数不多的合作之一。但是国民党内斗争复杂，捐款数目有名无实，导致过程困难重重。当时中国"工合"协会的一份简报说："中国工业合作促进委员会根据中国战时之需要，草拟中国工业合作进行计划，提交中央当局，并蒙核准，遂在行政院孔院长主持之下，于八月中在汉口正式成立中国工业合作协会，当即任命刘广沛先生为总干事。刘氏为留美学生，曾在实业界，工业界，军政界服务多年，极为孔院长所倚重。并特聘对此运动极具热忱之国际友人艾黎先生为技术顾问。"[39] 孔祥熙作为"工合"理事长，虽然在口头上应允拨款 500 万元支持"工合"工作，但是实际上到武汉沦陷为止，只拨给过"工合"20 万元，并指派陈瑞当会计长，而陈瑞的几个代理人也对用款手续百般刁难。到 1938 年 11 月，在这 20 万元拨款中，拨给西北地区用作工业合作贷款基金的仅 4 万元。到 1938 年 12 月，由于舆论界，特别是《新华日报》和《大公报》对"工合"的广泛报道和大力支持，加上当时是国共合作的局面，人民抗战情绪高昂，孔祥熙认为可以捞到一些政治资本，态度有所变化，才将原来答应由行政院拨给的 500 万元贷款予以拨付。

海伦·斯诺认为中国的经济合作组织已经被证明是在落后的经济环境下实现工业化的有效办法，"工合"也成为进入中国乡村的成功尝试。她观察到，受到中国工业合作运动的启发，菲律宾建立了"生产—消费合作社"，印度总理尼赫鲁在 1939 年访华时也对工业合作组织印象深刻。在她看来，中国、马来西亚和菲律宾等农业国家在经济领域面临的困境，有可能通过工业化的合作方式得到解决。[40] 据"工合"的主要组织者路易·艾黎回忆，"工合"从一开始就得到了周恩来和中国共产党领导人的关心和帮助；在得到宋庆龄等人的支持后，很快在宝鸡设立了西北办事处，在赣州设立了东南办事处，主要任务就是帮助供应和武装八路军新四军抗击日军。[41] 艾黎在推进"工合"工作的过程中，陪同印度援华医疗队去延安考察，经毛泽东的同意在延安创办了合作社，也在周恩来的建议下取得国际社会和国民党中抗日派的支持。"工合"成为某种意义上跨越国共两党边界，维系统一战线的组织。[42]

斯诺这样评价海伦对"工合"的贡献："'工合'首先是尼姆·韦尔斯（海伦当时的笔名是 Nym Wales，又译为尼姆·威尔士——引者注）脑力劳动的产物。最初，使路易对建立工业合作社的可能性发生兴趣的正是她。……主要由于尼姆·韦尔斯的有力促进，艾黎和他的培黎技师们才草拟出了这个计划的技术细目，从而成为中国经济及社会变革的一个如此重要的典范。要不是她独创思想的正确，如果没有她坚信不疑和积极热忱的精神，这个运动就根本不会发生。……她自己在创造性地思考、发动这一伟大运动过程中的作用，是通过她自己树立的坚韧无私的劳动及献身精神的榜样去激励他人……"[43]

/ 结　语

回到美国的海伦·斯诺由于受到麦卡锡主义的迫害失去工作，所撰写的 30 余部书稿也无法通过审查正式出版，只能靠微薄的救济金和帮助有需要的人编写家谱糊口。年逾古稀的海伦·斯诺，在遥远的美国小木屋里，当她为生计所苦时，她是一个晚景凄凉的老人；但是当她坐在打字机前手指翻飞时，她还是那个身材窈窕，穿灰色军装、系红色皮带的活跃的年轻女记者。1981 年和 1982 年，海伦·斯诺两度被提名诺贝尔和平奖。注意到延安的革命力量，并被这种纯洁性所影响，海伦·斯诺终身维持着单纯而专注的对中国问题和世界局势的关注。有着 200 多年历史的旧屋中打字声响不断，用文字和人格交织出一位作家、记者和思想者的哲思。

尽管来到中国之后，考虑到当时在华欧美传教士对摩门教会的各种"偏见"，谨慎的海伦·斯诺有意识地回避了她的宗教身份，但是摩门教会在19世纪逃亡西部的"长征记忆"，已经成为她脑海中无法磨灭的祖先记忆的精神内核。在海伦的祖先记忆里，其祖先身上体现出来的清教伦理，早已深深地融入哺育她成长的犹他文化中。即使海伦来到了中国，她也无法忘记祖先在19世纪"西迁"图中的景象：她的祖辈们跋山涉水，徒步或是坐着手推车，赶着马车，横跨美国，不远万里，来到美国西部边疆犹他州，在那里过着集体公社生活，把荒凉的西部沙漠改造成"玫瑰花开"的人间天堂。一句话，海伦祖先的节俭、勤劳、勇敢以及为真理而献身的精神塑造了海伦·斯诺的灵魂。就是这样的一个海伦，在20世纪30年代来到了中国，很快融入了中国革命的洪流中。她与丈夫埃德加·斯诺成为书写中国共产党"长征"历史记忆的第一人。对于虔诚的新教信徒海伦·斯诺来说，来到中国对她最大的改变就是，她在中国革命最盛的时期接触到了领导这场革命的新兴力量，由此她把这一信仰马克思主义的群体当作了自己的同类，并且认为属于长征的光明未来也将属于这个新的政党和由这个政党建立起来的新的国家。她坚信于此，并且一生致力于此。

注释

1. 丁玲：《海伦的镜子——会见尼姆·威尔士女士》，载《人民日报》，1982-03-07。

2. Karen E. Hyer, "Hannah Davis Foster, Cedar City's Pioneer Woman Activist," Helen Foster Snow's Mother and Rolemodel, Helen Foster Snow: An Introduction to Her Life and Legacy, a Symposium, Charles Hunter Room, Hunter Conference Center, Southern Utah University, November 11, 2009.

3. ［美］保罗·海尔：《中国与犹他：关于海伦·福斯特·斯诺》，"纪念海伦·斯诺诞辰一百周年国际学术研讨会"上的发言，2007年，北京大学。

4. ［美］海伦·斯诺著，安危译：《我在中国的岁月》，32页，北京，北京出版社，2018。

5. ［美］海伦·斯诺著，安危译：《我在中国的岁月》，211~212页，北京，北京出版社，2018。

6. ［美］海伦·斯诺著，安危译：《七十年代西行漫记》，97页，北京，北京出版社，2015。

7. ［美］海伦·斯诺著，安危译：《我在中国的岁月》，157页，北京，北京出版社，2018。

8. ［美］海伦·斯诺著，安危译：《我在中国的岁月》，160~161页，北京，北京出版社，2018。

9. ［美］海伦·斯诺著，安危译：《我在中国的岁月》，163页，北京，北京出版社，2018。

10. ［美］海伦·斯诺著，安危译：《我在中国的岁月》，164页，北京，北京出版社，2018。

11. [美]海伦·斯诺著，安危译:《我在中国的岁月》，169 页，北京，北京出版社，2018。

12. [美]海伦·斯诺著，安危译:《我在中国的岁月》，173 页，北京，北京出版社，2018。

13. [美]海伦·斯诺著，安危译:《我在中国的岁月》，176 页，北京，北京出版社，2018。

14. [美]海伦·斯诺著，安危译:《我在中国的岁月》，257 页，北京，北京出版社，2018。

15. [美]海伦·斯诺著，安危译:《延安采访录》，23 页，北京，北京出版社，2018。

16. [美]海伦·斯诺著，安危译:《我在中国的岁月》，105 页，北京，北京出版社，2018。

17. [美]海伦·斯诺著，安危译:《我在中国的岁月》，112 页，北京，北京出版社，2018。

18. [美]海伦·斯诺著，安危译:《我在中国的岁月》，145、144 页，北京，北京出版社，2018。

19. [美]海伦·斯诺著，安危译:《我在中国的岁月》，146 页，北京，北京出版社，2018。

20. [美]海伦·斯诺著，安危译:《七十年代西行漫记》，100 页，北京，北京出版社，2015。

21. [美]海伦·斯诺著，安危译:《我在中国的岁月》，119、120 页，北京，北京出版社，2018。

22. [美]海伦·斯诺著，安危译:《我在中国的岁月》，202 页，北京，北京出版社，2018。

23. [美]海伦·斯诺著，安危译:《我在中国的岁月》，208~209 页，北京，北京出版社，2018。

24. [美]海伦·斯诺著，安危译:《我在中国的岁月》，56 页，北京，北京出版社，2018。

25. ［美］海伦·斯诺著，安危译：《我在中国的岁月》，320 页，北京，北京出版社，2018。

26. ［美］海伦·斯诺著，安危译：《我在中国的岁月》，323 页，北京，北京出版社，2018。卢广绵原在华北从事棉业合作运动，全民族抗战爆发后到上海参加全国农业调整委员会，旋又参加胡愈之等人发起的星期一聚餐会，与艾黎及斯诺夫妇相识。

27. 卢广绵：《抗战时期的中国工业合作运动》，见中国人民政治协商会议全国委员会文史资料研究委员会编：《文史资料选辑》第七十一辑，114 页，北京，中华书局，1980。

28. ［美］路易·艾黎：《"工合"运动记述》，见中国人民政治协商会议全国委员会文史资料研究委员会编：《文史资料选辑》第七十一辑，103 页，北京，中华书局，1980。

29. 孔祥熙：《两年来中国之工业合作运动》（1939），见中国工业合作协会编：《中国工业合作协会二周纪念特刊》，1940 年 7 月。

30. CC 系，即以陈果夫、陈立夫兄弟为首的在国民党内的一股势力，长期把持着国民党的党务与组织系统。

31. 普律德，又译浦爱德、蒲爱德，是"工合"的发起人之一。1938 年到香港，任"工合"国际秘书。后宋庆龄派普律德回美国组织"工合"美国推进委员会，并邀请罗斯福夫人任名誉主席，而普律德任秘书，为支持中国抗战做了大量工作。

32. 杨天石：《海外访史录》，505 页，北京，社会科学文献出版社，1998。

33. ［美］海伦·斯诺著，安危译：《我在中国的岁月》，338 页，北京，北京出版社，2018。

34. 毛泽东：《经济问题与财政问题》附，50、52 页，威县，冀南书店，1946。

35. ［美］海伦·斯诺著，安危译：《我在中国的岁月》，339 页，北京，北京出版社，2018。

36. ［美］海伦·斯诺著，安危译：《我在中国的岁月》，340~342 页，北京，北京出版社，2018。

37. ［美］海伦·斯诺著，安危译：《我在中国的岁月》，340 页，北京，北京出版社，2018。

38. Edgar Snow to Rewi Alley, October 6, 1939, Folder 15, Edgar Snow Papers, University of Missouri-Kansas City Archives.

39. 《中国工业合作协会工作简报》。根据《国家图书馆藏民国时期抗战图书书目提要》（582 页，北京，国家图书馆出版社，2010）摘录，时间不详。根据其中贷款基金数目 500 万元可推断为 1938 年 12 月到 1939 年初。

40. Helen Foster Snow, *China Builds for Democracy: A Story of Cooperative Industry*, New York, Modern Age Books, Inc., Preface。

41. 路易·艾黎研究室编译：《艾黎自传》，95、99 页，新世界出版社，1997。

42. 路易·艾黎成为中国共产党官方媒体提及次数最多的中国人民的"老朋友"，其事迹和名字被《人民日报》报道 400 余次。数据来源于《人民日报》图文数据库（1949—2022）。

43. ［美］海伦·斯诺著，安危译：《我在中国的岁月》，326 页，北京，北京出版社，2018。

第03章

/ 延安新世界：卡尔逊对中国共产党的军事观察

　　"共产主义"自 1917 年俄国十月革命胜利之后进入美国人的视野，就是一个略带负面的词语，马克思、恩格斯对于打破资本主义机器建设社会主义新世界的论述，让美国民众在接触到"共产主义"这个词语的时候从视觉上的红色旗帜变成心理上的"红色恐慌"，并且扎根颇深。回顾中美交往的历史，尤其是美国与中国共产党交往的历史，延安时期和 20 世纪 70 年代的建交时期可以算得上是转折时期。以罗斯福为代表的美国上层对中国共产党产生好感和兴趣，这背后同以斯诺为引领的记者和观察家们的宣传密不可分。对于罗斯福本人来说，除了阅读斯诺的书，对八路军的直观感受来自军事观察家兼情报人员卡尔逊（Evans F. Carlson）。

/ 卡尔逊的远东经历和中国观

卡尔逊 1896 年 2 月 26 日出生在美国一个公理会牧师的家庭，高中辍学，16 岁参军。第一次世界大战期间，卡尔逊在法国的战斗中负伤并被授予紫心（Purple Heart）勋章。紫心勋章最早由乔治·华盛顿（George Washington）将军设立，专门授予作战中负伤的军人，也可授予阵亡者的亲属。尽管这枚勋章级别不高，但它标志着勇敢无畏和自我牺牲精神，在美国人心中占有崇高的地位。1927 年 2 月，卡尔逊随同美国海军第四陆战队第一次到中国。六个月后，陆战队新组建了情报部，卡尔逊成为情报官。由此，卡尔逊学会了观察政治发展的动向，逐步拥有了自己的政治思维，尤其对中国问题产生了特别浓厚的兴趣。1929 年 6 月，作为海军上将马克· L. 布里斯托尔（Mark L. Bristol）的参谋成员，卡尔逊随同布里斯托尔参加了孙中山的葬礼，同年 9 月回国。

1933 年，卡尔逊第二次到中国，在北平美国公使馆卫队当副官，并负责编辑《公使馆卫队新闻》（*Legation Guard News*）。1935 年离开中国。回国后的卡尔逊成为查尔斯·莱曼（Charles H. Lyman）将军的随从参谋。他在工作之余一边整理有关中国的资料，一边在职进修华盛顿大学的国际法和国际关系课程。1935 年秋天，卡尔逊受命到佐治亚州的温泉公馆组织一支海军陆战分遣队，负责保卫罗斯福总统的安全。由此，卡尔逊与罗斯福相识并建立起了私人友谊。

1937 年春，卡尔逊申请去北平学习中国文化的要求得到批准。罗斯福得知后，对卡尔逊说想在他离开之前见他。卡尔逊在 1937 年 6 月 17 日给罗斯福秘书莱汉德（Marguerite Lehand）的信中，告知已确定于 7 月 15 日离开华盛顿，并将于 7 月 31 日离美赴华。罗斯福于 1937 年 6 月 28 日又向秘书表达了想见卡尔逊的意愿，并吩咐作相应安排。两人最终于 7 月 15 日见面。会面时，罗斯福说感觉这个夏天中国会发生一些事情，让卡尔逊记录中国见闻，保持通信，并对此保密："埃文斯，我听说你又要到中国去了，我想请你在中国期间为我做点事。我要你不时地写信给我，直接寄往白宫，告诉我你干得怎么样，告诉我那里发生过什么事情。我猜想，今年夏天中国将会发生许多事情。我想听听你是怎么看待这些事情的。""这些信，我们保守秘密，只有你我两人知道，好吗?"[1] 卡尔逊表示同意。

亲历了淞沪会战的卡尔逊，看到了中国的人民和军队为了民族独立承受巨大打击的能力。当时国际社会对中国军队的评价和预期都不高，其一是客观上的组织、训练和装备相对落后，其二是部分国民党内领导人的不团结影响了军队声誉。长久以来，随着历史演进从系统观察深入到思想史研究的诸多作品，关注点大多在精英分子的思想问题上，精英分子的影响力远超他们在人数上的比例，成为研究者们不能忽略的事实。[2] 卡尔逊在观察上海战场之后看到中国民众抵抗对民族独立的威胁的民族主义精神，察觉到了中国人民为了保卫领土的完整，准备牺牲家园、个人抱负乃至生命的觉醒。美军观察组组长包瑞德针对飞机降落延安出现突然故障，对叶剑英的关心用中文回答"伤人乎，莫问马"，表现出"中国通"的身份。卡尔逊对国家团结和民族精神的思考则已经有了一种朴素的中国观。他的民族精神与抗战力量相互转化，"用中国人的积极性和创造力去抵消日本人在火力和机械化装备方面的优势"，最终"改变这场战争的整个面貌"的观点，是关注到群众力量并自觉展开与此高度相关的敌后根据地"区域研究"的起始点。[3]

从美国罗斯福图书馆所藏卡尔逊与罗斯福总统之间的大量通信档案可以看到，二人从 1937 年 8 月 14 日到 1945 年 3 月 25 日（距离罗斯福逝世不到一个月）一直保持通信往来。这段时期正值中国全民族抗战，二人之间的通信内容也自始至终以中国全民族抗战为主线而展开。[4] 罗斯福与卡尔逊约定秘密通信这一行为本身，就在一定程度上体现出罗斯福意欲在常规途径之外获得关于中国情报的考虑。卡尔逊的观察和分析直接、频繁地上达罗斯福本人，可以推断会对其产生一定影响。在卡尔逊的眼中，中国红军是"中国最完整的政治团体"，"发展了一整套军事战术"，红军的"领导和战士互相理解，团结一气"，"思想敏锐，了解世界事态"。[5] 依据中国抗战的形势，他把成功维护抗日统一战线作为中国能继续抗战的重要条件。罗斯福对卡尔逊提供的信息非常感兴趣[6]，也接受了卡尔逊的说法，表示已经尽了自己最大努力"来劝阻中国某些领导人不要对八路军领袖们采取更激烈的反对行动"[7]。作为军人，卡尔逊十分注意观察和分析战争中的战略战术，这与继卡尔逊之后来到延安的美军观察组，以及陈纳德带领的曾与中国人并肩作战打击日本人的"美籍志愿大队"（American Volunteer Group）的诉求是一致的，他们在不同战线上寻找打败日本的办法。

/ 国家利益·话语建构·政党阐释：
卡尔逊对罗斯福观念塑造的三重意涵

1937 年 8 月 18 日，卡尔逊抵达上海，此时中国军队正在淞沪战场上与日军殊死战斗。由于时局变化，卡尔逊被迫放弃原先的计划，转入了战地考察。11 月 19 日，卡尔逊离开被日军占领的上海，启程前往山西考察。1937 年 12 月中旬至 1938 年 2 月中下旬，卡尔逊在山西通过两个多月与八路军的接触，见到了朱德、任弼时、彭德怀、聂荣臻、左权等中共领导人，看到了中国抗日战争中一支强悍生力军最真实的一面。3 月下旬，卡尔逊又前往徐州和台儿庄前线，拜访了李宗仁、白崇禧、孙连仲和守卫台儿庄的池峰城、田镇南等将领，听取了战况介绍，观察了前线的战略战术。后来，卡尔逊在八路军西安办事处见到了林伯渠，并在林伯渠的安排下于 5 月初到达延安，成为第一个，也是 1944 年 7 月美军驻延安观察组之前唯一访问过延安的美国军官。毛泽东还专门致信卡尔逊，介绍刘白羽、欧阳山尊等五位文艺青年作为他的同伴，一起前往蒙古前线考察。在蒙古之行中，他们见到了马占山、傅作义、邓宝珊、高双城等抗日将领。后来，卡尔逊分别在冀中、冀南访问了吕正操和徐向前的部队。卡尔逊沿途学习游击战经验并且做了大量笔记。[8]

卡尔逊的考察首先是出于国家利益,花时间冒风险是为了判断战争"距我们还有多远和有多大危险性"[9]。卡尔逊在亲历中日战场并经过专业分析之后得出的结论是:日本的侵略野心并不止于此。[10]而美国如果想继续保持在东亚地区甚至世界战争中的国家利益,必须立即停止对日本的物资、武器出售,支持中国共产党和国民党建立统一战线来牵制、消耗日本的作战力量。而若想促进统一战线,美国上层需要改变片面支持国民党的路线,重新审视和认识中国共产党以及他们所领导的抗日武装力量。以此为出发点,卡尔逊至少从三个方面塑造了罗斯福对中国共产党的观念:中国共产党是一个独立的新型政党;中国共产党领导的八路军及其敌后游击战争是抗击日军的重要力量;中国共产党的战后建国设想是民主的、联合的。

为了达到良好的效果,卡尔逊在对美国上层和海军部传递关于中国共产党的信息时使用了大量的西方式典型话语。比如,在看到斯诺《红星照耀中国》一书的手稿后,卡尔逊认为,如果斯诺描述的是真的,那么"毛泽东、朱德将军和他们的追随者们不仅只是打一场解放战争,而他们对人民的德行也是真正基督教徒式的"[11]。告别西北时,卡尔逊总结八路军在山西正在"开创一条新生活之路,其政治方面是近乎纯粹的民主政体,而它的社会和经济方面,则是接近耶稣的故乡提倡的合作的"[12]。这种宗教话语的描述,要结合卡尔逊的信仰背景来解读才不会觉得奇怪。

同样，卡尔逊在人物的刻画上也沿用了这种西方形象的代入。比如，他认为朱德具有"罗伯特·E. 李（美国内战时的南军司令——引者注）的仁慈、阿伯拉罕·林肯的谦虚和 U. S. 格兰特（美国第十八任总统——引者注）的坚强"，和蔼可亲、纯朴、坦率且正直，凡事实事求是，很谦虚，很低调，从不抛头露面，而对军事形势的分析是尖锐而又具有启示性的。[13] 他认为贺龙是"劫富济贫的中国鲁滨逊"，结实，矮胖，爱嬉闹，比他所遇到的其他高级指挥员在某些方面粗鲁一些，但在外向的鲁莽中，隐藏着对被压迫者的深切同情。"在街上，他（贺龙——引者注）喜欢逗弄孩子，常常抱起一个挣扎着的小孩，夹在腋下走半条街，然后把他放走，用一个铜板或一块糖哄得他高兴。"[14] 这样的细节比比皆是。

需要说明的是，早期"中国通"对中国的理解和解读会出现运用西方范式理解和解释中国问题的一些生搬硬套的情况，比如上文中卡尔逊对中国共产党的类比和解读就有不恰当的地方，这部分是由于"西方中心主义"的观念和意识形态习惯，部分是由于欧美社会对中国共产党及其领导人的不甚了解。甚至在 1934年出现于左翼杂志《今日中国》（*China Today*）的文章《当今苏维埃中国全貌》（Complete Perspective of Soviet China to Date）中的毛泽东画像也是错误的。[15] 在国际共产主义运动在全世界形成联合的背景下，欧美杂志已经开始关注到有关于中国共产党的文章、故事和传记，但是在国民党信息"围剿"的状态下，中国共产党的实际情况还甚少被外界了解，这是当时历史的实际情况。

卡尔逊对罗斯福说："'中国共产党集团'并不是我们习惯

用的专门名词'共产主义'的含义，其经济计划并不包括土地共产和重新分配财产。"在卡尔逊的叙述中，中国共产党"寻求平等机会、希望建立一个诚实的政府，提倡基于公认的、训练有素的个人品德"。在解释中国共产党的"共产主义宣传"时，卡尔逊认为中国共产党"最强调的是'意志'，士兵要服从他们长官的指挥，因为那是他们的职责。执行他们的职责是正确的，而且他们总是愿意做正确的事。简单地说，就是什么事都讲道理"[16]。换言之，中国共产党是不同于苏联式共产主义政党的新型政党。

在对中国共产党的政党阐释中，卡尔逊同样采用了西方的范式和观念理解，对中国共产党的政党性质和土地革命等方面都出现了误读，但是我们还是可以从卡尔逊对八路军的系统观察中看到中国共产党在敌后抗战中的有序建制。1937 年 12 月到 1938 年 2 月，卡尔逊跟随八路军分队徒步 700 余英里，对八路军进行了系统而全面的观察。从军事方面的建制、抵抗模式、军纪、军队条令、娱乐、训练、装备，到薪资、伙食、运输、伤员疏散救治、通信、部队机动，再到政治方面的组织结构、群众工作，以及战略、战术，乃至战例的分析，都体现除了军事观察家的专业度。（详见本书附录三）

卡尔逊在山西北部和河北西部广大地区与被日军完全包围的八路军同行时，目睹了试图夹击该地区的日军八个纵队（每队一两千人不等）被群众、游击队和八路军的联合力量击退。复杂的地形和内线作战成为优势，但卡尔逊认为八路军成功的首要原因是团结一致，战斗精神高昂，并且有一个精心制订的计划。卡尔逊由此发现八路军发展并完善了一套抵抗侵略的特有方式——持久战，并向罗斯福作了详细汇报。他认为："如果将这种模式推广至所有日军已经或可能入侵的地区，将有效阻止日军的扩张并使得战争得以拖延，可以让中国政府有充裕的时间来组织和培养强大的反击力量，同时持久性战争也将致使日本国力每况愈下。"[17]

为了使罗斯福能够更加直观地了解持久战，卡尔逊作了生动的比喻：

> 这种抵抗的方式由3个部分组成，即正规军，辅之以游击队（相当于我们的一支平民武装力量，在其成立地区活动），与民众紧密协作。在每一个县（相当于郡，主要民政首长是县长），人民由县长指挥组成一个团体，由一个动员委员会组织和协调这个团体的活动。县里的每一个村有一个动员委员会、一个自卫队和诸如农民、商人、手工艺人、妇女和儿童不同的团体。自卫队要求过往的人出示由上级权力机构发给的通行证；收集敌人的情报，立刻转送给附近的部队；并负责运送伤病员到其他村庄，伤兵就是靠用这种办法从战场转移到后方医院的。这些团体每天开会讨论当前计划、唱抗日歌曲、喊口号，从而保持高昂的抗战士气。一旦日本人开始朝他们的县城侵入，他们就实施坚壁清野的计划，把多余的粮食转移到安全的地方，防止落入敌人手中。[18]

任弼时向卡尔逊介绍了中国共产党的政治工作。任弼时说：

政治工作是我军的生命线，是我们抵抗侵略的心脏和灵魂。我们的武器过了时，处于劣势，但我们可以用政治教育来弥补其不足。战士和人民都必须懂得中国为什么和日本打仗。他们必须学会如何合作，如何和睦相处和如何打败侵略者。政治工作分为三部分：（1）军队内部的教育，（2）居民中的工作，（3）敌人中间的工作。这一计划的第一部分的目的，是建立强大的、士气高昂的、行为堪称楷模的高度统一的军队。连队是教育单位，每一个连队有一位经过训练的政治领导人。每天为不能读和写的人上课，战士必须能读会写。各单位在行军时，课文纸用针别在走在前面的人的帽子后面，这样，战士们可以一边走一边学。借助于演讲、幻灯、演出和游戏，我们竭力给每个人进行正直、诚实、谦虚和合作的原则的教育。

除了介绍军队内部的平等关系和三大纪律八项注意，任弼时还从"人民的政治工作"的角度向卡尔逊解释了"鱼水关系"。鱼若想有效率地在水里游，水的温度必须合适，即"人民一定要明白我们为什么打日本以及他们怎样才能帮助制止侵略"。任弼时还向卡尔逊介绍："如果我们留在一个地方，就把那里的人民组织在各种协会里，以便更好地对他们进行教育。一般，这种组织工作在县里进行，当地文职人员的首领（县长）实行监督。每个村子有一个商人协会、一个妇女协会、一个儿童协会，工人和农民也各有一个协会。参加协会是完全自愿的，不过要努力向人民说明参加的好处。这些协会就变成了进行教育的基本单位。为成年人和儿童建立了学校，使所有的人都能学习看书写字。我们教给居民开会的方法和选举村和县的官员的方法。人民要履行公民的义务，他们就应有权就自身的事务发表意见。"[19]

这支部队的领导者是一群什么样的人？卡尔逊对罗斯福说："他们的处世态度、行为品德更加近似我们，而不像其他任何中国派系军队那样。"他们与卡尔逊过去在中国见到的那些人完全不一样。他们大公无私、廉洁奉公，用手中的权力改善人民的生活。卡尔逊说："我总是发现这个团体的成员都忠厚老实，可以信任，他们不推诿含糊，办事不拖拖拉拉。……这个团体若是答应你办什么事，哪怕是用生命的代价，他们也会信守诺言。他们不推诿托词，他们总是批评自己，欢迎别人批评他们，说只有知道缺点，才能改正错误。这种态度对传统的中国人来说也是完全陌生的。"[20]"传统的中国人总是拘泥于繁文缛节，闪烁其词，而这里的中国人说话都是直来直去，待人殷勤而诚恳，不会在'客套'（在转入正题之前，雍容揖让，品茗寒暄走过场）上浪费时间。他们的信念和训练的基本原则之一是必须正直、真诚为人，只有这样才对。他们以乐于奉献的精神谆谆教诲他们的部下。在军队中进行的这种所谓的'政治训练'以培养自愿乐于奉献为目的。领导（军官们）教育战士（应征入伍的士兵）要有信心，不断地向他们说明当前的形势，军队为什么要采取某一行动，等等。在进行战斗之前，领导会将战士们集合起来，向他们讲述军事形势，以便战士们能心中有数地投入战斗，知道可能取得的胜利和失败的后果。其结果是领导和战士互相理解，团结一气。正是这种理解，加上奉献精神和从事正义事业，使得这支军队十年来击败了更为强大的国民党部队，也使这支军队今天能战胜日本人，而中国尚没有其他部队能做到这一点。"卡尔逊继而分析，在美国的部队中，与共产党人在他们的部队中进行的"政治工作"最相似的地方是教授如何做领导。卡尔逊认为，当时美国部队个别的长官接近他们的部下，谈军事，谈品德，解释军事行动，但这种做法还不是太普遍。[21]

卡尔逊观察到八路军的另外一个显著特征是：把平民百姓组织成武装集团。他认为以这种形式组织起来的"游击队"类似于美国的"国民警卫队"。[22]"领导们学习如何组织游击队，如何组织民众抵抗日本侵略。这样，所有的民众都被动员起来抗击侵略者。部队也就不必分兵去保卫交通线，而由游击队来执行。他们也接受过破坏敌占区的铁路、水源、供应基地等活动的训练。当敌人对已被八路军组织起来抗日的地区进行扫荡时，他们必须自己携带水和食品。留下来的群众对侵略者恨之入骨，全民同仇敌忾，为八路军提供情报，侵略军对对手的行动摸不着头脑。这样一来，八路军就可以出其不意地打击敌人。"卡尔逊还特别指出："八路军从来不虐待民众，指战员们都很自律，每个人都学会控制自己的感情，对妇女不存在虐待行为。"[23]这也是为当时所流行的污蔑中国共产党是"土匪流寇"的谣言正名。

在北方前线，卡尔逊了解到八路军的三个师部署在通过五台山进入河北西部的山西和察哈尔西北交界线上，在日军的后方和两翼作战，切断了日军所有的交通线。虽然在五台地区活动的八路军部队正处在日军的包围之中，另外还有日军的几路机动纵队从河北省西部进入该地区，"但是八路军像条鳗鱼，在敌人的部队之间神出鬼没，来回穿梭"。卡尔逊形象地描述道："也许更适合将这比作一窝大黄蜂骚扰着一头大象，八路军打打就走，切断交通线，夜晚频繁出击，使对手不得安宁。"由此卡尔逊也相信了一位日本军官在日记中写的："八路军真让我头痛。"[24]所以，卡尔逊认为，即使国民政府决定向日本人妥协，中国共产党仍将继续抵抗日本侵略。他们可能会让日本在中国东北再待上一段有限的时间，但一定会抵抗到底，哪怕只剩下最后一个人，或者直到把日本侵略者从中国领土上赶走。

对八路军的简短调查揭示了中国抗日战争中新的潜力。在卡尔逊看来，"对日本的现代战争机器的挑战，这里就是答案。日本人的战争机器，在受到坚持抗战的激发和训练、准备忍受种种困难的民众面前很难占优势。它不可能摧毁一支在持久的游击战中，以其行军速度和智力超过对手的军队。其征服山西的企图大概将像挖掘大洋一样地落空"[25]。卡尔逊已经意识到将这种抵抗方式推广到全中国的必要性，但是他同时也意识到这种推广建立在消除国共对立的基础之上。"蒋介石是否愿意用八路军领导者们实际的自我牺牲精神去教育他的下属？他会愿意动员人民起来抵抗吗？"[26]这样的问题非常关键，因为在日军深入的地区，持久战的抵抗和胜利必须依赖强有力的人民运动。所以卡尔逊对两党的统一战线实际上进行到了什么程度也非常关心。[27]

仅仅是塑造新的政党和军队的形象，对于美国调整对华政策显然是不充分的，卡尔逊在解释国共关系和中国共产党的建国设想方面也颇费笔墨。卡尔逊一度认为中国共产党和国民党"两大政党的领导人在许多政治、社会和经济问题上不再针锋相对，在民族自卫的合作中没有了障碍。虽然途径不同，他们基本上在寻求同样的目标"[28]。但是他随后就发现"国共两党之间的摩擦比报道指出的更糟"。他认为："由于亲日集团力量的增强和更多的证明日本无法征服中国的事例，右派分子得到了鼓舞，公开反对中国共产党。"日本利用这种情况来分裂中国的团结。而美国的利益则在于中国国内保持团结。"若是团结破坏了，则日本承受的压力就缓解了。随之而来的抑或是妥协下的和平，抑或是一个在这个国家更为稳固的纯粹的法西斯政权，也或许是两者兼而有之。"[29]卡尔逊相信中国只要团结一致，就有继续抵抗的能力。为了保住自由和获得独立，中国人民愿意作出更大的牺牲。中国虽然资源很丰富，但是组织和发展生产的技术、劳力和智能没有运用或协调起来。他认为只有国外的压力才会有助于加强中国的全国统一战线。卡尔逊进而建议，美国可以声明维护中国的统一战线作为贷款的条件，或者在银行存款上作文章。[30]

　　此外，卡尔逊向蒋介石介绍了敌后抗战的情况，也与孔祥熙、冯玉祥、何应钦和董显光等人交流观点。与八路军相对比，卡尔逊把两者归纳为不同的"思想学派"。直观的对比当然是国民党舒适的生活和八路军的艰苦朴素，但是卡尔逊也意识到解决目前的日本侵略的问题意识激发出了双方不同的重建主题和政治开拓，无论是与日本的战争，还是战后的建国，都需要拟定一个双方均能接受的方案。同样的爱国起点，能不能理解人民的诉求逐渐显现出差距。已经意识到中国强烈的民主意识和民族精神的卡尔逊，也对中国的命运做了期待："这个方案必然是建立一个属于人民，来自人民和服务于人民的政府。"[31]

/ 外援还是自救？——卡尔逊的抗战宣传

卡尔逊与毛泽东有过两次长谈。在延安十余天的考察中，毛泽东向卡尔逊讲述了中国共产党关于抗战和建立新中国的主张："我们希望目前同国民党的协定能持续下去，建立一个真正民主的两党政府。我们认为，银行、矿山、交通应该国有。应发展生产者和消费者合作社，我们赞成鼓励私有企业。最后，我们认为，中国应同一切愿意在平等基础上对待我们的国家建立和保持友好关系。"毛泽东同时分析了美日关系未来走势、欧洲局势和抗日战争的态势，他的睿智给卡尔逊留下了深刻的印象："这是一位谦虚的、和善的、寂寞的天才，在黑沉沉的夜里在这里奋斗着，为他的人民寻求和平的公正的生活。"[32]卡尔逊专门问毛泽东等战争过后中国共产党的打算是什么。毛泽东回答说国家要经过了民主准备阶段，才会放弃像阶级斗争、土地革命这样一些运动。他认为国家应该拥有矿山、铁路、银行，应该成立合作社，应该鼓励私人企业。至于外国资本，他认为愿意与中国在平等基础上交往的国家都可以得到鼓励来投资。[33]

毛泽东对卡尔逊谈话的内容涉及战争、欧洲和美国的政治形势，各个时代政治思想的发展，宗教对社会的影响，等等。他对卡尔逊说："只要人民有志气忍受困难，有愿望继续抵抗，中国就不会垮台。只有人民信任他们的领导人，只有他们有过好一点的日子的希望，人民才会建立起并保持这种意愿。我们努力争取具备这些条件，我们训练干部要生活简朴秉公执政，诚心实意地帮助老百姓解决困难。我们相信好一点的生活来自发展民主，学会自己管理自己。我们认为，经济生活应以合作社为基础。共产主义并非眼前的目标，是要经过长期的发展才能达到的。在它之前必须有强大的民主，然后是社会主义过渡时期。"[34]毛泽东还向卡尔逊讲述了抗日战争的"两种围困说"。一种是国内的围困，以山西为例，日本人驻守在太原，太原的东北是聂荣臻的部队，西北是贺龙，林彪在西南，朱德在东南，日本人在山西一出动就会撞上八路军的巡逻队。只要八路军占领五台，日本人就不能控制山西。另一种围困是国际的围困，美国和俄国同中国一道围困日本。[35]

与此同时，朱德也告诉卡尔逊，战争过后，共产党还是想和国民党保持友好谅解。朱德说，中国共产党认为要想使中国共产化，需要先有一个民主政府管理国家很长一段时间；有了一个诚恳地给所有人平等机会的民主政府，他们就会满意。卡尔逊对此的解释是："'中国共产党集团'对于统一战线（共产党和国民党的联盟，主要目的是抵抗日本侵略）和中华民国及人民的领导蒋介石委员长是相当忠诚的。"受限于对国共斗争的了解，卡尔逊对国共关系用"忠诚"这样的形容是不准确的。所以当卡尔逊满怀信心地告诉国民党高层中国共产党的"忠心",并希望国民政府能够对共产党领导的八路军进行物资援助时,得到的回复是拒绝。卡尔逊还尝试通过山西战区司令阎锡山帮助中国共产党,也没有结果。卡尔逊观察到,八路军可以任意切断日本人进入山西的主要交通干线(从石家庄到太原府的主要公路、铁路线),他们利用一切顺手的办法(用双手拆去铁轨和小的桥梁)不断地切断这些交通线。若是他们有炸药,他们可以炸毁主要大桥,有效地阻止这些道路上的运输。[36] 这里一方面为建言罗斯福支持中国共产党埋下伏笔,另一方面也说明中国共产党的政治构想在国内所遭到的重重阻力来自哪里。

无论是统一战线还是战后布局,卡尔逊认为中国共产党在国家事务中的影响将在战后迅速提升。他预测:"共产党将致力于针砭贪腐,并构建一个非立足于共产主义原则的、更加民主的政府。"因为他所观察到的中国共产党的政治哲学中包含一些共产主义信条,但也涵盖了一些通常与民主政治相关的学说,例如机会平等。他评论说:中国共产党人"处世率直、生活朴素,在辖区的管理诚信,所产生的感召力使得中国青年汇集于共产主义的大旗之下"。[37] 而他所理解的中国共产党人对国民政府的"忠心"也使得卡尔逊认为美国需要重新认识中国共产党在未来处于可控范围之内。

在对罗斯福的观念的塑造过程中,卡尔逊已经意识到,中国革命的领导人和参与者对于"美国如何看待共产主义"和"美国如何看待中国的抗战"这样的问题同样存在芥蒂，对这部分人的这部分观念塑造也同样重要。虽然这项工作已经超出了卡尔逊的职责范围，但是出于个人的道义使命，他还是在考察的过程中把这项工作亦公亦私地进行下去了。他向外国记者、传教士和一些听众演讲，说八路军是中国最有战斗力的部队，最懂得为什么而战，官兵关系最民主，与民众的关系如鱼水情。[38] 卡尔逊明白这种行为对于一位军事官员来说是逾越的，所以他在兴奋地提到他在第一次敌后旅行途中作了 50 次演讲，并认为他在振作民众精神方面也有所作为时，谨慎地告知友人要"绝对保密"。[39]

宋庆龄对八路军抗日力量的判断与卡尔逊相似。她认为中国共产党是孙中山三民主义的最可信赖的阐述者，八路军对抗日战争表现出来的形象是唯一的榜样，能使中国成功地抗击侵略者，现在主要的问题是说服国民政府采纳。卡尔逊对宋庆龄讲："现在是时候让委员长接纳一两名共产党领导人进入政府了。"宋庆龄反过来问卡尔逊，若是真的实现这一步，美国又会有怎样的感觉。宋庆龄指出，共产主义对美国人来说还是个"鬼怪"，若想到中国正在"共产主义化"，他们部分的同情心就会消减了。卡尔逊对此略有期待地回答说："我想美国人民很了解中国的共产主义，懂得那不是像他们所熟悉的共产主义。"[40]

在卡尔逊途经的村舍的墙壁上，当地人民贴了一些欢迎卡尔逊的标语，比如"欢迎美国志士参加中国的抗战""欢迎美国参战团来华"等。当地政府和人民可能不太了解，这个美国人不是来参战的，只是来看看中国军队如何作战的。[41] 他们把外援看得比较重要是可以理解的。但是，面对延安的学生，问题不仅是外援这么简单。卡尔逊在抗大和陕北公学讲话时，学生们特别想知道美国对这场斗争的态度，为什么美国不在《九国公约》下尽一些义务。对此，卡尔逊的解释是条约的签署国只有尊重中国领土和主权完整的义务。他举例说："假使情况倒转过来，美国像中国一样是个弱国。让我们打比方说，假设墨西哥是像日本那样的侵略国，如果墨西哥入侵美国，那末处在中国腹地的你们有多大兴趣来援助我们呢？"学生们认为美国的发言人反复地声明美国在国际关系上主张正义和道德，但是实际给予中国的统治者的援助却并不符合美国宣扬的原则。对此，卡尔逊只能解释说："在一个民主国家里，国家的重大决策在大多数人的意愿尚未明白显示之前是不能作出的，而显示多数人的意愿是需要时间的。"[42] 所以，当时在延安学习的青年人已经意识到，"自己的力量是解放自己的决定因素"，"唯有无需依赖者，才能够得到人家的真正的援助"[43]。

/ 从情报员到援助者：卡尔逊在战时物资争取中的角色

卡尔逊在出发前往西北之前，曾经定下四个目标，分别是：第一，获取第一手资料，为中国共产党及其武装力量，即八路军做一定程度的评估，或许他们对中国未来的影响值得期待；第二，获取八路军在抗日过程中使用的"游击"战术的信息；第三，获取日军组织策略和作战质量的信息；第四，获取中苏西北交通线的信息。[44] 在结束了西北之行后，卡尔逊的目标又增加了一个：为抗日力量争取援助。他在送往罗斯福和美国军部的报告中陈述了八路军战略物资的困难和国民党对中国共产党武器供应方面的排挤、限制，然而收效甚微。回到武汉后，卡尔逊帮助艾格尼丝·史沫特莱（Agnes Smedley）为八路军募集医疗用品，把白求恩交给他的急需医用品单子转交给汉口的国际红十字会，帮助斯诺夫妇和路易·艾黎推动中国工业合作社运动，为敌后经济援助奔走宣传。[45]

注意到国际援助到了中国之后总是被一些腐败的国民党官员中饱私囊，卡尔逊向罗斯福提议，可以由罗斯福本人或者摩根索（Henry Morgenthau, Jr.）[46] 告知中国政府，对正在进行的合作社计划感兴趣，这样也许会引起国民党当局对自身腐败问题的重视和对"工合"组织的支持。[47] 卡尔逊的逻辑是：中国的人力和经济资源处于日本的支配下，日本有能力建立一支陆军和海军，这样就有能力直接向美国本土挑战。而中国的困难除了战争物资的供应，还在于国民党缺乏自我牺牲的精神，不懂得在南方组织群众，"拯救这个国家还得靠无产阶级"[48]。日本和中国之间的战争的结局在很大程度上取决于这两个国家不能控制的力量，两国都依靠外援。这时，美国如果给中国提供 2500 万~5000 万美元的贷款，指定用在工业合作社上，就有希望保证中国早日在东方建立起和平。中国有技术、人力和自然资源，给中国提供资金，中国就能发展经济基础，此基础就会帮助中国走出军事困境，转而取得决定性的胜利。就耐力的考验而言，中国有丰富的资源和众多人口，比其对手更能坚持下去。[49]

如何使日本在中国的经济渗透受到阻碍？卡尔逊认为工业合作社的设计就是为了取代被日本人破坏了的中国的工业。如果能够实现 30000 个合作社分布在中国内地各省，即使有一个或多个合作社遭受到破坏，也不至于使中国的生产力严重瘫痪。这个运动也可以算是游击战术在工业中的运用。实施办法是成立一个基金，给想办合作社的一些技工组成的团体提供贷款。从事什么工业取决于当地能提供什么原料。可以生产煤，纺纱织布，或做毛活儿，造纸，生产蜡烛、肥皂等。合作社可以由 7~80 人不等组成，工人当然也有股份。因为中国工业产品匮缺，生产出来的任何东西都有现成的市场，贷款用来购买机器和作为启动资金，很快就可以收回。其结果是，当地的原料得到利用，难民有工作做，国家有了必需的工业产品。[50]

这种合作方式大大地提高了工人的生产能力。在浙江和安徽，卡尔逊看到了工业合作社如何在敌人面前运行。卡尔逊曾经目睹日军战火蔓延到了浙江某工业合作社以东四十多千米的一个城市。合作社的主任是一个文静的、不抛头露面的清华大学校友，他把当地工业合作社的社长都召集起来，准备与他们一道撤到西部农村地区去。夜幕降临，所有的工业合作社都带着生产设备和供应搬迁转移了。当日本人开进安徽南部时，沿途有 12 个合作社。社员们将设备都挪到山中安全地点，然后男社员们再回来帮助部队追杀敌人。卡尔逊还在浙江、安徽境内发现了一个设备完善的机械车间，有锻炉、车床和刨床，50 名合作社社员把这些设备从宁波由陆路转移了300英里。[51]

所以，"工合"的组织和机动能力在战争中是极为难得的。卡尔逊进而解释了"工合"运动的意义。他认为"工合"组织是中国抵抗日本侵略发展道路上最大的单一经济要素。因为"工合"使工业在广阔的内地遍地开花，减少从空中遭受袭击的可能，给全国各地的难民提供工作机会，使过去单纯的农业地区也开始承担起发展工业的任务。而且合作的思路对中国人民有吸引力，对他们的精神有激励作用，不仅在经济上，而且在社会上使他们有发展合作的希望。他不无期待地说："展望未来，我好像觉得工业合作运动给人带来了确切的希望，它可以改善民生，提高广大人民群众的生活水平。"[52]

"工合"组织在卡尔逊等人的积极支持下，从西方国家获得了大量捐助，虽然在战火中没能延续下去，但是为敌后经济的发展和战时物资的供应提供了保障。由于军部禁止卡尔逊对中国共产党进行宣传，卡尔逊选择了辞职。珍珠港事件后，正如卡尔逊预见的，日本向美国宣战了。卡尔逊再次加入海军陆战队，组成他自己领导的海军陆战队突击营（即著名的"卡尔逊突击队"）。在他的直接指挥下，这支队伍在南太平洋英勇作战，取得胜利。他训练这支部队的许多方法，不仅在军事训练方面，更在他称之为"道德规范"的方面，都是八路军行之有效的方法，是他见到后从那里学来的。[53] 他的突击队员喊的口号就是"工合"，士兵们所想所做都从"我们"而不是从"我"出发。罗斯福去世后杜鲁门上台，美国与中国共产党的关系急转直下，调停国共关系失败后公开支持国民党内战。1946 年 11 月 17 日卡尔逊宣布:"我经过考虑后的意见是,我们的子孙后代将把杜鲁门执政时期美国政府对中国人民的背叛,视作是过去美国外交上从未有过的一大错误。"[54] 1947 年 5 月 27 日,卡尔逊因劳累过度和在太平洋岛屿的战斗中的旧伤,在俄勒冈州病逝。

卡尔逊在世时还从军事的角度对战胜国对美国的影响进行了预测和分析。他认为:"如果日本得胜将意味着独裁的胜利。日本对美国的资本、原材料和它不能生产的消费品会有短期的需求。但随着日本工业帝国的形成就不再需要了,日本将垄断远东的所有市场和原材料资源。随着其工业帝国的成长,日本的陆海军将会扩充。如果它现在还未夺取荷属东印度、法属印度支那和菲律宾群岛,那时它就会这样做。在西太平洋获得保障之后,它就会把目光转向东方。它对阿拉斯加海域的捕鱼权特别感兴趣,肯定不能对夏威夷无动于衷。马绍尔群岛东部的诸岛上它现在有一个托管地,群岛离夏威夷仅两千英里,后者是现代战舰最远的活动半径。它随后的行动有待推测,但应当记住,历史已经说明,征服者直到物质上变得不再可能之前是绝不会止步的。"[55]

如果中国赢得了战争又将如何呢?卡尔逊认为:中国是当时的少数几个有民主结构的国家之一,中国人的胜利意味着中国将要成为民主思想和行动在东方的基地。一个独立的中国将要求主权完整,她将期望在平等的基础上与其他国家交往。她将需要巨大的外国资本和技术援助进行建设,但援助必须在纯粹商业的基础上进行，不能期望政治承诺或特权。西方人不容易想象四亿五千万人民作为一个整体，不曾到中国旅行的人不知道中国大多数人的生活是多么原始。……将来中国将成为一个更加统一、更加进步的国家。战后的中国人民将要求获得较高的生活水平。这意味着更高的购买力和更广大的市场。[56]

朱德等人称卡尔逊为"真正代表美国民主的朋友"[57]。在卡尔逊的笔下，中国共产党的领导人用自己的地位推进人民的利益，而不是去增加个人的财富。年轻的中国思考的是民主政府、机会均等和全体人民较高的生活水平。[58]晋察冀抗日根据地这个被日本人完全包围的地区生活平静，人民满意，精神高昂。每个村庄学校都在上课，人民参与政府的工作，乡村官员是他们自己选举的，县里的官员们也都是如此。缴纳给临时政府的税是用实物而不用现金。军队不再直接从人民那里索取粮秣，各军队管区都有给养仓库，粮食和给养由县政府送到军需仓库，这些是人民作为税收缴给地方政府的。这种办法消除了曾使军队和人民之间发生摩擦的根源。[59]就连国民党军赵承绶将军在学习了贺龙的游击战原则之后，又让自己的部队经受了中国共产党的课程训练，"强调自我约束和八路军使用的伦理哲学"，部队得到了改造，"从只关心薪水、津贴的职业军人，变成了具有爱国意识和心灵的组织"，经常用机智、有效的游击战，积极地参加对日作战。[60]

基于此观察，卡尔逊预言："仍然把中国看作一个庞大而衰弱的国家是个时代的错误。过去十年，中国一直在前进，一九三七年这场战争开始以来，中国整个社会和经济秩序经历了急遽的变化。这个有五千年文明历史的国家，自己有权力成为一个世界强国；如果她能保持独立，她将在亚洲成为一个民主的堡垒。"[61] 这种宣言与当时国际反法西斯统一战线的声音一起汇合成一股强有力的力量。1938 年 4 月卡尔逊在台儿庄亲历国共两党合作获得战斗大捷时，在场的还有荷兰纪录片导演尤里斯·伊文思（Joris Ivens）和摄影家罗伯特·卡帕（Robert Capa），他们刚从西班牙内战中转来中国。[62] 随后卡尔逊在西北战场遇到了同样从西班牙内战的战场转来中国的白求恩。斯诺最早介绍中国革命的书籍《远东前线》（*Far Eastern Front*）曾是西班牙内战中国际纵队英国共产党员及其队友的读物。中国革命的影响，在当时已经超越中美走向世界，影响了世界反法西斯统一战线的发展。

/ 结 语

从短时段来看，这一时期卡尔逊等人的报告影响了上层决策，成为国民政府和美国政府关系恶化的因素之一。但从长时段来看，这种恶化是伴随着两个盟国之间实力的不均等和态度的不一致而愈演愈烈的。对美国而言，美中同盟关系只是其全球众多盟友关系中的一环，但对国民政府而言，中美同盟却是它在当时最重要也可以说是唯一的同盟关系。在中国方面，对美关系中的政治和军事部分，蒋介石从最大的军国大计到最小的运作细节都乾纲独断。而罗斯福则对中国事务不时掉以轻心，甚至发出相互矛盾的电报，或者出尔反尔，还丝毫不察觉它们对中国可能造成的影响。比如，据相关学者研究，塑造美国政府对中国人事的最重要信息来源，是史迪威呈交给马歇尔的报告。即使史迪威本人的消息和分析有误，马歇尔也不知道错在哪里。[63]

不管卡尔逊的报告怎么说，美国政府都不会把供应武器问题与中国的政治前途分开来看。毛泽东得到武器之后是否会听从摆布，美国政府并不那么有把握。美军观察组就是为了要研究与供应八路军和新四军武器有关的情况，才到中国来的。美国国内在这一点上有两种不同意见。保守一些的美国政客害怕与毛泽东领导的中国共产党结盟，力主更进一步加强蒋介石政权。美国持另一种政见的，以卡尔逊为代表的这批人则认为，全中国正处于革命动荡之中，只帮助蒋介石太冒险了，必须作出合适的政治决策，寻找新盟友。而中国共产党会是一个合适的、容易打交道的伙伴。毛泽东领导集团对苏联和共产主义的态度，是作出这种合适的政策决策时要考虑的关键问题。

之后通过美国的决策者派往中国调停国共关系的赫尔利和马歇尔，对于调停的认知都是基于通过蒋介石完成中国的统一。所以他们对于军事观察家们增加对中国共产党的物资援助以及对中国共产党采取更灵活的策略是持反对意见的。尤其是在第二次世界大战结束的局势逐渐明朗之后，美、苏、中（国民党、共产党）三国四方都有了不同的考量。作为美国的决策者，想要拥有战后在亚洲地区的控制权和话语权，在权力和军力方面明显占优势的国民党是更加可靠的合作对象。对于苏联而言，虽然整个抗战时期对于中国的援助都针对国民党执政的中央政府，但是当"冷战"大幕徐徐拉开的时候，也不得不注意到意识形态更为亲近的中国共产党。外交官和军事观察家们的意见，在美国上层决策中能发挥的作用是有限的。尤其是卡尔逊与罗斯福直接的信息往来，还建立在私人关系和信任的基础上，这种交流和影响是很难复制的。

了解了延安时期观察家们对美国由上至下的观念塑造给美国对华政策所造成的影响，把时间轴推移到 20 世纪 70 年代，在美国经历了麦卡锡主义和"冷战"的洗礼，"红色恐慌"的心理已经根深蒂固并且不断地具象化之后，如何能再一次自上而下地重塑或者暂时缓和决策者和民众心中对于共产主义的负面情绪，与中国共产党领导的中华人民共和国建交并且合作，是一个更加有吸引力且重要的话题，对于当今中美关系的发展也有值得思考借鉴的意义。不过，这个话题尚不在本书的讨论范围内。对于军事观察家卡尔逊而言，他亲自考察了中国抗日正面战场和敌后根据地，足迹遍布了大半个中国战区。他对中国人民，特别是中国共产党领导的八路军的抗日爱国热情产生了敬佩之心。他把所见所闻以书信的方式向罗斯福作了汇报。这些书信中所描述的内容和表达的观点，不仅影响了罗斯福对国际形势的判断依据和处置态度，也改写了卡尔逊后来的人生轨迹。

注释

1. Michael Blankfort, *The Big Yankee: The Life of Carlson of the Raiders*, Boston, Little, Brown and Company, 1947, p.173.

2. [美]本杰明·史华慈著,王中江编:《思想的跨度与张力——中国思想史论集》,19页,郑州,中州古籍出版社,2009。

3. [美]埃文斯·福代斯·卡尔逊著,祁国明、汪彬译:《中国的双星》,28~30页,北京,新华出版社,1987。

4. 参见吕彤邻主编,武云编:《卡尔逊与罗斯福谈中国:1937—1945》,上海,上海远东出版社,2017。

5. 卡尔逊致罗斯福的信,1937年12月24日,见舒暲、赵岳编著:《太阳正在升起——卡尔逊亲历的中国抗战》,29、30、32页,北京,北京出版社,2018。卡尔逊给罗斯福的信件目前藏于美国纽约罗斯福图书馆,收纳于罗斯福总统个人文件的文件夹中,有百余封。舒暲和赵岳编著的《太阳正在升起——卡尔逊亲历的中国抗战》一书翻译、收录了卡尔逊致罗斯福的19封信和罗斯福致卡尔逊的2封回信,吕彤邻主编、武云编的《卡尔逊与罗斯福谈中国:1937—1945》收录了影印版卡尔逊与罗斯福相关的通信、公函109封。

6. 莱汉德致卡尔逊的信,1939年7月10日,见吕彤邻主编、武云编:《卡尔逊与罗斯福谈中国:1937—1945》,107页,上海,上海远东出版社,2017。

7. 罗斯福致卡尔逊的信,1944年3月2日,见舒暲、赵岳编著:《太阳正在升起——卡尔逊亲历的中国抗战》,339页,北京,北京出版社,2018。

8. 《周立波文集》第四卷,190~191页,上海,上海文艺出版社,1984。周立波是中国共产党在延安派给卡尔逊的随行翻译。卡尔逊在西北学习了大量游击战经验，和王震谈论美国建国的持久战与中国持久战的异同，和吕正操探讨平原游击战的打法和对待战俘的办法，和邓小平谈《抗日救国十大纲领》的内涵和统一战线等。卡尔逊把这些战略战术都运用到了自己在海军陆战队的"工合"营中。

9. 卡尔逊致莱汉德的信，1937 年 12 月 24 日，见舒暲、赵岳编著：《太阳正在升起——卡尔逊亲历的中国抗战》，34 页，北京，北京出版社，2018。

10. 《周立波文集》第四卷，78 页，上海，上海文艺出版社，1984。卡尔逊认为，中日之间的战争，对美国人民来说不可能只有学术的意义。这场战争的结果将决定东亚是由军人独裁的统治还是中国的民主之蕾盛开的鲜花。如果日本赢了，美国就必须留心自己的防务，因为日本陆海军军阀粉碎美国的欲望强烈程度绝不亚于德国压垮英国的欲望。控制着日本的海军集团有着贪得无厌的权欲，如果不予制止，有朝一日这个国家在东太平洋将向美国挑战。如果美国和西方的民主国家停止向日本提供军用物资铁、钢、汽油，中国是有能力有决心制止日本的权欲的。

11. ［美］艾格尼丝·史沫特莱：《中国改变了卡尔逊的思想》，见舒暲、赵岳编著：《太阳正在升起——卡尔逊亲历的中国抗战》，320 页，北京，北京出版社，2018。

12. ［美］埃文斯·福代斯·卡尔逊著，祁国明、汪杉译：《中国的双星》，206 页，北京，新华出版社，1987。

13. ［美］埃文斯·福代斯·卡尔逊著，祁国明、汪杉译：《中国的双星》，59 页，北京，新华出版社，1987。

14. ［美］埃文斯·福代斯·卡尔逊著，祁国明、汪杉译：《中国的双星》，106~107 页，北京，新华出版社，1987。

15. ［日］石川祯浩著，袁广泉译：《"红星"——世界是如何知道毛泽东的?》，47 页，北京，北京大学出版社，2021。

16. 卡尔逊致莱汉德的信，1938 年 3 月 4 日，见舒暲、赵岳编著：《太阳正在升起——卡尔逊亲历的中国抗战》，37 页，北京，北京出版社，2018。

17. [美] 卡尔逊：《关于中国西北部军事活动的报告——特别有关中国八路军（原共产党部队）的组织和策略》，1938 年 3 月 23 日，见舒暲、赵岳编著：《太阳正在升起——卡尔逊亲历的中国抗战》，96 页，北京，北京出版社，2018。

18. 卡尔逊致莱汉德的信，1938 年 3 月 4 日，见舒暲、赵岳编著：《太阳正在升起——卡尔逊亲历的中国抗战》，38 页，北京，北京出版社，2018。

19. [美] 埃文斯·福代斯·卡尔逊著，祁国明、汪杉译：《中国的双星》，71~74 页，北京，新华出版社，1987。

20. 卡尔逊致莱汉德的信，1938 年 3 月 4 日，见舒暲、赵岳编著：《太阳正在升起——卡尔逊亲历的中国抗战》，38~39 页，北京，北京出版社，2018。

21. 卡尔逊致莱汉德的信，1937 年 12 月 24 日，见舒暲、赵岳编著：《太阳正在升起——卡尔逊亲历的中国抗战》，29~30 页，北京，北京出版社，2018。

22. 卡尔逊致莱汉德的信，1937 年 12 月 24 日，见舒暲、赵岳编著：《太阳正在升起——卡尔逊亲历的中国抗战》，30 页，北京，北京出版社，2018。

23. 卡尔逊致莱汉德的信，1937 年 12 月 24 日，见舒暲、赵岳编著：《太阳正在升起——卡尔逊亲历的中国抗战》，30 页，北京，北京出版社，2018。

24. 卡尔逊致莱汉德的信，1937 年 12 月 24 日，见舒暲、赵岳编著：《太阳正在升起——卡尔逊亲历的中国抗战》，33 页，北京，北京出版社，2018。

25. [美]埃文斯·福代斯·卡尔逊著，祁国明、汪杉译:《中国的双星》，109 页，北京，新华出版社，1987。

26. [美]埃文斯·福代斯·卡尔逊著，祁国明、汪杉译:《中国的双星》，110 页，北京，新华出版社，1987。

27. [美]埃文斯·福代斯·卡尔逊著，祁国明、汪杉译:《中国的双星》，138 页，北京，新华出版社，1987。

28. [美]埃文斯·福代斯·卡尔逊著，祁国明、汪杉译:《中国的双星》，271 页，北京，新华出版社，1987。

29. 卡尔逊致莱汉德的信，1940 年 11 月 29 日，见舒暲、赵岳编著:《太阳正在升起——卡尔逊亲历的中国抗战》，88 页，北京，北京出版社，2018。

30. 卡尔逊致莱汉德的信，1940 年 11 月 29 日，见舒暲、赵岳编著:《太阳正在升起——卡尔逊亲历的中国抗战》，89 页，北京，北京出版社，2018。在这封信中，卡尔逊提出在银行存款上作文章的建议，随即解释说:"因为表现出亲日倾向的大多数中国官员在美国都有银行存款。我回想起去年冬天跟纽约银行的一位高级职员的谈话，他表示很不相信那些声称爱国的中国官员，因为中国正在打仗，而他们却把数以万计的美元汇到美国来存入银行。"

31. [美]埃文斯·福代斯·卡尔逊著，祁国明、汪彬译:《中国的双星》，120 页，北京，新华出版社，1987。)

32. [美]埃文斯·福代斯·卡尔逊著，祁国明、汪杉译:《中国的双星》，151、153 页，北京，新华出版社，1987。

33. 卡尔逊致莱汉德的信，1938 年 8 月 15 日，见舒暲、赵岳编著:《太阳正在升起——卡尔逊亲历的中国抗战》，58 页，北京，北京出版社，2018。

34. [美]埃文斯·福代斯·卡尔逊著，祁国明、汪杉译:《中国的双星》，150 页，北京，新华出版社，1987。

35. [美]埃文斯·福代斯·卡尔逊著，祁国明、汪杉译:《中国的双星》，152~153 页，北京，新华出版社，1987。

36. 卡尔逊致莱汉德的信，1938 年 3 月 4 日，见舒暲、赵岳编著：《太阳正在升起——卡尔逊亲历的中国抗战》，37~40 页，北京，北京出版社，2018。

37. [美] 卡尔逊：《关于中国西北部军事活动的报告——特别有关中国八路军（原共产党部队）的组织和策略》，1938 年 3 月 23 日，见舒暲、赵岳编著：《太阳正在升起——卡尔逊亲历的中国抗战》，96 页，北京，北京出版社，2018。

38. [美] 伊斯雷尔·爱泼斯坦：《回忆埃文斯·福·卡尔逊》，见舒暲、赵岳编著：《太阳正在升起——卡尔逊亲历的中国抗战》，315 页，北京，北京出版社，2018。

39. 卡尔逊致埃德加·斯诺的信，1938 年 8 月 16 日，见舒暲、赵岳编著：《太阳正在升起——卡尔逊亲历的中国抗战》，139 页，北京，北京出版社，2018。

40. 卡尔逊致莱汉德的信，1938 年 11 月 25 日，见舒暲、赵岳编著：《太阳正在升起——卡尔逊亲历的中国抗战》，72 页，北京，北京出版社，2018。

41. 《周立波文集》第四卷，157 页，上海，上海文艺出版社，1984。

42. [美] 埃文斯·福代斯·卡尔逊著，祁国明、汪杉译：《中国的双星》，148~149 页，北京，新华出版社，1987。

43. 《周立波文集》第四卷，157 页，上海，上海文艺出版社，1984。

44. [美] 卡尔逊：《关于中国西北部军事活动的报告——特别有关中国八路军（原共产党部队）的组织和策略》，1938 年 3 月 23 日，见舒暲、赵岳编著：《太阳正在升起——卡尔逊亲历的中国抗战》，97 页，北京，北京出版社，2018。

45. [美] 伊斯雷尔·爱泼斯坦：《回忆埃文思·福·卡尔逊》，见舒暲、赵岳编著：《太阳正在升起——卡尔逊亲历的中国抗战》，316 页，北京，北京出版社，2018；[美] 埃文斯·福代斯·卡尔逊著，祁国明、汪杉译：《中国的双星》，205 页，北京，新华出版社，1987。

46. 即小亨利·摩根索，罗斯福政府的财政部长，与罗斯福私交甚笃。

47. 卡尔逊致莱汉德的信，1939 年 6 月 13 日，见舒暲、赵岳编著：《太阳正在升起——卡尔逊亲历的中国抗战》，81~82 页，北京，北京出版社，2018。

48. 卡尔逊致莱汉德的信，1938 年 11 月 25 日，见舒暲、赵岳编著：《太阳正在升起——卡尔逊亲历的中国抗战》，73 页，北京，北京出版社，2018。

49. 《卡尔逊自述》，见舒暲、赵岳编著：《太阳正在升起——卡尔逊亲历的中国抗战》，9 页，北京，北京出版社，2018。

50. 卡尔逊致莱汉德的信，1939 年 6 月 13 日，见舒暲、赵岳编著：《太阳正在升起——卡尔逊亲历的中国抗战》，81 页，北京，北京出版社，2018。

51. 卡尔逊致莱汉德的信，1940 年 11 月 6 日，见舒暲、赵岳编著：《太阳正在升起——卡尔逊亲历的中国抗战》，87 页，北京，北京出版社，2018。

52. 《卡尔逊自述》，见舒暲、赵岳编著：《太阳正在升起——卡尔逊亲历的中国抗战》，9 页，北京，北京出版社，2018。

53. 卡尔逊在北平任美国《公使馆卫队新闻》的编辑时，针对当时外国士兵对中国人或漠不关心或持敌对态度，提出可以通过"道德规范"和教育使之改变。随后卡尔逊在西北地区的考察中发现八路军的政治教育符合他所追求的"道德规范"。

54. [美] 伊斯雷尔·爱泼斯坦：《回忆埃文思·福·卡尔逊》，见舒暲、赵岳编著：《太阳正在升起——卡尔逊亲历的中国抗战》，317~318 页，北京，北京出版社，2018。

55. [美] 埃文斯·福代斯·卡尔逊著，祁国明、汪杉译：《中国的双星》，276 页，北京，新华出版社，1987。

56. [美] 埃文斯·福代斯·卡尔逊著，祁国明、汪杉译：《中国的双星》，

277 页，北京，新华出版社，1987。

57. 朱德等致卡尔逊的信，1944 年 8 月 14 日，见舒暲、赵岳编著：《太阳正在升起——卡尔逊亲历的中国抗战》，331 页，北京，北京出版社，2018。

58. [美] 埃文斯·福代斯·卡尔逊著，祁国明、汪杉译：《中国的双星》，37 页，北京，新华出版社，1987。

59. [美] 埃文斯·福代斯·卡尔逊著，祁国明、汪杉译：《中国的双星》，193 页，北京，新华出版社，1987。

60. [美] 埃文斯·福代斯·卡尔逊著，祁国明、汪杉译：《中国的双星》，190 页，北京，新华出版社，1987。

61. [美] 埃文斯·福代斯·卡尔逊著，祁国明、汪杉译：《中国的双星》，序言，3 页，北京，新华出版社，1987。

62. [美] 伊斯雷尔·爱泼斯坦：《回忆埃文思·福·卡尔逊》，参见舒暲、赵岳编著：《太阳正在升起——卡尔逊亲历的中国抗战》，316 页，北京，北京出版社，2018。

63. 齐锡生：《剑拔弩张的盟友——太平洋战争期间的中美军事合作关系（1941—1945）》，776 页，北京，社会科学文献出版社，2012。

第 04 章

/ 告别贫困：史沫特莱的信仰与女权

蒲鲁东（Pierre Joseph Proudhon）在《贫困的哲学》中力图重塑正义，呼吁劳动者不应该把贫困当作对原罪的救赎，但是以普遍理性和上帝为前提的假设在史沫特莱这里无济于事。史沫特莱一生与贫困的抗争更符合马克思在《哲学的贫困》中所探讨的思想议题，她从自己生活的时代现实出发，理解她所经历的人、社会和历史，探讨和记录社会斗争和变革的路径，最终实现自我的成长与解放。史沫特莱生来就受到了感情贫困、信仰贫困和经济贫困的围堵，为了获得精神的稳定，她宣称舍弃世俗的婚姻，追寻一种与"史沫特莱主义"相符合的斗争哲学与现实依据，最终在战火纷飞的前线和陕北的土窑中实现了命运的突围。

/ 告别"感情贫困"：
史沫特莱的个人历史与敌后妇女运动

　　史沫特莱 1892 年出生于密苏里州的一个矿工家庭，父母收入微薄，还给她生了两个弟弟。童年的经济困窘如果没有特别的大环境对比，对于孩童来说其实是感受不深的。就像史沫特莱所说："我们很穷。但是我并不知道。因为全世界好像都跟我家一样——至少密苏里州北部绵延二百英里内的这个世界都和我们一样。一片岗峦起伏、出产菲薄的石田瘠地一直伸出地平线外，接上了太阳落山处的天空。在我们看来，这世界的疆域一边是县城，另一边是密苏里河。"[1] 不过，与温饱问题相比，原本应该是原生家庭给予的爱和温暖在史沫特莱这里变成了一生的阴影。她的父亲终日游走在出走和酗酒的边缘，稍有不慎就会发展为家庭暴力，母亲的眼泪深深印刻进史沫特莱的童年，以至于家庭和爱情能够赋予的温情在史沫特莱的心中变成了谎言和禁区，这也导致史沫特莱认为，友谊比性更加符合人性，更适合作为男女之间主要关系的纽带。[2]

　　更为严重的是，史沫特莱的家中有着严重的"重男轻女"思想。史沫特莱很小的时候就注意到，雄畜比雌畜更值钱更宝贵，人们挑选时也更仔细。当她的弟弟出生的时候，其他孩子都被赶到另一间农舍里，"一切东西都像是盖上了一块又湿又粘的秘密和羞耻的破布"[3]。史沫特莱从小就不得不对弟弟们的温饱负责，直到最后发展成为自觉的母亲式的责任与付出。在史沫特莱的自传体小说《大地的女儿》（*Daughter of Earth*）中，以她自己的童年为镜像，这种责任与付出最后发展成习以为常的偷盗。在现实中，史沫特莱一家依靠姨妈的接济维持着穷困潦倒的生活。以至于史沫特莱在谈到婚姻的时候说："我痛恨婚姻，我想，我宁肯去做娼妓，也不愿嫁给别人做妻子。这样还能保护自己，养活自己，尊重自己，保存一些人身的权力。我寻思，娼妓是不会生孩子的，男人不敢打她们，她们也不必对谁屈服。"[4]史沫特莱认为，男人是不喜欢自由的有思想的妇女的，已婚妇女如果想维持"体面"，就得承认自己的卑贱和接受丈夫的奴役。尤其是男人在结婚前和女人发生了关系，谁也不会认为这个男人是"堕落的""走错了路"或者"受了糟蹋"。但是女人就不一样了。史沫特莱认为，理由是妇女要依靠男人才能生活；一个能够永远自己谋生的女子，就能和男子一样独立自由。

当然史沫特莱明白，她不可能从事和姨妈一样的职业。她既不想过姨妈式的生活，也不会结婚。她为姨妈骄傲，是因为姨妈有着赖以为生的生存手段和职业，没有男人敢虐待这样的女人，没有男人会对她说"把我买给你的衣服还给我"或者吃准了妻子不敢报警而拳脚相向。[5]可以说，史沫特莱的激进主义和女权主义同她的成长环境和阶级背景密不可分。 在母亲和姨妈身上看到的"生育和养育孩子的无限循环中的下层阶级女性的恐惧"[6]，一方面困扰着史沫特莱，另一方面成为激励史沫特莱走出去的动力。

在《大地的女儿》中，史沫特莱尝试使女主人公和一位叫诺德的男士结婚。女主人公承认在遇到爱人时，自己粗犷的外表下隐藏着对于爱、柔情和友谊的渴望。但是原生感情的贫瘠，使得书中十九岁的少女对性无比畏惧，"每逢听到人们谈起'处女'以及所谓妇女的'贞操'的时候，就有强烈的反感。男人用这种标准来衡量妇女，我一向认为是种侮辱"[7]。而婚后的女主人公被冠以夫姓，也加剧了女主人公"附属品"般从世界消失的感觉。把正常丈夫拉进婚姻恐惧深渊的事件是，女主人公开始对隔壁新婚夫妇进行监视和预测，何时怀孕、何时家暴、何时哭泣，似乎一切都在向着注定的方向有条不紊地进行着。当这种监视发展到"对于男人、对于婚姻、对于诺德，以及对于我自己的婚姻，都感到强烈的不满，有时候竟不清楚自己在干什么，我一听见隔壁房里男人和女人的声息，就气得忘了一切，我压抑不住一阵阵猛烈的感情的爆发"的时候，丈夫也崩溃了。[8]

在现实中，史沫特莱与一位印度的共产主义者在德国相遇并同居，这位爱人比史沫特莱更加醉心于为了政治理想而奔波。史沫特莱非但没有过上安宁稳定的生活，还因为生活的潦倒和频繁的搬迁而患上了严重的精神疾病。他们在十余年的相爱相恨后分道扬镳。所以，对于自传体小说中女主人公婚姻失败的自我剖析反映了史沫特莱对于自身感情贫困的了解："我现在知道，我的斗争并不是针对诺德，我自身受到的痛苦远超过我使他所受到的痛苦。我自己的内心正在进行着一场无情的战斗，一方是我对于爱情的需要与追求，另一方是从我吸入第一口空气时就开始铭刻在我心中的对于爱情与性的不正确的观念。"[9] 然而，这种原生感情的贫困所带来的影响使史沫特莱走向另一种超脱，对于爱情，史沫特莱把它看作妇女的仇敌，对于爱情的渴望和柔情的需要都是弱者的行为，恢复自己的名字意味着恢复自由，"天地是我的家，清风是我的侣伴"[10]。尤其是史沫特莱通过读师范学校有了自己的工作之后，"认识和毅力代替了盲目的信仰，经验给了我知识，我不再是懵懵懂懂的了，我有了工作，它的范围与意义都是无穷无尽的。这些还不足以抵得过爱情吗？"[11]

总的来说，史沫特莱在前半生的道路中没有学习到任何柔情，心里藏着创伤和愤懑的她，把自己武装成为一名言论先锋和阶级斗士。没有了女性的显性特征和渴望，史沫特莱和男士们相处得很好，甚至和有些人发展为至交。史沫特莱认为，这是因为对这些男士来说，"我不是男的，不是太太，不是小老婆，也不是妓女。是一个外国妇女，既不年轻，又不漂亮。自己挣钱谋生，和男子平等交往。我的职业是记者，既非贤妻良母，也非谈情对象"[12]。也得益于此，史沫特莱能够了解到当时存在于中国的各种思潮，学者们有的受约翰·杜威的实用主义的影响，有的受罗素哲学思想的影响。他们赞成美国的民主制度，怀疑苏联的共产主义，认为马克思主义在苏联还只是一种实验，实践并没有证明它的优越性。而许多青年学生则相信马克思主义。

史沫特莱到了延安之后，在一次高级军事干部会议期间尝试教大家跳舞。延安的领导人向史沫特莱学习跳舞"每事必问，不怕丢面子"。朱德最先配合史沫特莱打开了交际舞的场面。"周恩来接着也跳了起来，不过他跳舞像一个人在演算一道数学习题似的。彭德怀喜欢作壁上观，但不肯下来跳一次舞。贺龙在青砖铺的地上随音乐旋律一起欢跳，他是身上唯一有节奏感的舞师。"但是这种行为给史沫特莱在延安的妇女中间"赢得了败坏军风的恶名"[13]。其实跳交际舞只占了史沫特莱在延安的工作的很小一部分，她在延安搜集朱德的传记材料，写论文报道，参加保健活动。埃德加·斯诺夫妇寄给她一些进口种子，她开了一个菜园和花圃。她还创办鲁迅图书馆外文部，把进口报纸分发给党政领导机关、教育单位和红军各连队，向沿海各大城市的外国朋友们写信，邀请他们到延安来访问红军，以及灭鼠，等等。[14]

史沫特莱在延安开始学习八路军的军事战术和战略，开始练习使用步枪和手枪，并穿上了红军士兵穿的宽松的黑色裤子和土布制服。[15] 1935 年 2 月，国民政府曾签发逮捕令，缉拿毛泽东、朱德等共产党领导人，生擒者赏 10 万大洋，献首级者赏 8 万大洋，而当时上海的巡警，月薪是 15~20 元，赏金相当于其数百年的收入。[16] 中国共产党领导人当时"市价"如此之高，让史沫特莱戴上红军的五角星帽之后无比自豪，玩笑说："现在谁想拿走这顶帽子，要连同我的项上人头一起了。"[17]

更好的家庭教育、社会生活和思想意识能够使世俗对女性的评论摆脱封建传统的价值观吗？结果可能并不乐观。即使史沫特莱已经成为一位名记者和社会活动家，也依然会有人对她提出这样的问题："干吗世界上像你这样的女人要葬身在那见鬼的西北，同一个破破烂烂的军队纠缠在一起？你是在同八路军将军搞恋爱吗？"[18] 这个问题的提出者还是美国巡逻长江舰队的一位上将。在这些人眼中，但凡稍有姿色的女人或能出场的女性总是被婚姻问题抓住不放，长相抱歉的女性如果醉心于抛头露面则是对社会只讲原则和报复的叛逆。为什么要到敌人的后方去？因为生活战斗和学习工作是史沫特莱的最大幸福，也是她人生真正的意义、价值和乐趣所在。[19] 但是人们往往忽视这种工作的价值，把女性归纳到某种已知的框架内解读。当时在中国同样有名气的美国女作家赛珍珠（Pearl S. Buck），由于脱离教会、离婚改嫁，同样受到传统的年老传教士们和中国的一些基督教人士的嘲讽。[20]

所以，在敌后根据地出现的妇女运动与新女性在史沫特莱眼中显得尤为珍贵。在新四军的驻地安徽小河口诞生了妇女救国协会，领导者蔡老太太让史沫特莱刮目相看。当时许多女学生参了军后，当她们跑到村里妇女家敲门动员时，土豪劣绅家的太太小姐闭门不纳，打发男人出来应付这些"红色娘子兵"。蔡老太太则招呼姑娘们进屋，让座斟茶，叫媳妇和邻家妇女陪伴她们。妇女救国协会就这样诞生了，会员人数慢慢增加到一百多人。史沫特莱经常见到蔡老太太瘦长高大的身影在前后左右的村子的大路小道上奔跑，督促妇女们参加识字班、学习小组，讨论抗日救亡是怎么一回事，商量妇女们如何出力。妇女们白天的家务劳动做毕，就坐在家门口织织补补，帮新四军做军鞋。越来越多的妇女接手顶替以前男人干的地里活。青年们参加了新四军，老人、孩子帮忙干农活，挑东西上战场，转回身抬伤员。每逢节日，妇救会的会员就到医院里去"慰劳伤员"，她们带着糖、蛋、糕点等礼物，同伤兵谈话，问病情和嘘寒问暖。[21]这些妇女意识到了女性的权利，争取了更多的人参加妇救会。

从围着锅台转、从后门出入、躲在深闺里屋的人，成长为关心国家危亡、民族复兴的出门跑的新妇女，持续的学习给了她们新动力。妇女们参加部队举办的各种学习班后更加充满信心，斗志昂扬。一个学习班讲了侦察敌人的工作方法，要求妇女成为新四军的耳目。她们同失败主义作斗争，处处监视汉奸特务，抵制日货。所有这一切活动，用一句话说就是"守卫人民军队的后方"。男人讲话，她们参加；国事意见，她们发表；群众集会，她们出席。村子里出现一个陌生人，她们要打破砂锅问到底，非把陌生人的由来以及他家祖宗几代问清楚不可。有些男人出面反对，成了"新妇女"的对头，但是这并不妨碍敌后妇女们的救国热情。[22]

虽然在"三八"妇女节的庆祝大会上应邀出席讲话的都是男性军政要人和社会名流，但是祠堂院子会场的前排座位都留给妇女，战士、干部和老乡们被请到后排坐。墙上贴了二十几幅各国知名的国际妇女科学家、作家、革命领袖人物的画像，号召妇女发扬勇敢上战场救护伤员的爱国精神，这已经不失为一种历史的进步了。"三八"这天，蔡老太太领着妇救会的全体成员去新四军医院慰劳伤员。进病房之前，她们拿了十个鸡蛋和一只母鸡看望史沫特莱。蔡老太太请史沫特莱"转告西方妇女同胞，中国妇女是怎样争取自身解放的"，并且对史沫特莱说："你同我们同甘共苦、出生入死的奋斗精神表现了妇女的崇高美德。"[23] 这使得史沫特莱深受感动和鼓舞："我们同命运共呼吸，这是我的战斗也是她们的战斗。"[24] 但是其时吃饱穿暖浸润在金钱和电影电视中的美国妇女，她们能够体会中国妇女的生活，进而激发出从不平等世界中突围而出的斗争意识吗？对于这件事，就连史沫特莱也是怀疑的。[25]

史沫特莱在敌后为妇女代表们作关于国际妇女运动的报告。礼堂贴满了彩旗标语，其中有一条写着 "全中国反法西斯力量同世界妇女联合起来!"，颇为独特。史沫特莱从这些妇女代表中又一次了解到中国妇女工作困难重重，因为她们深受许多封建礼法的束缚无法解脱，存在溺杀女婴、虐待童养媳等问题。[26] 所以，和外国人通常的想法不同，史沫特莱认为，单单宣传宋氏三姐妹是很不幸的事情，因为中国的女中人杰并不只有这三位女性，"只有那些在军队里、在人民中间无视艰难险阻、勤奋工作、随着年华流逝而增长才干能力的医师、护士、政工干部、学校教师等中国妇女，使我终生敬佩，特别是那些在斗争中献出青春壮烈牺牲默默无闻的中国妇女使我永世难忘"。所以史沫特莱崇拜作家萧红。她认为，萧红就是 "在激烈的战争熔炉里锻炼成长的新中国女性" 的典型代表。[27]

就像史沫特莱在提出上前线遇到阻挠时说的那样："我并不是因为想要当妇女才成为妇女的。"[28] 童年时期的家庭不幸和青年时期的感情不顺导致史沫特莱个人情感的真空和理念的畸形，但是她把敌后妇救会、蔡老太太和萧红等人作为研究对象，在描

1940 年美国记者史沫特莱（左）与中国作家安娥在新四军豫鄂挺进纵队驻地

述这些人物的时候体现了自己对于性别与阶级、身份与民族的关心，通过建构理想的女革命者形象来进行自我投射，打破了虚构和现实的疆界。

/ 告别"信仰贫困"：与红军同行塑造新的价值观念

　　史沫特莱的宗教观念和她个人的成长经历密切相关。在史沫特莱眼中，"人们有时把宗教当作是一种文化势力，我没受过宗教教条的严格陶冶,这点我很自豪。容忍凯撒掠夺一切的屈服精神,我可是没有那种宽恕德性。我总把长生不老、下世升天的信仰看作是懦弱的表现。我从小就听说,世上的万物总是有终的,要得到一切美好的事物我们只有通过斗争才能到手,否则就一无所得"[29]。这种不相信任何宗教和主义的信仰贫困,带给史沫特莱的是丰富充实的个人特色,她只对实实在在的勇气和为人民福祉而努力的行为有所触动。

青年时期的史沫特莱曾经在加利福尼亚打工,参加过社会主义的讨论小组。这些年轻人经常在一间黑洞洞的小屋子里聚会,讨论战争,研究各种各样的问题和社会主义思想。报架上陈列着各种以很小的字体印在很粗糙的纸上的社会主义的和激进派的报纸、传单和小册子,人们谈论的题目都是马克思主义理论问题。不时会有一个党员发起组织学习组,史沫特莱便常常和十来个男女工人一同去参加。自负的史沫特莱认为他们都不如她自己对社会主义懂得多。[30] 美国共产党在纽约成立了,史沫特莱并没有参加党的组织,但她认识很多美共领袖人物,也读过他们中的一些人写的文章和著作。史沫特莱对共产党人的观点寄予同情并对中国共产党人的事业给予积极支持,但她从始至终都不是一个共产主义者。 因为这种立场,史沫特莱经常受到来自两方面的攻击:资本主义的卫道士说她是共产党、赤色分子、无政府主义者。共产党说她是个人主义者、理想主义者、民主人士。有一个美国女共产党员叫她 "史沫特莱分子",史沫特莱本人表示很满意这个称呼,因为这更加符合她本人的特征。[31]

史沫特莱 1928 年来到中国后，对中国共产党的兴趣肇始于报纸搜集和比较研究，其方法类似于历史研究的做卡片。一位中国秘书兼翻译帮助史沫特莱把中文报纸上的消息剪下，译成英文，建立档案。有关中国工农红军的卡片就有几盒，一多半是国民党方面的报道。史沫特莱发现，国民党发表的"歼灭"红军的数字达五十万，但是报道始终处于追歼"共匪残部"中。国民党方面多次报道朱德、毛泽东已被"击毙"，一个月后又悬赏通缉他们。史沫特莱对各大城市处决共产党人或共产党嫌疑犯的报道作了类似的比较研究。意识到国民党方面信息的审查和过滤，史沫特莱和其他外国记者开始建立自己的消息来源，和各种类型的中外朋友保持友好关系。有学者、专家，也有些报纸编辑、记者，还有民主人士和共产党人，朋友圈非常广泛。[32]

1936 年，史沫特莱在鲁迅家中见到了一位参加过长征的工农红军战士。这位红军战士用几个星期的时间向史沫特莱讲述了这场时经冬夏春秋、走过平原村庄、跨过千山万水的伟大战略转移。史沫特莱为二万五千里长征所震撼，也是从这位红军战士口中，史沫特莱得知红军的医药物资奇缺，于是她开始为红军筹集资金购买药品。[33] 1937 年 1 月初，史沫特莱正式接到共产党的邀请访问延安。她的公开身份是到前线去做战地救护工作。曾经在上海和路易·艾黎聊到工人生产生活的现状就立刻表明要"改变旧制度"的史沫特莱[34]，对于这次访问期待已久。

在延安的第一天，史沫特莱就见到了毛泽东和朱德。史沫特莱回忆，第一次见到朱德，"要不是因为他身穿制服的话，很容易把他当作中国哪个村子里的农民老大爷，而忽略过去"[35]。史沫特莱眼前的朱德，"剪得短短的黑发间杂着白发，前额很宽，而且略微隆起，颊骨也颇突出。在堆满欢迎的笑容时，露出了洁白的牙齿。鼻子宽短，面色黔黑。看起来完全是一副普通面貌"。同一天晚上见到的毛泽东给史沫特莱的印象则是"前额宽阔而高，他是一个审美大师，且不说其他方面的造诣，他那风流倜傥的气质加上（窑）洞中阴暗的景象使我不知所措，以致当时说了什么，一句也听不清"[36]。

在延安住了一段时间以后，史沫特莱开始探索朱德的个人历史。朱德向史沫特莱讲述了童年的自己：

> 祖母不但指挥大家干活，而且根据年龄需要和活儿的情况分配粮食。就是在吃饭这件事上，我们也不知道什么叫做个人自由，每每觉得肚子还饿，就奉命离开饭桌了。我从小就是饿肚子长大的，因此，后来搞革命时，我就不大怕饿，好像根本不知道饿。讲起干活，也是一样。我从小到大都干活，所以后来做体力劳动时，我从来不觉得面子难看。走路也是一样；成年以后，虽然有时有马骑，可是一生之中差不多都是走路，经常几个月、几年长距离行军，同我所指挥的战士们一起走来走去。
>
> 等革命胜利了，我们就要开发国家，人民将有足够的食品和衣着，他们将坐火车、汽车，有时间也有精力在文化方面得到发展——然而就是在目前最困难的情况之下，我们也

要提高文化。[37]

再来看看史沫特莱对自己童年的描述:

> 四天过去了,我一点东西没有吃,而且在这以前的几星期我都只吃得半饱。我买来的最后一个面包已经吃完;纸包里还剩下一些面包屑,我把手指在一杯水里蘸湿,把面包屑一点一点拈起来吃了下去,然后才无可奈何地把纸包扔掉。接着以后的四五天里我饿得似乎脑子里没有任何思想。……周围的一个字一句话都使我联想到食物。[38]

朱德幼年时的穷困和吃苦耐劳的精神、为光明未来的抗争让美国人史沫特莱产生了情感共鸣,无论是青年时期致力于推翻清朝的革命党人,还是在五四运动后在西南边陲接受新思想启蒙的旧式军人,抑或是年过四十与旧生活决裂在柏林加入中国共产党小组的"排字工人"[39]和后来发动南昌起义的革命者,朱德的形象在史沫特莱的脑海中逐渐丰满伟大起来。朱德本身长年累月地搜集资料,甚至在长征中也不间断,收藏了许多历史文献和作战地图。他经常和史沫特莱讨论有关搜集、整理、保存历史文献的重要性,并很快在延安成立了第一个文献研究委员会,着手整理资料和研究中国历史。这些都激励着史沫特莱——虽然在离开陕北回到美国之后经历着病痛和麦卡锡主义的折磨,但她仍然克服困难完成了《伟大的道路——朱德的生平和时代》(*The Great*

1937 年 3 月 1 日毛泽东、朱德在延安接受史沫特莱（右一）的采访，回答她提出的中日战争和"西安事变"问题

Road：*The Life and Times of Chu Teh*）一书。虽然此书出于审查等原因，在史沫特莱病逝后才得以出版，但是它依然是可以与《西行漫记》并列的向西方人介绍中国革命的经典著作。

1937 年 7 月卢沟桥事变后，烽火警报传到延安。史沫特莱站在延安古城的城门口，看到"身穿灰布、青布制服的红军男女战士们，一队一队步伐整齐面孔严肃的游行行列走过"。"勇敢、沉着、坚定，威武雄壮，不动声色。要自由，争解放，为祖国献身的精神溢于言表。"战士们在中华民族最危险的时候闻声而起，挺身而出，横眉怒对侵略者，声援前方抗战的义勇军，这使得在这个伟大历史时刻目睹这英雄行列的史沫特莱百感交集。对比自己的个人生活，她感到碌碌无为。[40] 她决定跟随八路军奔赴前线，但是在准备随部队开拔时，不慎从马背上摔了下来，背部受伤，推迟了行期。[41] 10月，史沫特莱养好了伤，随身携带打字机、照相机和简单的行李，赴八路军抗敌前线采访。她很快赶上了驻扎在太原的八路军，然后到达北部山区的八路军总司令部，成为八路军中第一个随军外国记者。

尽管每天快速行军，又冒着敌机轰炸的危险，但是红军纪律严明、秩序井然。史沫特莱看到了红军之所以产生、成长、壮大的一整套自觉行动的军事制度。部队各连队打前站的政工代表出发先走，晚上抵宿营地时，墙上、树上均有粉笔写明各连队住宿的地方。史沫特莱到了投宿的村子或集镇时，甚至在门上可以见到"记者住此"的粉笔字。住房是按房间大小、人员多少分配的。严格的纪律和对群众的注意事项使得军队同老百姓亲如家人。虽然行军劳累，但是战士们每天晚上仍集合听课，当地老百姓也来听讲，听报告人讲战争消息和老百姓参加抗战的迫在眉睫。部队往前走，政工干部留下来继续做发动群众的工作。[42]

也就是在与八路军日夜行军的征途上，史沫特莱以往的信仰和感情真空被一种新的价值观念替代：

从这种生死斗争一片混乱的局面中出现了前所未闻的极不平常的友谊，在人们的心中萌芽成长。我们作为中国友人的一些外国记者，以及具有同感的领事馆武官，加上少数中国朋友，互相接近，互相探讨，彼此追求全人类最好生活方式的心灵和意志。我们所有的旧价值观念似乎消失了，我们不注意物质的东西。谁也不知道明天怎么样。我们像身在大风暴的海洋里快要沉没的船上的旅客，终于发现了彼此的人性，毋须了解的"不言而喻"的友爱，使大家紧紧相连在一起。战争的紧张气氛与诗歌的吟诵逸致在我们中间如花盛开，神奇的光照射在我们的团结友谊上。[43]

这种信念也使得史沫特莱开始从事另外一项事业：让西方世界的人民了解中国的真实情况。史沫特莱曾经向在延安的外国人展示过这样一份情报：国民党宣传部和外交部情报司同英国官方通讯社路透社之间有两个秘密协定。协定规定国民党宣传部每月给路透社一万英镑津贴，外交部情报司每月给三千英镑津贴，路透社承担对国民党作"有利的宣传报道义务"。[44]这份情报来自当时甘肃《民国日报》编辑、中心社社长张慎微的一篇文章。记者们都知道国民党政府多年来，用控制舆论机器进行新闻检查，收买外国通讯社、情报机构的记者等专政手段，让西方世界的人民无法了解中国的真实情况。中国工农红军之所以被污蔑为"共匪、赤匪、强盗、暴徒"等，原因就在于此。[45]

史沫特莱向红军有关人士提出，有一些英美驻华记者只要能够得到直接采访红军的机会，就决不会采用国民党污蔑攻击红军的报道，而是会如实报道红军的情况。得到红军同意后，她向上海方面最有权威的十多位外国编辑和记者发出了授权邀请信，在信中同时提出了穿过西安国民党军警特宪的封锁线时谨防被捕的警告。得到邀请信的编辑和记者无不跃跃欲试，上海新闻界人士非常激动。[46]

国民党政府得到这个安排记者访问延安的消息以后，对新闻记者们悍然发出警告，宣称如果访问延安共产党人，国民政府将认为是一种不友好的行为。即便如此，依然有一些记者亲身试险。1937 年的延安，出现了很多名记者同框的画面。海伦·斯诺顺利抵达延安为《续西行漫记》搜集资料，接着英国《联合新闻报》（*United Press Newspapers*）记者伊尔·黎夫和纽约《呼声论坛报》[47]记者维克托·盖因（Victor Keen）相继前往延安。和史沫特莱一起到达延安的，还有德国顾问李德、美国记者埃德加·斯诺，以及美国医生马海德。海伦·斯诺到达延安后的三周，拉铁摩尔和《美亚》杂志的主编贾菲（Philip J. Jaffe）夫妇也来到延安。随后军事观察家卡尔逊也来了。史沫特莱与延安教育机关、研究团体、全体党员一起聆听国际问题的报告和美国学者的演讲，她感到"西方有识之士终于同亚洲革命的进步先锋靠拢了"[48]。

到延安的外国记者感到非常安心，共产党员中间没有国民党那一套官场生活的形式主义和客套。他们在延安访问了各界人士，参观了教育团体，晚上到"抗日剧院"看节目演出。他们同共产党领导人促膝谈心，有时通宵达旦，史沫特莱的住处总是响彻他们的笑声。有时史沫特莱给毛泽东写一个"请即来一谈"的便条，毛泽东很快就提着一袋花生米来了。窑洞满座，谈笑风生，一时称为乐事。中国共产党人的艰苦朴素和崭新向上感染了延安的访问者们。也正是这种与时代同频共振思想进步的体验，让"史沫特莱们"开始有了把真实的中国共产党介绍给世界，并投身于民族解放运动前沿的新价值观念。

/ 告别"经济贫困"：
   史沫特莱与中国红十字会国际援助

1938 年 1 月，史沫特莱到了汉口，以英国《曼彻斯特卫报》（*The Manchester Guardian*）记者和中国红十字会工作人员的身份，一面救护伤员和难民，一面报道中国抗战，并向世界性组织呼吁救援。但是，做着富人才有余力的慈善工作的史沫特莱，面临着个人的种种困难和矛盾。首先就是衣食问题。史沫特莱的左翼革命者的名声在外，以至于很多就业的大门都对她紧闭。当时她为了人民的利益同白色恐怖势不两立，坚持不懈地斗争和为人权辩护，许多人认为她是拿共产党津贴的代言人。而另一方面，共产党人相信，凡是外国人都理所当然地有谋生之道，生活舒适甚至奢华。这样一来，史沫特莱的经济陷入了贫困。她不得不去朋友那里寄居，靠着短期的生活贷款度日。没人能想到，这个和美国驻华大使高谈阔论中日战争的女记者，身上的军装是她唯一的衣服。

经济的贫困问题始终萦绕在史沫特莱的身边，这个问题的根源一方面在于传统观念中家庭责任的负担，另一方面在于史沫特莱本人的乐善好施。在《大地的女儿》一书中，女主人公用身上仅有的八十多块钱为弟弟们买了冬衣，那是她辛苦打工的全部收入，家庭的重担成为女主人公的原罪，她只能用金钱赎回自己的良心。也只有金钱能给予她力量："我只相信金钱，再也不相信所谓爱或柔情了。爱和柔情只会带来痛苦、愁闷和失败。我不能让感情把我像别人一样毁灭掉！我只愿意用金钱来说话，用冷冰冰的金钱。"[49] 在现实中，史沫特莱与印度共产主义者爱人帮助救济了一大批从印度来到德国的学生，这些学生往往一下火车就背着行李直奔史沫特莱的家中，这也导致史沫特莱的生活频频陷入困境。当时，她因此得了严重的精神疾病。

但是，与敌后军民和中国共产党人共同艰苦奋斗过的史沫特莱，对于短暂的困境的理解已经发生变化。卡尔逊因为发表游击战争和思想道德教育的演讲、文章，遭到了海军部的禁言而选择了辞职。史沫特莱担心他会在美国有生活困难，卡尔逊回复说："不必跟我讲经济保障生命安全了，最要紧的问题是我是不是对。"对此，史沫特莱的评价是：作为朋友，引以为荣。[50] 从"只愿意用金钱来说话"到认为真理最重要，史沫特莱从所有贫困中突围而出，投入了更大的事业当中。

在延安时，史沫特莱与毛泽东一起向美国共产党和加拿大共产党发出联合呼吁，号召他们创建一个新的前线组织，筹集医疗用品和设备，并组建一支医生队伍治疗受伤的中国共产党士兵。[51] 史沫特莱的交际圈十分广泛，她和经济学家陈翰笙，作家鲁迅、茅盾、丁玲，民主人士宋庆龄，更不用说还有中国共产党领导人朱德和周恩来等人都有交往。她在中国的外国人中也声名在外，和斯特朗、伊罗生（Harold R. Isaacs）、李福仁（Frank Glass）、斯诺夫妇、白德恩（Jack Belden）、高尔德（Randall Gould）等人关系密切，和英国驻华大使卡尔（Archibald Clark Kerr）和盟军中国战区参谋长史迪威等人也多有来往。[52] 在她的影响下，加拿大人白求恩和一些西方人士加入了援助中国抗战的队伍，连同随后到来的印度援华医疗小组和中国红十字会，为战时救援做出了贡献。

在武汉，史沫特莱见到了国际联盟派驻国民政府任职多年的健康顾问、知名的南斯拉夫公共健康专家博尔塞克博士，还见到了后来担任卫生部次长的金宝善博士，以及中国红十字会医疗队的创始人林可胜博士。当时南京已经沦入敌手，几位医疗专家正计划重新组织全国各战线上的红十字会医疗队，希望创立十五人左右的流动医疗小组，分赴各战场和部队野战医院，但是部队医院里合格的医生人数很少。为解决中国军医缺乏问题，史沫特莱积极号召外国医务志愿者来中国，著名的加拿大医生诺尔曼·白求恩与理察·布朗、印度著名外科医生柯棣华等都受到她的影响来中国参与支援。

史沫特莱还敏锐地观察到了中国红十字会和国际红十字委员

会的矛盾。近代传教士们把西方医学传入中国之后，教会医院成为基督教的传教中心和影响基地。虽然多年的医学进步已经严重削弱了教会医院的传教活动，甚至许多海外基督教徒提出了整个传教活动在中国的前途问题，但是战争提供了新的机会。当时，各国人民捐献出大量金钱和药品，由当地外侨、教会长老、教会收容所组成的国际红十字会委员会控制了捐款和医药物资。基督教徒在救治那些难民伤兵的同时也对他们进行传教。所以，中国红十字会开始工作时，遭到了传教士们的强烈反对，因为此举将会降低教会医院的影响力。虽然林可胜博士、卢致德博士、金宝善博士以及许多中国的新医生都是受过洗礼的基督教徒，但是他们深知，中国是民族解放的战场，并非上帝的战场，所以中国红十字会医疗队在刚开始成立的两年多时间里都得不到外国的医药物品和捐助基金。[53] 史沫特莱在谈到教会与医疗的关系时说：

> 我倒不在乎，信男善女是基督徒也好，不是基督徒也好，异教徒也罢，非异教徒也罢，这不是主要的，重要的在于人们要为人类谋幸福，不出头干涉穷苦人的解放事业。我这种思想，修女们无法理解，她们从为中国人民服务的观点出发，毫无政治动机，而她们的神父则反其道而行之。她们送了我一道天主教护身符百般劝我带在身上，又劝我空袭中间呼喊圣母保佑。我可受不了，愤然谢绝她们的美意，我宁可依靠中国人民的军队而不仰仗天主圣母的神助。[54]

这也激发了史沫特莱投身于中国医疗社会化的进程。1938年5月，史沫特莱成为中国红十字医疗队的正式一员，身份是宣传工作者。她同时还是《曼彻斯特卫报》的特约通讯员，每周邮寄两篇文章，这些文章大多是介绍伤兵和红十字医疗队的情况。史沫特莱还向世界性组织团体写报告，呼吁救护车辆、汽油、医疗器械和医药物品。[55]史沫特莱把一部分报酬用来生活，这样她在医疗队就可以不领薪水，剩余部分都捐赠了。

印度援华医疗队由史沫特莱负责。史沫特莱写信给尼赫鲁，提出大量援华医药物资取道印度运往中国的问题，并建议他派遣印度志愿医疗队到中国接受游击战争的训练。尼赫鲁组织印度国大党第一批援华医疗队时，数以百计的男女医生护士志愿登记到中国工作。国大党用足够的经费资助、装备供应首批志愿援华队五名医生，并且发起"中国周"号召全印度抵制日货。印度首批援华医疗队五名外科医生（都是印度国大党党员）于1938年夏末抵汉，并加入了红十字会医疗队。五位印籍医生在汉口陆军医院工作了一段时期，武汉失守后即随红十字会医疗队西撤。有两位印度医生去往华北的游击部队里坚持战地医疗工作。这些印度医生出身于中产阶级，过惯了佣人杂役为他们奔走的舒服生活，但他们很快接受了在中国艰苦的生活、工作条件，除了两位年纪大的医生工作两年后返回印度外，其他三位年轻医生埋头工作，以全部精力投入中国抗日战争和中国人民解放战争。[56]

中国伤兵的问题，无论是国民党的还是共产党的，都使史沫特莱难以安眠。史沫特莱观察到国民党陆军军医署里完全合格的医生屈指可数，不过十来个。但不合格的军医官人数有两万人，军医护士助手的人数有十八万人。军医护士是从那些在部队里身体太差不能打仗的士兵中抽下来搞医务工作的。他们的医学知识不过是几周换衣服的训练，他们和许多军医官既不知道传染病的致病原因或预防方法，也没见过石膏、夹板或现代化消毒器械。由于医药物品仪器设备没有统一标准，由于主要医官滥竽充数不够资格，由于所有西药必须从国外进口，因此医院主管盲目采购，见到药品顺手就抓。战争时日一长，药品很少或根本采购不到，药价腾贵。唯有普通老百姓、难民才可以得到外国医药的杯水援助，而被日军用英美供给的军火杀伤的士兵却没有资格享受英美捐助的医药物品。史沫特莱把这些极不合理、极不正常的现象都报道出来并予以谴责，积极为伤兵们争取国际医疗援助。

1938年，史沫特莱在安徽泾县小河口村见到了新四军医疗队，被安顿在此地的新四军后方医院里小住。史沫特莱原本以为这里会同国民党部队的医院一样，内幕黑暗、死气沉沉，但出乎意外，这儿的医院竟在草创之中具备了现代医疗工作的条件，甚至已经建立起了仿照西方医院现代标准的医务制度。这套医疗制度准许医务工作人员和医药物品随时下到前方各战斗连队单位去进行巡回医疗。新四军军长叶挺将军利用有限的资源成立了卫生学校，为各连培训了几百名卫生员。小河口村也是新四军全军的后勤中心，每隔两三个星期就有些战斗连队从这里出发到长江下游去。这个医院里仅有一台 X 射线透视仪器、一架显微镜和一口高压锅，并且仅有一个实验室和两个学过医的技术员。但是，它和国民党军队的战地医院后方医院相比，算是唯一拥有这些医疗仪器设备和医务工作人员的医院。在缺乏医疗设备的困难条件下，医生们设计出细菌培养器和制造药丸机的模型，交由兵工厂铸造。史沫特莱还参观了这个后方医院的医学图书馆。馆里藏有英、美、德、日等国医学参考图书，并且订有中外医学杂志，医生们努力学习医学方面新近的发现成果，维生素、磺胺类等新药品的功效。他们如饥似渴地钻研英国医学杂志上发表的西班牙共和国军医工作人员的战地临床经验，并且编辑出版前线卫生医务工作人员必备的袖珍医务手册。[57]

/ 结　语

尼赫鲁在狱中写的自传，史沫特莱读过两遍，里面的人物思想和真实情感引起了史沫特莱的共鸣。尤其是这几句："我成了一个东方与西方荒唐混合的东西。在国内落落寡合，在国外格格不入。我与西方无缘，身在西方，心是过客。一个流亡者，回到国内亦有亡命之感。"在中国生活的十余年时光，对于史沫特莱来讲，也只是人生中的一段过往和经历。但是这片土地和生活于此的人民赢得了史沫特莱和世界上一部分人的同情和关心。他们生活在中国，也战斗在中国。在中国，"史沫特莱们"同各方面的人物打交道，他们虽然所持政治观点各不相同，但都是从人类进步的思想出发考虑问题的，大家都充满解放中国、推动社会前进的信心和希望。正如史沫特莱所说："生活战斗在中国，土地人民抚养我成长，中国如同我的故乡。"[58]

1941 年回到美国的史沫特莱仍然对中国保持着深刻的感情。她曾说："我到过很多很多国家，但无论到哪儿，我总归是一个外国人，只有当我在中国的时候，我就不感到自己是个外国人。不知是什么缘故，在那儿，我总以为自己是中国人民中间的一个，我仿佛已经生根在那块土地上了。中国人是非常善良的人民。他们的俭朴、勤劳和勇敢，他们的毫无虚饰的真挚的友情，以及他们的领导人的动人的个性、智慧和远见……所有这一切都使我不能不对中国产生深厚的感情，有一天，我终究是要回到中国去的。"[59] 1949 年，遭到麦卡锡主义迫害的史沫特莱不得不流亡英国，次年客死他乡。她最后还是实现了回到中国的愿望，按照她的遗愿，1951 年她的骨灰被带往中国，被安置在八宝山革命公墓，墓碑上有朱德手书的烫金大字"中国人民之友美国革命作家史沫特莱女士之墓"。

当埃德加·斯诺初次来到延安，询问年轻的红军们为什么选择加入这支饱受磨难的队伍时，大家用"红军是革命的军队""红军是抗日的""我们人人平等，为自己和群众打仗"来踊跃回答。斯诺和史沫特莱等人在延安所见到的，非但没有他们所想象中的经历长途战略转移后的兵困马乏，反而是一派新气象。原因就是毛泽东所说的，这是历经苦难而淬火成钢的革命火种。这团火种所体现出的革命理想、精神信念，乃至每个个体身上所体现出的性格魅力，不仅是中华民族宝贵的精神财富，也汇聚了四面八方国际友人的人心。史沫特莱个人的精神成长之路与中国共产党的交往密不可分，面对更具开创新、复杂性和艰巨性的事业，历史依然给我们新的启迪。

注释

1. 袁文等译：《史沫特莱文集》第二卷《大地的女儿》，283 页，北京，新华出版社，1985。
2. 袁文等译：《史沫特莱文集》第一卷《中国的战歌》，6 页，北京，新华出版社，1985。
3. 袁文等译：《史沫特莱文集》第二卷《大地的女儿》，289 页，北京，新华出版社，1985。
4. 袁文等译：《史沫特莱文集》第二卷《大地的女儿》，446 页，北京，新华出版社，1985。
5. 袁文等译：《史沫特莱文集》第二卷《大地的女儿》，403 页，北京，新华出版社，1985。
6. Introduction by Jan MacKinnon and Steve MacKinnon, *Portraits of Chinese Women in Revolution*, New York, The Feminist Press, 1976.
7. 袁文等译：《史沫特莱文集》第二卷《大地的女儿》，445 页，北京，新华出版社，1985。
8. 袁文等译：《史沫特莱文集》第二卷《大地的女儿》，457 页，北京，新华出版社，1985。

9. 袁文等译：《史沫特莱文集》第二卷《大地的女儿》，458 页，北京，新华出版社，1985。

10. 袁文等译：《史沫特莱文集》第二卷《大地的女儿》，474 页，北京，新华出版社，1985。

11. 袁文等译：《史沫特莱文集》第二卷《大地的女儿》，282 页，北京，新华出版社，1985。

12. 袁文等译：《史沫特莱文集》第一卷《中国的战歌》，47 页，北京，新华出版社，1985。

13. 袁文等译：《史沫特莱文集》第一卷《中国的战歌》，159~160 页，北京，新华出版社，1985。

14. 袁文等译：《史沫特莱文集》第一卷《中国的战歌》，160 页，北京，新华出版社，1985。

15. Ruth Price, *The Lives of Agnes Smedley*, Oxford, Oxford University Press, 2005, p.316.

16. 《蒋重申前令悬赏擒斩"匪首"上自朱毛下至"伪政委军长"最低奖两万元》，载《国民公报》，1935-02-14；Frederic Wakeman Jr., *Policing Shanghai, 1927–1937*, Berkeley, University of California Press, 1995, p.50。转引自 [日] 石川祯浩著，袁广泉译：《"红星"——世界是如何知道毛泽东的?》，48 页，北京，北京大学出版社，2021。

17. Ruth Price, *The Lives of Agnes Smedley*, Oxford, Oxford University Press, 2005, p.316.

18. 袁文等译：《史沫特莱文集》第一卷《中国的战歌》，193~194 页，北京，新华出版社，1985。

19. 袁文等译：《史沫特莱文集》第一卷《中国的战歌》，300 页，北京，新华出版社，1985。

20. 袁文等译：《史沫特莱文集》第一卷《中国的战歌》，215 页，北京，新华出版社，1985。

21. 袁文等译:《史沫特莱文集》第一卷《中国的战歌》, 245 页, 北京, 新华出版社, 1985。

22. 袁文等译:《史沫特莱文集》第一卷《中国的战歌》, 246 页, 北京, 新华出版社, 1985。

23. 袁文等译:《史沫特莱文集》第一卷《中国的战歌》, 248 页, 北京, 新华出版社, 1985。

24. 袁文等译:《史沫特莱文集》第一卷《中国的战歌》, 249 页, 北京, 新华出版社, 1985。

25. 袁文等译:《史沫特莱文集》第一卷《中国的战歌》, 250 页, 北京, 新华出版社, 1985。

26. 袁文等译:《史沫特莱文集》第一卷《中国的战歌》, 312 页, 北京, 新华出版社, 1985。

27. 袁文等译:《史沫特莱文集》第一卷《中国的战歌》, 460 页, 北京, 新华出版社, 1985。

28. 梅念译:《史沫特莱文集》第三卷《伟大的道路——朱德的生平和时代》, 原出版者序言, 4 页, 北京, 新华出版社, 1985。

29. 袁文等译:《史沫特莱文集》第一卷《中国的战歌》, 4~5 页, 北京, 新华出版社, 1985。

30. 袁文等译:《史沫特莱文集》第二卷《大地的女儿》, 499 页, 北京, 新华出版社, 1985。

31. 袁文等译:《史沫特莱文集》第一卷《中国的战歌》, 9 页, 北京, 新华出版社, 1985。

32. 袁文等译:《史沫特莱文集》第一卷《中国的战歌》, 68~70 页, 北京, 新华出版社, 1985。

33. 袁文等译:《史沫特莱文集》第一卷《中国的战歌》, 124~125 页, 北京, 新华出版社, 1985。

34. Rewi Alley, *Yo Banfa!* Peking, New World Press, 1952, pp. 15–16.

35. 梅念译:《史沫特莱文集》第三卷《伟大的道路——朱德的生平和时代》，2 页，北京，新华出版社，1985。

36. 袁文等译:《史沫特莱文集》第一卷《中国的战歌》，158 页，北京，新华出版社，1985。

37. 梅念译:《史沫特莱文集》第三卷《伟大的道路——朱德的生平和时代》，17 页，北京，新华出版社，1985。

38. 袁文等译:《史沫特莱文集》第二卷《大地的女儿》，420 页，北京，新华出版社，1985。

39. 朱德在留学德国期间办了周刊《明星》，每期油印二三百份，他承担了很多具体的工作。

40. 袁文等译:《史沫特莱文集》第一卷《中国的战歌》，170~171 页，北京，新华出版社，1985。

41. 袁文等译:《史沫特莱文集》第一卷《中国的战歌》，157 页，北京，新华出版社，1985。

42. 袁文等译:《史沫特莱文集》第一卷《中国的战歌》，179 页，北京，新华出版社，1985。

43. 袁文等译:《史沫特莱文集》第一卷《中国的战歌》，212 页，北京，新华出版社，1985。

44. 袁文等译:《史沫特莱文集》第一卷《中国的战歌》，165 页，北京，新华出版社，1985。

45. 袁文等译:《史沫特莱文集》第一卷《中国的战歌》，164 页，北京，新华出版社，1985。

46. 袁文等译:《史沫特莱文集》第一卷《中国的战歌》，166~167 页，北京，新华出版社，1985。

47. 可能是《纽约先驱论坛报》(New York Herald Tribune) 的另一译名。

48. 袁文等译:《史沫特莱文集》第一卷《中国的战歌》，168 页，北京，新华出版社，1985。

49. 袁文等译:《史沫特莱文集》第二卷《大地的女儿》, 416 页, 北京, 新华出版社, 1985。

50. 袁文等译:《史沫特莱文集》第一卷《中国的战歌》, 192 页, 北京, 新华出版社, 1985。

51. Ruth Price, *The Lives of Agnes Smedley*, Oxford, Oxford University Press, 2005, p.318.

52. Introduction by Jan MacKinnon and Steve MacKinnon, *Portraits of Chinese Women in Revolution*, New York, The Feminist Press, 1976.

53. 袁文等译:《史沫特莱文集》第一卷《中国的战歌》, 199 页, 北京, 新华出版社, 1985。

54. 袁文等译:《史沫特莱文集》第一卷《中国的战歌》, 342 页, 北京, 新华出版社, 1985。

55. 袁文等译:《史沫特莱文集》第一卷《中国的战歌》, 202 页, 北京, 新华出版社, 1985。

56. 袁文等译:《史沫特莱文集》第一卷《中国的战歌》, 210~211 页, 北京, 新华出版社, 1985。

57. 袁文等译:《史沫特莱文集》第一卷《中国的战歌》, 226~227 页, 北京, 新华出版社, 1985。

58. 袁文等译:《史沫特莱文集》第一卷《中国的战歌》, 270 页, 北京, 新华出版社, 1985。

59. 梅念译:《史沫特莱文集》第三卷《伟大的道路——朱德的生平和时代》, 中译本校者序言, 5 页, 北京, 新华出版社, 1985。

第05章

/ 被时代裹挟：
"《美亚》小组"群像（上）

1936 年 12 月的西安事变，使得中国的政治方向转向了"停止内战、一致抗日"。"第二次国共合作"形成之后，八路军、新四军在南京、西安、武汉、重庆等地设立了约 30 个办事处。[1] 这些办事处除了完成输送抗日物资与人员的任务外，还是统战工作和中共地下组织的据点。[2] 当时，中国共产党在西安就拥有八路军驻西安办事处、社会调查部（又称农村工作委员会）和中共陕西省委员会三个组织。[3] 这为人员和物资到达延安提供了中转和便利。人们都试图到延安去，不仅有好奇的外国人，还有数以百计的中国知识分子、大学教授和学生。[4] 而中国共产党领导人在延安时期对世界政治局势的整体性的独特观察和思考、与来访延安的记者和外交官们独特的相处之道以及他们定义的中美合作和发展所必需的客观条件，不仅体现了这一时期中国共产党对美国政策的不稳定性和缺乏连续性，也在一定程度上反映了中国共产党对于世界政治的基本认知。

/ "《美亚》小组"在延安

1937 年，《美亚》[5]杂志主编贾菲和美国外交政策协会远东问题专家毕恩来（Thomas Aurther Bisson）来到北京。[6]毕恩来同太平洋关系协会（Institute of Pacific Relations，IPR）有联系，辗转找到了当时也在北京的拉铁摩尔。[7]当他们问拉铁摩尔是否愿意同他们一道去延安时，拉铁摩尔表示很感兴趣。贾菲以前从来没有到过中国，毕恩来虽然在中国当过教师，但也只能讲点很有限的汉语。他俩对于中国内地的旅行一无所知，所以找拉铁摩尔作为向导和翻译。《泰晤士报》（The Times）此前曾邀请拉铁摩尔就西安事变一事作介绍，但是拉铁摩尔限于不了解情况婉拒了。他正迫切想知道延安发生了什么，或正在发生什么。由于同行的贾菲、毕恩来和《美亚》杂志都有关联，而拉铁摩尔此前已经是该杂志的编委，因此拉铁摩尔称呼他们的队伍为"《美亚》小组"。[8]

贾菲出生于乌克兰。1905 年，年仅十岁的他随母亲来到纽约与父亲团聚。他父亲是在一年前刚移民到美国的。跟许多欧洲移民一样，他们家住在纽约市的下东区。年轻时，贾菲曾在一个

1937年毛泽东在延安和外国记者在一起（右起：欧文·拉铁摩尔、菲利普·贾菲、毛泽东、贾菲夫人、毕恩来、海伦·斯诺）

小广告公司当信差。公司老板叫亚历山大·纽马克（Alexander Newmark），是个很抢眼的社会主义者。1918 年，贾菲娶了纽马克的女儿，尔后重返大学。在修完了英国文学硕士学位后，于1923 年成为美国公民。其后，他投资一家贺卡销售公司做股东；再后来，他盘下了这家公司，搞多元经营。又过了十年，尽管遇到了经济大萧条，贺卡公司的生意却蒸蒸日上，贾菲成了一个富翁。[9]

拉铁摩尔找到斯诺，斯诺给了他延安的通信地址。那时国民党对延安的封锁已经相对宽松，因此信件可以通过普通邮政寄去。拉铁摩尔写信去往延安，得到的答复是："你们将受到欢迎。"在到达延安之前，拉铁摩尔对于中国共产党的看法是："中共只是中国历史上屡见不鲜的农民起义在 20 世纪的表现形式。但是我也不认为他们是苏联的傀儡和工具。……那时中共还在西南地区，我认为中共所处的地理位置使其无法同苏联密切接触，尽管他们当中有俄国归来的学生。"[10]拉铁摩尔的这一认识有其特殊的研究背景。不同于西方"中国通"的冲击—反应解释模式，拉铁摩尔以一种内部主义视角审视中国亚洲内陆边疆社会。所以从中国共产党当时的地理位置和土地革命政策来判断，拉铁摩尔认为中国共产党并不是苏联共产主义的一部分，至少其活动和政策都不受控于苏联。

拉铁摩尔、毕恩来、贾菲及其妻子一行四人于 1937 年 5 月 17 日从北京出发，途经石家庄，在太原短暂停留。贾菲一行人拜访了贾菲表妹夫冀朝鼎[11]的父亲，时任山西省政府委员兼教育厅厅长冀贡泉，之后到达西安。[12]拉铁摩尔在西安发现了一个年轻的瑞典人，名叫埃菲·希尔（Effie Hill），此人是传教士之子，讲一口流利的汉语，还是一名出色的汽车修理工。希尔在西安开设了一家私人商行，自己有一辆美国小汽车供出租，同时还为中国车主修车赚钱。[13]拉铁摩尔一行人雇用了希尔和他的车子。依靠此人在当地的了解，"《美亚》小组"一行人很顺利地到达了延安。他们受到了非常友好的接待。拉铁摩尔回忆说："在延安，晚上他们举行文娱性的集会，大人物们，毛、周、朱和其他高级领导们全都到场，坐在观众中间，他们没有特权者的席位，完全同群众打成一片。这是他们了解人民的想法的重要手段之一。在这种场合，来自全国各地的人登上台，演唱他们家乡的民歌，或是讲故事。"[14]

令他们吃惊的是，毛泽东竟然愿意花上数小时与几个素不相识的美国人交谈，虽然毛泽东还并不知道眼前的这些人是否能够胜任写作关于中国共产党的东西。毕恩来后来回忆说："重要的红军领袖都在那里。一连串的采访、讨论、晚饭和午饭的谈话，参观访问，摆姿势照相，诸如此类的事情，他们一概听凭我们摆布。"[15]他们提出的问题相当简单，但是毛泽东愿意实事求是地、以最简单的术语同他们交谈。出于做记者的经历，拉铁摩尔认为，这些中国共产党的领导人懂得怎样谈话才能使美国报纸有利地引述他们的言论："他们非常聪明，知道自己的经历将吸引全世界的反帝人士。他们让自己的故事显得朴实无华，防止会见者弄错或夸大其辞，尽最大努力使其具有吸引力。他们知道即便有某些差错，任何关于中共的故事注定对他们利大于弊。换句话说，在那种情况下，任何宣传都是有益的。因此他们表现出无限的耐心。"[16]

毛泽东的坦诚给贾菲等人留下了深刻的印象。贾菲回忆说："在会谈期间，我逐渐感觉到了他巨大的力量，一股甚至在声音极低的情况下都可以感受到的力量，他细腻的双手在举手投足间的优雅以及写作时候的灵巧，对于一个军人是非常难得的。他柔和却富有魅力的声音和瘦长的身形与微微弯下的肩膀非常协调。像所有其他红军的领导人一样，毛和普通士兵穿一样的衣服，吃一样的食物，睡在一样的炕上，过着极其简朴的生活。这样就更加容易理解毛泽东作为领导人所具有的巨大的个人魅力。"[17]

贾菲就一些热点问题同毛泽东进行了多次会谈：南京政策的变化、南京内部的政治斗争、西安事变、统一战线、学生运动、在远东事务中的其他力量，以及中国未来发展的愿景，等等。贾菲称，毛泽东向他传递了这样一条信息："尽管有很多美国人在原则上是孤立主义政策的支持者，但是美国并不是一个孤立主义的国家。美国像其他资本主义国家一样：一部分是无产阶级，一部分是资本家，两者都不是孤立主义。资本主义在世界范围的帝国主义国家里广泛地存在，解放的事业需要全世界无产阶级共同的努力，绝不仅仅是中国需要美国无产阶级的帮助。美国的无产阶级也需要中国农民和工人的支持。美国资本主义与中国的关系同其他资本主义国家一样，既有共同的利益，也有冲突，就像英国和美国，日本、英国和美国一样。如果中国被日本打败，这不仅仅是中国人民的灾难，同时也是其他帝国主义国家的巨大损失。"[18]

毛泽东还清楚地向"《美亚》小组"展示了他对世界局势的理解："中国的革命不是孤立的，它是全世界革命的一部分。它有着特别的特征，和西班牙、法国、美国和英国的斗争很相似，这些斗争都具有进步性。正是这种相似性唤起了美国民众的广泛同情以及他们对中国人民命运的担忧。我们也对美国人民的命运感到担忧，请向你们的人民转达这一信息。我们两国人民的不同之处在于，中国人民受到外国侵略者的压迫。我们所有人都希望我们两国共同努力。"[19]

延安之行的第二天，"《美亚》小组"参观了抗大。当时朱德正在教室里给学员们上课，讲授"中国革命的基本问题"。毛泽东在凤凰山下居住的窑洞里会见了"《美亚》小组"一行人。在大家自我介绍的时候，贾菲谈到自己是一个圣诞贺卡的批发商。毛泽东开玩笑地说："上帝保佑你的贺卡生意！"在场的气氛一下子活跃起来。

随后，"《美亚》小组"还分别采访了朱德、博古和周恩来，了解了红军的发展历史和中共在抗战中的军事策略，听博古介绍了边区的土地改革和税收、民主选举等。拉铁摩尔还专门向博古请教了解放区的少数民族情况以及民族政策。当天晚上，"《美亚》小组"一行人访问了周恩来。据毕恩来回忆，周恩来当天使用英语和他们交流，并且谈了一些关于国共谈判和中共协调的真相，提供了非常详细的资料。[20]

6月24日上午，"《美亚》小组"一行人在红军指战员大会上发表了演讲。随后，一行人离开延安，中共领导人和他们一一握手告别。在从延安返回西安的路上，拉铁摩尔询问司机希尔关于延安之行的想法。希尔回答说："我遇见过很多国民党知识分子，我也曾跟军阀有来往，几乎没有什么样的中国人我没有打过交道。但是在延安，我第一次看到一位能够领导中国的人。"[21]

/ "《美亚》小组"眼中的中国抗日统一战线

"《美亚》小组"的延安行给贾菲和毕恩来等人提供了更为丰富的写作素材，本来就对中国问题颇有研究的拉铁摩尔更是对统一战线等问题有了新的认识。

1937年10月，毕恩来率先在《美亚》杂志上以《毛泽东对南京政府的分析》为题，摘要发表了毛泽东在延安的谈话。同月，贾菲在美国《新群众》（New Masses）杂志第22期上发表《中国共产党人告诉我：一个远东事务专家在中国红色区域同他们领导人的会见》，详细介绍了中国共产党对当前形势的看法和各项主张。拉铁摩尔也曾为英国《泰晤士报》撰写了《中国共产主义的基地：赴陕北之行》和《中国共产主义的今天和昨天：统一战线理论》，但当时未能发表。他们在文章中认为，中国的抗日战争不仅是为了维护中国的独立，而且是为了远东和世界的和平；中国必将以国共合作的统一战线为基础，实现全民族的团结，对日本进行顽强而持久的抵抗；美、英等西方国家应当向中国提供道义和物质的援助，以阻止中国沦为日本独占的殖民地。[22]

在国际共产主义运动的理论和思想的影响下，中国共产党及其领导人对于外部世界的基本认识就是将西方帝国主义国家作为中国革命的对象，并且从世界政局的大背景来思考中国革命与外部世界的关系。美国在很长一段时间都不是中国共产党关注的主要对象。"九一八"事变后，中共中央曾经有过与英、美等西方国家建立国际抗日统一战线的想法。但是这一想法的现实基础是脆弱的，当时的中国共产党还受共产国际的影响颇深，对外政策随时会发生变化。

有学者认为，苏联在反法西斯战场上起的作用越大，中国共产党政策本身受到苏联外交方针的影响和制约就越直接。[23] 共产国际对中国共产党与外国记者的接触的反对态度也会影响到中国共产党的对外交往。[24] 即使如此，整个延安时期中国共产党的对外交往并未中断，丰富的观察和素材也让"中国通"们有了更多独立的判断。

全民族抗战初期，他们对国共合作的抗日民族统一战线曾抱有比较乐观的看法，寄予很高的期望。但是 1939 年以后，国民党当局日益加紧反共磨擦活动，使中国团结抗战的局面遭遇到巨大威胁。对于国共两党之间的矛盾与磨擦，他们不能不给予密切关注，并就两党的是非曲直作出自己的判断。1941 年初，国民党当局制造了震惊中外的皖南事变，贾菲和毕恩来出于对中国抗战的关切，与另外六名美国知名人士联合致电蒋介石，指出："最近新四军受袭击及叶挺将军遭逮捕的消息，引起美国人民极大的忧虑。这种行动只会帮助日本，并破坏中国在美国的声誉。我们认为，恢复中国的团结，对于制止极权国家在亚洲的侵略极为必要。"[25] 当时，重庆的《新华日报》和延安的《新中华报》都以显著标题刊登了这篇电文。此后，贾菲主编的《美亚》杂志对国民党当局消极抗日、压制民主的政策采取了明确的批评态度，发表了许多赞扬中国共产党抗日民主政策的文章。当年延安之行的另一位参加者拉铁摩尔，在 1941 年承担了一项极为重要的使命。这年 6 月，他受美国总统罗斯福的推荐，担任蒋介石的私人顾问，于 7 月来到中国履职。对美国来说，派遣这样一位中国问题专家来华工作，体现了罗斯福总统的战略考虑；但对蒋介石来说，却很难对这样的安排感到满意。尽管拉铁摩尔一到中国便对蒋介石说了很多赞誉的话，但他也对国民党的独裁统治提出不少批评，建议蒋介石进行经济、政治等方面的改革和积极对日作战等。蒋介石当然不愿接受。美国学者迈克尔·沙勒（Michael Schaller）写道："蒋介石本人虽然在拉铁摩尔到达时亲自热情欢迎，但此后却没有同他多打交道。事实上，国民党的报刊立刻就发表一些文章，暗示拉铁摩尔持亲共产党的观点，这次来华是要迫使重庆同延安达成妥协。"[26] 半年后太平洋战争爆发，罗斯福总统派遣史迪威将军担任蒋介石和中国战区的参谋长，拉铁摩尔结束了他在中国的使命。[27]

1943 年 7 月，毕恩来在美国《远东观察》杂志上发表的一篇文章——《中国在盟国战争中的地位》，在中美两国引起很大震动。在这篇文章中，毕恩来强调了中国在远东战场上的重要地位，赞扬了中国对反法西斯战争作出的突出贡献，呼吁各同盟国向中国提供更多的经济和军事援助。同时，文章对中国的国民党统治区和共产党统治区作了军事、经济、政治等方面的对比分析，认为共产党代表了"民主的中国"，这种民主制度有效地动员了人民的抗日力量；而国民党代表了"封建的中国"，这种封建官僚制度限制了战争潜力的充分发挥。因此，毕恩来认为，要提高中国在盟国战争中的地位，一方面，西方国家必须尽快向中国提供更多的军事和经济援助；另一方面，国民党必须进行经济和政治改革，为挖掘战争潜力创造有利条件。毕恩来的文章一发表，立即招致国民党集团和美国亲国民党势力的疯狂攻击。国民党的一位发言人致信《远东观察》（Far Eastern Survey）杂志，攻击毕恩来"吞下了共产党的诱饵，上了共产党的圈套，被共产党拖下了水"。国民党同情者罗德尼·吉尔伯特（Rodney Gilbert）在《纽约先驱论坛报》上发表文章，指责毕恩来"竭力散布对国民政府的不信任，为共产党在战后夺取中国政权开辟道路"。辅仁大学前校长、国民党的坚定支持者奥图尔（George Barry O'Toole）也撰文攻击毕恩来是"迫不及待地肆意攻击重庆政府而为延安大唱赞歌的赤色狙击手"。[28] 这些来自反面的攻击，恰恰说明了毕恩来的这篇文章产生的强烈震撼。

/ 冀朝鼎与《美亚》杂志的创办

但是在历史上，比"《美亚》小组"访问延安更加有名的是震惊中外的"《美亚》事件"。所谓"《美亚》事件"，指的是1945年6月，美国联邦调查局（FBI）以窥探秘密文件并盗窃陆军部、海军部、战略参谋处及战时情报局内的机要文件为由，将前驻华使馆二等秘书谢伟思、国务院中国司专员拉森（Emmanuel S. Larsen）、美国海军情报处（第二次世界大战胜利后扩大为海军情报局）中尉罗斯（Andrew Roth）、《美亚》杂志主编贾菲、助理编辑米切尔（Kate Mitchell）以及《芝加哥太阳报》（*Chicago Sun*）记者盖恩（Mark Gayn）六人逮捕的间谍案件。[29]该事件与中美关系、美苏"冷战"、美国政治与社会均有着较为密切的关系。

此时联合国制宪会议正在旧金山召开，中国共产党派董必武出席会议。大会闭幕之后，董必武赴纽约，会见了当地的华人华侨，拜访了史沫特莱、史迪威的女儿和赛珍珠等人。[30]此外，还与贾菲等人有过接触。此事大大触动了联邦调查局的神经，使得案件的逮捕行动加速。[31]联邦调查局的调查过程涉及了与泄露文件有关的大量部门及其人员，包括美国陆军部、国务院、战略情报局、邮政和电报局、海军情报处等。经过司法局审讯，只有两人承认有罪，谢伟思等人由于证据不足于 9 月被释放。[32]

说到《美亚》杂志与中国共产党的渊源，要先从冀朝鼎说起。冀朝鼎是《美亚》杂志的创办人之一，是《美亚》杂志主编贾菲的表妹夫和亲共介绍人，是"《美亚》事件"嫌疑人谢伟思在重庆美驻华使馆工作时的室友。[33]冀朝鼎是中国共产党的著名经济学家、国际活动家。他于 1924 年赴美留学，在芝加哥大学攻读政治和历史，后来又到哥伦比亚大学、纽约大学深造，先后获得哲学博士、法学博士和经济学博士等学位。冀朝鼎在哥伦比亚大学时，以《中国历史上主要的经济区域》（Key Economic Areas in Chinese History）为题的博士学位论文蜚声学界。他在芝加哥大学时，积极组织领导学生运动，以广博的学识和雄辩的口才获得大多数中国学生的拥护和支持，因而当选为全美中国留学生会会长。同时创办了"中山学会"，编辑发行了《奋斗》日刊和一些小册子，宣传孙中山的"三大政策"，后来又在纽约创办"中美之友"组织，编辑发行《今日中国》(*China Today*)、《美亚》等刊物。

贾菲回忆："通过冀朝鼎，我在20世纪30年代初加入了美国共产主义运动，成为一个追随者。他是第一个在美国致力于共产主义事业，特别是中国共产主义事业的中国学生，他也是我接受了马克思主义并将之作为人生价值观的指导者。"[34]贾菲第一次见到冀朝鼎是在1929年。在此后超过十五年的时间里，冀朝鼎和贾菲是亲密的私人朋友和密切的政治伙伴。当然，贾菲并不会想到，冀朝鼎随后会成为国民党财政部长孔祥熙的经济顾问，更不会想到他同时为周恩来工作，是中国共产党的地下工作者。

冀朝鼎出现在贾菲对政治前途进行选择的一个关键时期。贾菲回忆："在政治舞台上，我看到共产主义运动在不同派别之间分裂。我看到社会党被共产党视为'社会法西斯'，被一大群美国知识分子视为软弱和无用。为了弄清我的政治方向，我在学校注册了一个学期的课程。我们都是社会主义社团的成员，我非常活跃。"在1931年，参加了类似课程大约四个月后，贾菲得出的结论是，一个主要基于反对执政党的活动没有任何政治意义。因此，贾菲与他们的学校断绝了联系。[35]

冀朝鼎知道贾菲的政治不满和迷失后，对贾菲说："既然你已经试过了，为什么不试试我们呢？"他首先介绍贾菲加入了国际劳工保护组织（一个在美国共产党领导下的组织）。刚加入不久，贾菲就开始为组织官方刊物做一些编辑的工作。他认为："在共产主义世界里，我找到了一个美国左派的家。在那里，像许多其他迷失的知识分子和潜在的知识分子一样，我的作品吸引了大量的听众，并且我享受着被志同道合者包围的舒适感。"随后，贾菲又通过冀朝鼎加入"中美之友"组织，并担任执行秘书，参与编辑《今日中国》。由此，贾菲跻身为中国问题专家。[36]

1936年10月，太平洋关系协会在加州举行会议。此学会成立于1925年，到1936年已经成为美国最重要的远东智库，包括几个对太平洋地区感兴趣的国会议员和一个位于纽约的国际委员会。当时冀朝鼎在该学会任研究员。会议期间，大家讨论决定出版一本比《今日中国》更有学术地位的杂志，于是《美亚》诞生了。贾菲称自己是"一个对远东事务感兴趣的美国商人学生"。因为，除了在中国研究领域的刻苦研究，他把自己的贺卡公司经营成了美国最大的公司之一。这让他有财力支持一份小众杂志。[37]

冀朝鼎在《美亚》杂志上用了真实的名字，但是并没有对它投入多少精力。[38] 1937年初，冀朝鼎加入《美亚》编辑委员会时，被任命为知识产权国际秘书处的研究员。1941年，由英、美两国出资，中、英、美三方组成了"平准基金委员会"[39]。冀朝鼎担任"平准基金委员会"秘书长。该基金会的日常实际上是由冀朝鼎具体操作的。由于冀朝鼎的才干和活动能力，他把中、英、美三方的关系都处理得很好，由此受到了孔祥熙的赏识。1944年冀朝鼎被孔祥熙任命为外汇管理委员会秘书长和他的私人秘书。[40]

出于政治原因，冀朝鼎在 1941 年 1 月之后辞去了《美亚》杂志编辑部的职务。贾菲说："在最初的编辑委员会中，只有冀和太平洋关系协会美国理事会执行秘书弗雷德里克·菲尔德（Frederick Field）可能是共产党员。我虽然不是（共产）党员，但肯定是一个非常亲密的美国共产党人，这让很多人以为我是（共产）党员。但无论是党，还是其他任何组织或个人，都不能向我发号施令。我知道《美亚》杂志的特点是什么。相反，我相信，我一直在保护美国杂志编辑的政治多样性，以及在选择从中国、日本、美国本土来的大量投稿时保持着学术标准。然而，这并不是说《美亚》没有编辑的观点。在最初的四年里，《美亚》的政治方向，无论是由编辑自己写的，还是由其他人写的，都是反日的。"[41]

/ 《美亚》杂志对抗战根据地建设的报道

回到杂志本身，《美亚》杂志对抗日根据地的报道主要集中在中国共产党的抗日斗争、根据地建设和国共统一战线三个方面。

《美亚》杂志对中国共产党抗日斗争的报道比较有代表性的是系统介绍了中国共产党在抗战当中取得的成绩。杂志全文译介了 1945 年周恩来在延安的讲话，引用大量翔实的数据和例证，展示了中国共产党在抗战中的全貌。[42] 此外，曾访问过延安的林迈可（英国人，燕京大学教授）当时也在文章中详细介绍了晋察冀根据地和中国共产党军队的作战情况。除了军事活动外，林迈可还对根据地的经济建设和政权建设作了详细阐述，对中国共产党的选举政策和税收政策都有涉猎。他在文章中甚至认为在中国共产党的领导下，中国华北农村已经从一个非常落后的地区变为中国最先进的区域。这些文章和观点在他的著作《1937—1945：华北鲜为人知的战争》(*The Unknown War: North China 1937–1945*) 中都有体现。[43]

汉斯·希伯（Hans Shippe）曾经以"亚细亚人"（Asiaticus）为笔名多次在《美亚》杂志上发表文章。他在《再访新四军》一文中论述了新四军在游击战十分难展开的情况下争取当地人民群众的支持，并在中国共产党丰富的游击战经验的支持下建立了游击作战区。[44] 他还对新四军在苏北根据地政治、经济、文化方面争取新民主的斗争作了介绍。他认为中国共产党的阶级分析方法和由此建立的政权组织以及新民主主义运动在世界历史上都是绝无仅有的。这不仅是由中国独特的国情所决定的，也只有在中国的现实中才能解释。

对皖南事变的关注是《美亚》杂志报道中国共产党的一个高潮。皖南事变的消息一传到美国，杂志就迅速组织编辑对真相进行披露，并且从 1941 年 3 月起接连发表多篇有关国共斗争和统一战线破裂的文章。其中最具有影响力的是安娜·路易斯·斯特朗（Anna Louise Strong）撰写的《中国的国共危机》。[45] 斯特朗本人手握大量国民党消极抗日和制造磨擦的材料，结合皖南事变起草成文后发表在《美亚》杂志上。她指出，皖南事变是国民党内不抵抗派投降主义路线的表现，也是部分人对于中国共产党武装力量不断壮大的恐惧。斯特朗在对皖南事变的报道中揭露了国民党政府和军队在抗日战争的种种行径，并呼吁国际社会关注国共斗争防止内战爆发。此外，《美亚》杂志还刊登了《叶挺将军传》和新四军的一些近况。

《美亚》杂志之所以引人注目，与其对中国共产党的同情和支持密不可分。杂志的立场就是呼吁美国政府对中国共产党予以援助。其文章《以中国的游击区作为反攻的基地》《东江游击纵队与太平洋的战略》等在国际上也具有一定的影响力。杂志不仅为西方读者提供了解中国共产党的信息来源，还成为政府部门的内参。比如，"日本在我国东北的经济侵略机构满洲铁路株式会社就藏有这份杂志"[46]。

在系统报道抗日根据地军事、政治、经济成就的基础上，《美亚》杂志还发表了一些文章论述抗日根据地对于盟军反攻、最后打败日本侵略者的战略意义，呼吁美国政府对根据地给予支援，对美国政府的扶蒋反共政策则予以抨击。

《以中国的游击区作为反攻的基地》一文指出：许多高级军事指挥官一致认为中国势必成为同盟国在太平洋战场进行战略反攻的主要基地。同盟国战略面临的中心问题是怎样尽快增强这个主要基地的力量。文章指出在讨论这个问题时，很少有人注意到如何增强中国各种抗日力量的团结一致，特别是如何加强对华北敌后中国游击队的援助。然而，恰恰是游击队控制着华北最具有战略价值的地区。在这些地区，日军控制的范围仅仅是大城市和主要交通线，而游击队根据地或边区政府控制的地区约为十万平方英里，拥有将近三千万人口。八路军和新四军及其领导下的游击队杀伤的日伪军占其伤亡总数的一半。敌后根据地显然是进行战略反攻的极端重要的基地。而且八路军和新四军本身就是中国抗日力量的一个重要部分。文章援引同盟国援助南斯拉夫游击队的例子强调指出："如果边区的游击队能得到充分的帮助，这些区域可以成为缩短对日战争的有力的反攻基地。"

《东江游击纵队与太平洋的战略》一文在介绍了东江游击纵队建立以来的战绩之后写道："在广东、香港地区的一万游击队，以及分散在华中、华南各地的游击队，在力量与组织上自然都不能与在华北及西北的几十万训练良好的游击军相比，但他们的精神与决心是同样伟大的。而且就潜力方面看，在华南广泛发展游击队的可能性，甚至较华北还大，因为广东省是过去二十五年中支持中国解放战争最积极的军队大本营。"文章还指出："盟军在中国海岸的登陆队伍，将不仅需要一个友好的民族，而且需要一个受过训练并准备积极参加抗日的民族，这些规模小但组织良好的游击队能够成为这样援助的基础，似乎是确定了的。""立刻承认这些游击队的存在与潜力，包括派遣联络官，提供技术上的援助和军火方面的援助，对于我们将来进攻日本，已有头等重要性。"

/ 结　语

《美亚》杂志编者认为，美国面临的主要问题是采取何种政策才能加强中国的自由民主力量，帮助中国人民摆脱现有的官僚统治，而不至于引起导致外来军事干涉的国内势力冲突。《美亚》杂志编者指出：只要美国政府愿意，它就可以通过多种途径对国民党政府施加影响，促进中国的政治和经济改革。然而美国政府决策人所奉行的对华政策却背道而驰，完全顺应了蒋介石的要求。史迪威将军和驻华大使高思（Clarence E. Gauss）相继去职，新任驻华大使赫尔利推行的是既定的扶蒋反共政策。《美亚》杂志尖锐地指出，赫尔利"无视他的前任仔细制定的政策"，"无视美国人民的最大利益"，不仅给中美关系造成了无法弥补的损害，而且为迅速击败日本设置了严重的障碍。

《美亚》杂志在抗日战争期间大量地报道、评论根据地的情况和美国的对华政策，在国际上产生了一定的影响。它不仅使西方一些读者能够比较真实地了解中国共产党领导下的中国人民抵抗日本侵略者的实际情况和中国共产党的抗日主张，而且也引起了某些政府机构的注意。比如，日本在我国东北的经济侵略机构满洲铁路株式会社就藏有这份发行从未超过两千份的刊物。它也是美国国务院工作人员经常阅读的刊物之一。无论在学术界还是在政界，《美亚》杂志都被亚洲专家看好，并且吸引了一批像国务院远东事务司司长斯坦利·霍恩贝克（Stanley Hornbeck）这样的撰稿人。可是，在苏联与纳粹德国签署互不侵犯协议后，杂志开始附和苏联针对帝国主义侵略的新方针，致使订阅量大幅下降。后来德国入侵苏联，杂志又声援同盟国抗击法西斯，但它再也没能恢复到以前的状态。到 1945 年，全靠贾菲自掏腰包才能维持正常出版，而且刊载的文章几乎全是贾菲和杂志副主编撰写的。1945 年 6 月 6 日，美国联邦调查局以莫须有的间谍罪名逮捕该杂志主编贾菲等六人，不久后杂志被迫停刊。《美亚》杂志的生命周期也成为那个时代下左翼声音在美国社会中起伏的一个缩影。

注释

1. [日] 田中仁著，赵永东等译：《20 世纪 30 年代的中国政治史——中国共产党的危机与再生》，145 页，天津，天津社会科学院出版社，2007。

2. 参见陈广函：《抗战时期八路军驻各地的办事处》，载《党史纵横》，1988（9）。

3. 参见徐彬如：《六十年历史风云纪实》，111~112 页，北京，中国文联出版公司，1991。

4. [日] 矶野富士子整理，吴心伯译：《蒋介石的美国顾问——欧文·拉铁摩尔回忆录》，50 页，上海，复旦大学出版社，1996。该书英文版为 Owen Lattimore and Fujiko Isono, *China Memoirs: Chiang Kai-shek and the War against Japan*, Tokyo, University of Tokyo Press, 1990。

5. 《美亚》杂志创刊详情见本章第三节。

6. 1937 年，毕恩来得到洛克菲勒基金会的资助，对当时引人瞩目的中日关系进行专题研究。年初，他在日本进行了一个多月的考察，尔后又在日本占领下的朝鲜和中国东北短暂停留，于 3 月来到北平。通过在日本、朝鲜和中国东北的实地考察，毕恩来对日本的侵略野心和战争气焰有了深刻了解，因此他最关切的问题就是中国是否已作好抵抗日本侵略的准备，特别是国共两党能否消除十年内战造成的对立，重新团结起来。

7. 拉铁摩尔是研究中国边疆问题不能绕过的重要人物，他不仅从边疆来解释中国历史，以一种内部主义视角审视中国的亚洲内陆边疆社会，而且注意集中于农耕文明与草原文明间互动往来的拉锯状态，将双方交会之边疆视为这两种文明的黏合剂，表现出将中国内地的王朝循环与草原游牧社会的历史循环两大系统联合起来考察的运思取向，对于我们消解冲击—反应模式具有启发意义。参见 [美] 拉铁摩尔著，唐晓峰译：《中国的亚洲内陆边疆》，南京，江苏人民出版社，2014。拉铁摩尔由于其《太平洋事务》(*Pacific Affairs*) 主编、《美亚》杂志编委会成员以及"中国通"的身份，在 20 世纪 50 年代的麦卡锡主义风暴中遭受迫害，被迫移居英国。

8. [日] 矶野富士子整理，吴心伯译：《蒋介石的美国顾问——欧文·拉铁摩尔回忆录》，51 页，上海，复旦大学出版社，1996。

9. Jaffe's unprinted autobiography, Philip Jaffe Papers, Box 1, Folder 2. Special Collection Department, Robert W. Woodruff Library, Emory University, pp.1–10.

10. [日] 矶野富士子整理，吴心伯译：《蒋介石的美国顾问——欧文·拉铁摩尔回忆录》，51~52 页，上海，复旦大学出版社，1996。

11. 冀朝鼎当时的夫人是贾菲的表妹海丽（Harriet Levine Chi）。

12. Jaffe's unprinted autobiography, Philip Jaffe Papers, Box 1, Folder 2.（Special Collection Department, Robert W. Woodruff Library, Emory University.）p.197.

13. [日] 矶野富士子整理，吴心伯译：《蒋介石的美国顾问——欧文·拉铁摩尔回忆录》，51 页，上海，复旦大学出版社，1996。希尔可以说是一个另类的"中国通"。他出生在中国的内蒙古，父母是来华传教的瑞典路德派传教士。他在中国长大，没有受过完整的正规教育，十几岁就开始在中国西北地区到处闯荡，学会了一口十分地道的西北土话。他既同军阀、政客等上层官僚打过交道，也对土匪、妓女等下层人物了如指掌，是一个八面玲珑、交游甚广的人物。在被"《美亚》小组"一行人雇用前一个多月，他曾用一辆据称是"国民党将军的汽车"，把斯诺夫人海伦·斯诺送到三原的红军驻地，并因此赚取了 150 美元。

14. [日] 矶野富士子整理，吴心伯译：《蒋介石的美国顾问——欧文·拉铁摩尔回忆录》，51~52、55 页，上海，复旦大学出版社，1996。

15. 孙国林：《红都延安的神秘来客系列之七——蜂拥而至的外国人》，载《党史博采（纪实）》，2013（1）。

16. [日] 矶野富士子整理，吴心伯译：《蒋介石的美国顾问——欧文·拉铁摩尔回忆录》，53 页，上海，复旦大学出版社，1996。

17. Jaffe's unprinted autobiography, Philip Jaffe Papers, Box 1, Folder 2. Special Collection Department, Robert W. Woodruff Library, Emory University, p.201.

18. Jaffe's unprinted autobiography, Philip Jaffe Papers, Box 1, Folder 2. Special Collection Department, Robert W. Woodruff Library, Emory University, p.202.

19. Jaffe's unprinted autobiography, Philip Jaffe Papers, Box 1, Folder 2. Special Collection Department, Robert W. Woodruff Library, Emory University, p.203.

20. [美] 托马斯·阿瑟·毕森（毕恩来）著，张星星、薛鲁夏译：《抗日战争前夜的延安之行》，44 页，沈阳，东北工学院出版社，1991。英文版见 T. A. Bisson, *Yenan in June 1937:Talks with the Communist Leaders*,

Berkeley, University of California Press, 1973。

21. Owen Lattimore and Fujiko Isono, *China Memoirs: Chiang Kai-shek and the War against Japan*, Tokyo, University of Tokyo Press, 1990, p.60.

22. 张星星:《"〈美亚〉小组"延安行》,载《百年潮》,2007(5)。

23. 杨奎松:《"中间地带"的革命——国际大背景下看中共成功之道》,363 页,太原,山西人民出版社,2010。

24. 1939 年 10 月 21 日,针对英国《每日先驱报》(*Daily Herald*)发表的美国记者斯诺关于和毛泽东谈话的报道,共产国际领导人致电中共中央,要求不要再向外国记者发表类似讲话。见《季米特洛夫就毛泽东和斯诺谈话致中共中央的电报》,1939 年 10 月。转引自牛军:《从延安走向世界——中国共产党对外关系的起源》,67 页,北京,中共党史出版社,2008。

25. 张星星:《"〈美亚〉小组"延安行》,载《百年潮》,2007(5)。

26. Michael Schaller, *The U.S Crusade in China,1938–1945*, New York, Columbia University Press, 1979, p.54.

27. [日] 矶野富士子整理,吴心伯译:《蒋介石的美国顾问——欧文·拉铁摩尔回忆录》,159 页,上海,复旦大学出版社,1996。

28. [美] 托马斯·阿瑟·毕森(毕恩来)著,张星星、薛鲁夏译:《抗日战争前夜的延安之行》,48 页,沈阳,东北工学院出版社,1991;张星星:《"〈美亚〉小组"延安行》,载《百年潮》,2007(5)。

29. 事件经过详见本书第六章。

30. 《董必武年谱》编辑组编:《董必武年谱》,1945 年 3 月 27 日、1945 年 7 月 2 日,223、228 页,北京,中央文献出版社,1991;杨瑞广:《董必武出席联合国制宪会议始末》,载《党的文献》,2006(2);[美] 邝治中著,杨万译:《纽约唐人街:劳工和政治,1930—1950 年》,151 页,上海,上海译文出版社,1982。

31. Report made at New York City, May 2, 1945, FBI File 100-267360-211,

Box 116, Folder 10; Attention: Inspector M. E. Gurnea, May 17, 1945, FBI File 100-267360,Box 117, Folder 4; and report made at Washington, D.C., May 26, 1945, FBI File 100-267360-273, Box 117, Folder 6. All in Philip Jaffe Papers, Special Collection Department, Robert W. Woodruff Library, Emory University, Atlanta, Georgia. See Harvey Klehr and Ronald Radosh: *The Amerasia Spy Case: Prelude to McCarthyism*, Chapel Hill, University of North Carolina Press, 1996, p.63.

32. Report of a subcommittee of the United States Senate Committee on Foreign Relations, 81st Congress, 2nd Session, RG46 General Files of the Tydings Committee, National Archives and Records Administration, Maryland, p.122; John S. Service, *The Amerasia Papers: Some Problems in the History of US-China Relations 1971*; Subcommittee to Investigate the Administration of the Internal Security Act and Other Internal Security Laws of the Committee of the Judiciary, U. S. Seneta, *The Amerasia Papers: A Clue to the Catastrophe of China,* 2 Vols. 1970.

33. The Ameraisa Case from 1945 to the present, p.2, Box 1, Folder 5, Philip Jaffe Papers, Special Collection Department, Robert W. Woodruff Library, Emory University. 在重庆，谢伟思的住所是美国财政部驻重庆代表爱德勒（Sol Adler）的公寓。公寓原是孔祥熙私宅，上下三层，位于市中心。顶层住着孔祥熙的贴身顾问冀朝鼎，谢伟思住二层，一层住着中国货币稳定委员会的英国籍委员。

34. The Ameraisa Case from 1945 to the present, p.2, Box 1, Folder 5, Philip Jaffe Papers, Special Collection Department, Robert W. Woodruff Library, Emory University.

35. The Ameraisa Case from 1945 to the present, p.3, Box 1, Folder 5, Philip Jaffe Papers, Special Collection Department, Robert W. Woodruff Library, Emory University.

36. The Ameraisa Case from 1945 to the present, p.3, Box 1, Folder 5, Philip Jaffe Papers, Special Collection Department, Robert W. Woodruff Library, Emory University.

37. The Ameraisa Case from 1945 to the present, p.10, Box 1, Folder 5, Philip Jaffe Papers, Special Collection Department, Robert W. Woodruff Library, Emory University.

38. 冀朝鼎还担任美共机关报《工人日报》(Daily Worker)和《今日中国》的编辑，并以"动平（Doonping）"为笔名写了不少介绍马列主义的文章。

39. 全民族抗战爆发后，由于投机活动屡禁不止、国际收支逆差以及通货膨胀的影响，外汇市场汇率迅速跌落，国民政府为维持法币币值，为抗战争取一个良好的经济环境，开始实施外汇管制政策。在经历了数次失败后，国民政府商请英、美政府成立中、英、美"平准基金委员会"，管理中国外汇市场。

40. 曾俊伟：《杰出的国际活动家冀朝鼎》，载《炎黄春秋》，2003（11）。

41. The Ameraisa Case from 1945 to the present, p.11, Box 1, Folder 5, Philip Jaffe Papers, Special Collection Department, Robert W. Woodruff Library, Emory University.

42. *Ameraisa*, March 23, 1945, p.92.

43. Michael Lindsay, *The Unknown War-North China 1937–1945*, London, Bergstorm & Boyle Books, 1975.

44. *Ameraisa*, Sep, 1941, p.287.

45. *Ameraisa*, March, 1941, p.11.

46. 冯承柏、黄振华：《〈美亚〉杂志与抗日根据地》，载《历史教学》，1986 年 9 月 28 日。

第06章

/ 被时代裹挟：
"《美亚》小组"群像（下）

由于美国的许多通信渠道在战争期间被破坏，这就切断了美国对太平洋地区政治、经济和其他领域的公共情报来源，对此感兴趣的人士不得不主要依赖于合法或非法地从政府人士获得消息。有一些必要的材料可以通过电讯，政府咨询部的公报和各单位的新闻处，与政府官员进行谈话，监听广播、战争情报等方式获得。所以，大家默认，把一些机密文件提供给作家和记者是为了向他们提供写作"背景"。当然，这类材料也有可能通过非法接近政府内部文件和报告而获得。

/ 事件起源：一篇泄密文章引起的调查

有一期《美亚》杂志被发现登载了未经授权发表的一份政府文件的内容。1945 年 2 月，美国战略情报局准备的一篇主题为英国在泰国政策的报告，几乎是逐字全文重印在《美亚》杂志 1945 年 1 月 26 日这一期的第 23 页上。这篇写于 1944 年 12 月 11 日有关泰国的报告，是战略情报局一份机密文件的一部分，它主要指出了英、美关于泰国看法的主要分歧，评论了泰国的政治前途。此文件是一份每两周定期提交的战略情报局的标准报告。这类报告主要是供战略情报局和国务院工作人员使用的。[1] 战略情报局的一名官员在检查上述那期《美亚》杂志时，注意到了那篇有关泰国的文章。因为未经授权就发表一份机密文件的行为是触犯安全规定的，所以这位战略情报局官员就将报告原文同《美亚》杂志的文章一起交给了战略情报局的安全官员阿奇博尔德·范布伦（Archibald van Beuren），范布伦又于 1945 年 2 月 28 日把它们交给了战略情报局在纽约的调查主任弗兰克·比拉斯基（Frank B. Bielaski）。范布伦要求比拉斯基监视华盛顿所有拿到过这份文件的人，以便弄清是谁在向《美亚》杂志的编辑提供秘密情报。比拉斯基获知很多人拿到过这份文件后决定不对这些人进行监视，并主动决定，获取有关此事的事实真相的办法应该是直接去《美亚》杂志社办公室进行搜查。[2]

对于此事，战略情报局仅仅是作为战略情报局内部违反安全规定的一起事件来处理的。它忽略或是无视这一事实，即此事可能涉及触犯联邦刑律的问题，而它对刑事犯罪无论如何是没有调查权的。因此，在这个问题上，战略情报局本应该但却没有把整个事件移交给联邦调查局处理，后者的基本权限是调查间谍案件和非法拿走或隐藏政府文件的案件。

1945 年 3 月 11 日午夜，在没有通知司法部或是获得其他批准的情况下，比拉斯基前往纽约市第五大道 225 号的《美亚》杂志社办公室，用秘密手段和不通知《美亚》杂志唯一的所有者和发行者贾菲或获得其同意的方法，进入杂志社内。在此后约两个半小时中，比拉斯基和五名助手彻底搜查了杂志社办公室的所有书信、记录和文件。编辑部有一个很大的资料室，战略情报局的便衣在里面的一张大桌子上发现了一些散放的文件。随队的开锁专家撬开了几个文件柜。最后，他们在编辑部办公室找到了一只大行李箱，箱子"塞满了文件，因为太多了，我们干脆把别的全部放下"。有几份文件上写有约翰·谢伟思的名字，其中一份是"关于蒋介石和宋美龄的私密关系的，是个密件"。[3]

这次非法搜查找到了五份泰国报告，还翻出许多别的文件资料。许多文件标着"秘密"字样，有几份属于绝密级。文件上面不光有战略情报局的封条和印章，还有军事情报局、海军情报处、战略情报处以及国务院等多个部门的封条和印章。在检查了大约三百份文件之后，比拉斯基决定将二十几份文件作为证据带回华盛顿。拿了这些文件后，比拉斯基和其助手又将所有其他文件放回原处，以便不留下非法查抄的痕迹。[4]

在《美亚》杂志社办公室查抄文件后，比拉斯基立即带着查获的文件向战略情报局局长多诺万（William Joseph Donovan）将军报告。此后，文件被提交给国务卿过目，后者立即要求联邦调查局开展进一步的调查。[5] 这些文件立即被移交给了联邦调查局。得到这一情报后，联邦调查局立即进行了紧张的全面调查。此调查开始于3月中旬，一直持续到1945年6月6日逮捕了有关人员为止。

联邦调查局对《美亚》案件的调查建立在贾菲被认定为美国共产党内关键人物的基础之上。他们对贾菲的生平背景进行了详细调查，并且搜集了《美亚》杂志关于中国共产党报道和言论的所有文章。[6] 3月15日，联邦调查局的特工开始对《美亚》杂志社的主编贾菲进行二十四小时监控。联邦调查局局长胡佛（J. Edgar Hoover）命令："不光要查清贾菲的关系，还要查清他为谁工作，拿这些材料都干了什么。不查清楚，决不收兵。"[7] 联邦调查局一共对《美亚》杂志编辑部进行了六次无证搜查。特工们对文件做了清点、拍照，提取了指纹，拿走了打字机打印的样张。联邦调查局从《美亚》办公室查抄的文件中，包括无分类文件（unrestricted）一份，涉密文件（restricted）两份，秘密文件（secret）八份，机密文件（confidential）十一份，一般文件（unclassified）两份，共二十四份。[8] 局长胡佛绕过审批授权，直接命令给贾菲办公室和家里的电话装上窃听器。[9] 鉴于战时情况紧急，调查局认为，美联邦涉及技侦的法律笼统模糊，可以变通执行。[10] 头一晚的窃听成果丰硕异常。贾菲拨通了两个华盛顿的电话，通话的内容是关于3月21日见面的安排。经电话追踪，联邦调查局又找到了另两个嫌疑人，一个是伊曼纽尔·S.拉森，是国务院的文职人员；另一个是安德鲁·罗斯中尉，在海军情报处工作。当夜，一批特工被派往国务院远东事务司的办公室，清理范宣德等几个官员办公桌抽屉里的文件，想把有可能落入《美亚》杂志社之手的文件找出来。另一批特工被派到罗斯和拉森家附近蹲守监视。大约在午夜，一个特工看到罗斯和他的妻子从自家餐桌上收拾起文件，装进一个牛皮纸袋里。

联邦调查局的调查，主要是连续不断地进行人身监视。调查发现贾菲在1945年春季曾去过华盛顿几次。在那里，他同国务院雇员、中国问题专家拉森进行接触。贾菲还同罗斯进行了接触。罗斯是海军情报处的一名中尉，远东问题专家，曾在《美亚》杂志社工作过。他们在华盛顿见面，并且在罗斯的车内交换了文件。稍后，贾菲还在罗斯的公寓稍作停留。《芝加哥太阳报》记者马克·盖恩（专门研究远东问题）及其妻子在华盛顿与一行人吃过晚餐。[11] 国务院驻中国外交官谢伟思大约在1945年4月15日返回美国，从这时起到1945年6月6日被捕之前，他被观察到曾有几次同贾菲在一起。监视人员还观察到，有几次这几个人在一起研究或是互相传递文件。但是，因为贾菲和罗斯当时正在写书，还有所有这些人对同一问题感兴趣，所以，如没有可靠证据能证明这些文件是官方文件，就不能从这样的行动看到什么重要的或犯罪的含义。[12]

就刑事起诉来说，嫌疑人在这方面已被仔细观察到的活动，既可以认为无罪，也可以认为有罪。后来众议院小组委员会在对此案作了艰苦审议后作出裁决："虽然所有这些人都曾有一段时间受到连续不断的监视，但不曾看到他们互相传递政府文件。"[13]

贾菲在纽约时，同他的副手米切尔每日联系。他也同盖恩频繁接触。在调查期间，有一次盖恩在乘公共汽车时，被观察到好像是在阅读一份官方文件的副本。后来查明，这份报告说的是蒋介石同宋美龄之间婚姻关系的街谈巷议。总的来说，在纽约对这些人进行人身监视的结果，除了能证明他们有联系外，只具有中性或否定性的性质。监视未能证实被监视者中的任何人确实偷窃或是未经批准拿走了任何一份官方文件，也没有证据表明，嫌疑人中有人曾将任何官方文件或是其他文件传递或递交给已知的或是被怀疑的间谍分子。关于这个问题，后来复查此案的众议院小组委员会作出裁决："虽然训练有素的专门调查员不断观察到有关人员常在一起，但从未看到他们有人把政府文件递交给另一人。"[14]

联邦调查局的调查除证实了各有关人员之间有联系外，还证实了在《美亚》杂志社，在拉森家和盖恩家，有许多机密文件或是这种文件的副本。上述情况是通过未经授权和非法进入被监视者住所这种方法而证实的。这样获得的情报和证据当然不能合法地用于刑事诉讼中。事实上，如果在随后的审判中，甚至是审前听证会上证据受到质疑，司法部就可能不得不承认非法侵入民宅和进行非法查抄的事实。[15]

在没有搜查证的情况下，1945年3月20日、26日、27日，4月23日、24日以及5月14日，联邦调查局对《美亚》杂志社办公室进行了多次非法搜查，对在那里发现的文件做了编目和拍照；1945 年 4 月 2 日和 6 日，对贾菲的公寓进行非法搜查，在那里并未发现重要材料；1945 年 4 月 6 日，对拉森的公寓进行非法搜查，拍摄了在那里发现的文件；1945 年 4 月 6 日和 27 日，对盖恩的公寓进行非法搜查，拍摄了在那里发现的文件；1945 年 3 月 31 日，对米切尔的公寓进行非法搜查，在那里没有发现任何重要东西。[16]

此外，联邦调查局的档案显示，贾菲有可能通过伯恩斯坦（Joseph Milton Bernstein）[17] 被苏联情报组织招募。1945 年 4 月 30 日，伯恩斯坦给贾菲的办公室打电话，说很久没有见面，他现在任职于美国犹太协会，并约好晚些时候一起吃早餐。[18]

1945 年 5 月 3 日，贾菲被家人邀请一起吃晚饭时说他晚上要等一个重要的电报。下午 4 点 5 分，伯恩斯坦在电话里和贾菲说，他和同事说了关于印度事务的一篇文章，但是对方并不感兴趣，因为他的方向是巴勒斯坦。伯恩斯坦说他还能提供其他几个人选，他们都是很好的解读者，也许能帮助贾菲更好地筹划。[19] 1945 年 5 月 5 日，贾菲拜访了共产党领袖白劳德（Earl Browder），停留了大概十分钟。

1945 年 5 月 7 日，贾菲在华盛顿与拉森和罗斯见面。他们的谈话都被联邦调查局记录了下来。贾菲告诉罗斯，接下来的谈话他不会告诉任何人，这也是他急于和国务院的人取得联系的原因。贾菲还向罗斯透露了伯恩斯坦与他联系的一些情况。在贾菲的介绍中，伯恩斯坦是一个行迹神秘的人，为苏联一个机构工作多年。贾菲透露，伯恩斯坦曾经问过他，是否愿意提供国务院驻重庆远东事务局的相关信息；但贾菲说自己不知道任何国务院的事情。伯恩斯坦说："我可以去任何想去的地方，除了国务院。你是否愿意做这件事情？"贾菲说："我还不知道你的真实身份，甚至不知道你在哪儿。"伯恩斯坦说："我有联系方式，但是私人的，我会找人和你联系，他是我现在的同事。"贾菲说："我可以做，但前提是你介绍给我的人能提供给我有价值的信息，并且绝对准确。"伯恩斯坦说："很好。"这即是 1952 年 4 月 23 日，在接受调查的时候，贾菲所回忆的 1945 年伯恩斯坦在四五月间和他见面的情形。伯恩斯坦请他去做国务院文件的搜集工作，贾菲说伯恩斯坦并没有说自己代表苏联机构。他声称自己拒绝了伯恩斯坦的请求。

贾菲惊讶于伯恩斯坦能从联邦能源署获取信息，而自己则一无所获。贾菲认为，每个国家都有其机构和组织，这些人不是间谍，而是情报机构。区别就在于，两国是否处于交战状态。[20] 1945 年 5 月 22 日，在伯恩斯坦与贾菲的见面中，伯恩斯坦说："我有烟草给你，你感兴趣吗？"这些对话都被联邦调查局解读为有特殊含义，比如"烟草应该是他们之间的暗号代码"。[21]

/ 事件加速：小组成员与董必武的会面

在案件的调查过程中，董必武的出现成为逮捕计划加速的导火线。董必武作为中国共产党代表出席旧金山联合国制宪会议，是几方争取和角逐的结果。

1945 年 2 月 18 日，毛泽东在出席中国共产党六届七中全会主席团（扩大）会议的发言中提出，旧金山会议必须有中国共产党的代表参加。周恩来就此事致电赫尔利，指出："四月二十五日将在美国旧金山召开的联合国会议，仅由国民党一方派代表参加不能代表中国。出席旧金山会议的代表团应包括国民党、共产党和民盟。国民党只能占三分之一代表名额，其中还应包括国民党民主派，三分之二应是共产党和民盟的代表，否则不能代表中国，不能解决问题。"[22] 蒋介石一开始极力反对，但是经过时任驻英大使顾维钧的游说和美国总统罗斯福施加的影响，蒋介石不得不有所松动，并最终同意指派董必武代表中国共产党和解放区人民出席会议。

1945 年 4 月 1 日，中国共产党六届七中全会主席团专门召开有董必武参加的会议，决定由董必武带随员二人（伍修权、陈家康或章汉夫）[23] 参加中国代表团，主要任务是争取外国朋友，扩大中国共产党的国际影响，并尽量争取留驻美国工作。董必武一行于 1945 年 4 月 21 日抵达美国，顺利完成了任务。[24] 联合国制宪会议结束后，董必武根据中共中央的指示，于 7 月 2 日带随员移住美国最繁华的城市纽约。在那里，为了工作需要，成立了由徐永瑛、唐明照、杨刚、徐明、赖亚力组成的工作小组，广泛接触美国人士。当然，工作的重点是更多地接触旅美侨胞。董必武曾多次到洗衣馆那样身处下层的华侨中去参观访问，还到华美协进社作了演讲；应华侨的请求，利用休息日到侨区为侨胞题词留念；还登门拜访了中国人民的老朋友史沫特莱、史迪威的女儿和著名小说家赛珍珠。董必武还到了华盛顿，在那里拜访了中国史专家费正清。美国国务院中国科科长范宣德在重庆工作时就与董必武相识，听说董必武到了华盛顿，特意到乔治敦 33 号街费正清的寓所拜访。[25]

1945 年 5 月 18 日，董必武在旧金山用英文发表《中国解放区实录》。向全世界介绍了中共领导下的抗日根据地在政治、军事、经济、文化等方面取得的伟大成就及我党我军在整个抗日战争中的巨大作用和影响。6 月 5 日，在旧金山由华侨宪政党、致公党举办的演讲大会上，董必武作了题为《中国共产党的基本政策》的长篇演讲，全面阐述了中国共产党坚持抗战、坚持团结、坚持民主进步的基本政策，介绍了抗日战争以及建设陕甘宁边区、敌后抗日根据地的巨大成就，指出中国共产党的所有政策都是为了建立一个独立、民主、自由、团结、强大、繁荣的新中国。7 月 20 日，应华美协进社的邀请，董必武出席该社在中国大厦举行的学术建国讨论会，作了题为《中国问题的关键》的演讲，指出：

> 中国国内有两种反动主张，一为复古运动，一为仿效法西斯运动。此二种主张均不能救中国，均要不得。中国问题的关键在政治不民主。国民党一党专制十八年，压制中国人民，排除异己，招致日寇武装进攻。现在国民党当局不得不说要"结束训政，还政于民"，它的办法是十一月十二日召开国民大会。但国民大会应称之为国民党大会，实为加强党

治。因此中共及民主党派主张抗战时实行有效的民主的联合政府；把日寇赶出中国后，由民主选举代表组织国民大会，通过宪法，依宪法选举政府负责官员。[26]

联邦调查局档案显示，1945 年 4 月 22 日，贾菲在家中举办了一次聚会。时任旧金山会议中国共产党代表的董必武，在刚抵达纽约转机前往旧金山的短暂两天内参加了这次聚会。与会的还有太平洋关系协会的成员、一直被联邦调查局怀疑是贾菲在作战新闻处（OWI）情报来源的工作人员，以及美国共产党总书记白劳德。这并不是贾菲与董必武的第一次见面。他们 1937 年在延安就曾打过交道。尽管特工人员并没有获得与会人员在会议上交流的具体细节，但是他们认为，董必武的在场给了贾菲把美国政策情报传递给中国共产党的绝佳机会。[27] 1946 年司法部重审《美亚》案时，一篇题为《海军内部安插红色分子》的报纸文章提到贾菲获得了国务院第 58 号文件，即美国在中国的情报机构发出的关于反对蒋介石的报告。文章提到，政府调查人员获知，贾菲把文件交给了中国共产党在旧金山会议时的代表（董必武）和美国共产党领袖白劳德。[28]

与董必武的会面成为贾菲一段时间以来的重要谈资。他在与罗斯的谈话中提到在纽约与董必武会面的情形。贾菲说，董必武有问必答，董必武说虽然他此次前来是代表中国，但更是代表中国共产党。按照贾菲的说法，董必武在从上午十点到下午四点一直在贾菲的寓所内相谈甚欢。但是贾菲并没有额外了解到任何他以前不知道的事情。[29] 随后在与谢伟思见面的时候，贾菲再次提及了与董必武见面的事情。[30]

关于此次会面的时间、地点和人物，本人未在党史相关档案中找到任何记录。年近花甲的董必武在 1945 年 4 月 6 日从延安出发去往重庆，4 月 12 日由重庆出发，经印度转往美国，21 日抵达纽约，24 日又随中国代表团其他成员一起飞往旧金山。在停留纽约的短短两天时间里，董必武是否参加了由白劳德组织的在贾菲家中的聚会，尚无可靠中方史料证实。由白劳德带往贾菲住处的中国共产党代表是不是董必武其人不重要，他们谈话的内容也不重要。重要的是，贾菲和董必武的会面增加了联邦调查局工作的紧迫感。因为贾菲不仅能通过秘密渠道获得政府内部文件，现在还有机会把这些情报交给中国共产党在旧金山联席会议的代表人员。此时，亚洲的反法西斯战争正处于关键时期。进攻日本本土的计划和美国在中国的登陆计划都处在最后阶段。关于美国军队是否与中国共产党合作，或者仅仅是接手中国北方的领土然后在战争胜利之后交给国民政府，国务院尚在激烈的争论阶段。更重要的是，关于原子弹的计划，据联邦调查局所知，还是绝密信息。[31] 所以，对《美亚》杂志相关人员的逮捕日程就变得紧迫起来。

美国共产党总书记白劳德和董必武是莫斯科列宁学院的同学，他曾建议董必武利用在美国的机会，拜会美国陆军参谋长马歇尔，做做他的工作。当时董必武听后没有表态。事后董必武对当时在美国工作的唐明照等人说："我是共产党员，到美国来首先要拜会的是共产党人，其次是帮助和同情我们的美国朋友，然后是对美国广大人民做工作；至于美国官方人士，见不见没有关系。何况美国对我们表面上说些好话，实际上是支持蒋介石反对我们的。如果他们有事要见我，他们会主动提出来。现在既然没有提出，我若主动要求拜会，他们反以为有求于他，那就更要翘尾巴了。"[32] 此即董必武在《旅居美国旧金山杂诗五首（之五）》中所感叹的"前途尽有光明路，莫忘中藏曲折幽"[33]。

一种外交政策如果含有自相矛盾的因素，可能就不会取得预期的效果。董必武访美一事就是一个典型的例子。出于政治和道义上的考虑，美国认为中国共产党作为中国的政治力量之一，应该有代表出席会议。罗斯福致电蒋介石说，美国代表团就包括了两党代表，其他国家也应如此。[34] 在国际事务中随时准备维护理想主义的原则，是美国的一种根深蒂固的态度。但事实上，美国的实际决策过程，与这种既定假设和态度是背道而驰的。美国表面上支持中国共产党派代表参加旧金山会议，实际上在中国共产党代表抵达美国后，有关部门的行动却是暗中监视，随后更无视中国共产党代表尚在访问期间的舆论影响，制造了"《美亚》事件"。董必武在访美之后也深谙其道，说美国只是"表面上说些好话"。那么美国这一时期对中国的外交目的、意图、利益衡量和政策就是失效的。这也部分解释了从珍珠港事件到朝鲜战争中麦克阿瑟将军"回家过圣诞节"的总攻势崩溃这一时期美国对华政策的失败原因。一系列因素加深了"《美亚》事件"发生的偶然性。

一是事发偶然。在倡导新闻自由的美国，在以特殊渠道获取政府信息来撰写评论文章作为默认的行业潜规则的美国新闻界，《美亚》既不是唯一的亲共杂志，也不是唯一通过秘密渠道获取专栏资料的杂志。从其创刊的1937年到被调查的将近八年时间里，《美亚》杂志虽然经常刊登一些亲共文章，但是生存无忧，还小有影响。对于其涉密文章的资料来源，战略情报局在最初的行动中，只是出于本部门安全考虑而进行小范围的调查。但是对《美亚》杂志办公室发现的绝密文件的调查超出了战略情报局的权限，此事被移交给联邦调查局，泄密事件就升级为间谍案件。

二是调查偶然。在联邦调查局对案件的第一嫌疑人、《美亚》杂志的主编贾菲的跟踪、调查和监听过程中，案件涉及的人物和相关部门越来越广。贾菲先是与海军中尉罗斯接触，然后与国务院中国司专员拉森接触，与美国驻华外交官谢伟思接触，还与他的同行《芝加哥太阳报》的记者盖恩交换信息。他们在交往的过程中传递印有"秘密"或"绝密"字样的政府文件，讨论有关中国共产党的问题并表现出明显的倾向性，这些都被调查人员记录在案。直到贾菲与苏联共产党人员和中国共产党代表董必武接触，考虑到政府内部关于亚洲政策的文件可能外泄，联邦调查局决定向上级汇报。

三是处理偶然。"《美亚》事件"是美国历史上第一起涉及共产主义活动的间谍案件，所以军部、国务院、司法部、联邦调查局都对作出逮捕决定非常审慎，在向杜鲁门请求指示时，提醒杜鲁门此事件可能会对正在召开的旧金山联合国制宪会议和即将举行的波茨坦会议产生不好的影响，并波及美苏谈判。杜鲁门以国家安全为考虑，作出了立刻批捕的决定。然而在执行批捕命令的过程中，美国政府内部的意见并不统一，司法部和海军部内部甚至作出了与总统决定正好相反的指示，命令延迟逮捕行动。

可以说，联邦调查局在决定对《美亚》杂志的办公室进行非法搜查的时候，并不会预见到此案件会涉及刚从延安归来的谢伟思。在亲日的副国务卿格鲁（Joseph Clark Grew）召开记者招待会对"《美亚》事件"夸大其词的时候，美国的媒体记者们并不会想到此事会导致大洋彼岸的中国共产党和国民党最高领导人对美策略发生变化，更不会想到对一份专事远东状况的杂志进行查抄会给麦卡锡主义和"院外援华集团"大作文章的机会。换句话说，"《美亚》事件"的真相与其被认定的真相已经相去甚远，而其在"冷战"意识形态对抗的大背景下被赋予的意义与其本身的意义相比也更为复杂深远。

/ 事件蔓延：新闻自由下的"红色恐慌"

新闻界对此事件的反应和发酵同样经历了从泄密事件到政治工具的过程。《纽约时报》（The New York Times）在事发当天即报道了案件的最新消息，并且使用了"间谍"的字眼。根据《纽约时报》的报道，联邦调查局声称此次逮捕行动历经两个半月的调查取证。证据表明，政府文件都是通过贾菲在华盛顿和纽约的会面中被传递的。副国务卿格鲁在记者会上声称，国务院对情报失窃一事非常重视，联手海军战略情报处进行调查，作出对六人进行逮捕的决定。[35] 新闻还配有三人的照片：要么是谢伟思、拉森、罗斯三人的面部特写，要么是他们神色凝重听候天亮前的传讯的样子。最轰动的头条赫然刊登在赫斯特报业（Hearst）和斯克里普斯 - 霍华德报业（Scripps-Howard）两大集团旗下的报纸上。这两家报系均收到了联邦调查局私下透露的信息：贾菲与共产党有瓜葛。斯克里普斯 - 霍华德报业旗下的《纽约世界电讯报》（*New York World Telegram*）报纸标题颇耸人听闻："间谍网连线美国赤色分子：秘密战争数据泄露牵出共产党人贾菲等五人。"《纽约邮报》（*The New York Post*）的报道走的是"实话实说"的路线，但头条标题也很震撼："FBI 抓六大间谍，两人竟藏身国务院；机密被盗，海军军官与两位编辑同时被拘。"

联邦调查局局长胡佛发布一份声明：联邦调查局在国务院和海军的积极支持下，在这两个半月里积极开展侦查，追缴了多份政府机要文件，密级低至"限制"级，高到"绝密"级。有文章引用副国务卿格鲁的话说，几个月来，他的部门对安全问题"特别关注"，在发现"有涉密信息落入未经授权人的手里"这一情况后，便通知联邦调查局调查。胡佛和格鲁的言论都是预先准备好的，在实施抓捕前，表述内容已经作了精心协调，使两者相得益彰。联邦调查局副局长卢·尼科尔斯（Lou Nichols）曾与司法部、国务院和海军方面的代表会晤，商量新闻稿发布事宜。但是，格鲁在抓捕当天举行的新闻发布会上只说了文件外泄的事，没有涉及间谍罪名。他说：调查《美亚》杂志社是"一项综合安全计划的举措之一；为了杜绝向未获授权者非法传递机要机息的不忠之举，该计划将不折不扣地执行下去"[36]。

格鲁的谈话像是在告诉人们：这起案件是对记者和政府内部的泄密者的新一轮的打压，而不是打击保守派媒体所大肆鼓噪的"赤色间谍"活动。左派专栏作家斯通（L. F. Stone）撰文说，这次抓捕有以儆效尤之效：一可以将不赞同国务院政策的官员唬得噤声，二可以为收拾刊发消息、致国务院挨骂的报纸和新闻记者作好铺垫。胡佛把斯通的评论附在首席调查员的报告里，并在评论的边白处写下两句批语："国务院拿此事大作文章很糟糕。此举可能对本案调查极不利，而且，本来就有一些人指责本案是国务院对批评太过敏感的结果，此举正好应了这些指责。"[37]

随着事件的发酵，各家报纸和广播电台的报道越来越鲜明地反映出左右两派在"《美亚》事件"及其国内外影响上的深刻分歧。

自由派报纸质疑该案的合法性。《纽约邮报》（New York Post）发表一篇题为《是间谍还是受害者》的社论，要求弄清楚副国务卿格鲁所作的陈述。社论声称："如果政府部门打算就这些标有'机密'或'绝密'文件一事对新闻界大动干戈，那么将会有相当一部分新闻出版界同行被送进监狱。所以我们很疑惑，被捕的这几位真的把他们手里的情报通过国外的政府来攻击我们的国家吗？或者是他们掌握了一些对副国务卿格鲁不利的信息，政府部门有选择地认为这些信息属于机密？两种行为都处于间谍法案的制裁之下。但是第一种才是真正的间谍，第二种则是记者们的日常行为。讨论外交政策没有任何基础的背景材料是行不通的。"[38]
《美亚》杂志在事件爆发后对格鲁的亲日政策进行了深入研究，发表文章指出："远东政策的视野开始从中国慢慢转向日本。杜曼（Eugene Dooman）是格鲁在日本的驻外使节，可以预见，杜曼将在其远东事务司日本事务负责人和国务卿特别助理的任上进一步推动格鲁的政策，对日本实行更加友好的政策。格鲁是否利用间谍法案来排除与其政策相左的异己？这样他就涉嫌侵犯美国的新闻和言论自由。如果格鲁对《美亚》杂志的制裁是由于他们曝光了他的亲日政策，那么任何一家发表相似观点的美国报社都有可能成为下一个被制裁的对象。这样的政策性文件一般都贴有'机密'的字样，这样我们对于信息的报道和了解就会滞后，这也是对我们的新闻自由的嘲讽。"[39]

《美亚》杂志的助理编辑米切尔否认《美亚》杂志曾经复印过任何威胁国际安全的文件，并且认为她的行为属于"新闻自由"。新闻工作者通过某种渠道获取背景知识和相关情报才能对当前局势有更准确的分析和判断。有记者认为，所有政治评论版的记者都有获取信息的特殊渠道，肯定不是等待官方发布消息。很多标有"机密"或者"绝密"字样的文件在一般意义上并没有什么保守秘密的价值。[40] 所以我们会发现一些政府文件和公共舆论自相矛盾。《纽约时报》的报道，标题是《FBI认定六人为间谍》，但是副国务卿格鲁在陈述案情的时候仅仅说"机密文件被未授权的人掌握"。如果是外国势力窃取了政府文件，那就是所谓"间谍"；如果仅仅是一些报纸的记者通过政府机构获得了相关文件，其实符合美国新闻界约定俗成的习惯。

所以，在新闻界引起争论的是关于机密文件和新闻自由的讨论：一是国务院只是反对舆论引起的对它的政策的批评，二是对于"秘密"文件可否公开的裁决和判定是随意的、没有标准的。记者们认为，与他们有业务往来的官员会认为和记者的交往有危险，而且记者也难以获得工作所需的信息和情报。在他们看来，六人被捕案的真实意图可能是：恐吓那些与国务院意见相左的官员，使他们保持沉默，并且敲打那些针对国务院发表批评文章的媒体和记者们。

案件的合法性被质疑，这让联邦调查局的胡佛局长很烦恼，就连坚定反对共产党的新闻机构都支持新闻自由以及政府向记者透露消息这一历史悠久的传统。素来态度温和的《纽约先驱论坛报》刊登一篇社论，说："要和苏俄和平、友好地生活在同一个世界，当下抓捕共产党人的活动令人心神不宁、风声鹤唳。"[41] 胡佛会见了斯克里普斯 - 霍华德报业总经理李·伍兹（Lee Woods），以个人名义向他作出保证。几十年后，联邦调查局解密了一份备忘录，其上显示："胡佛局长其实给伍兹看了该案的一些物证，并告诉他此案是'严密封锁的'。"[42] 会谈结束后，伍兹写了一篇社论，刊载在斯克里普斯 - 霍华德报业旗下全国各地的报纸上："只是因为三名被告参与杂志出版、文章撰写，同国务院的政治观点唱反调，指控的批评者们就大呼'新闻自由'，这是不是有点言过其实？政府实施抓捕时，指控几名嫌疑人出卖军事机密，这是很恰当的。如果将来审判时拿出证据支持这一指控，那么，关于'新闻自由'的辩护便完全站不住脚。"[43]

针对六人被捕案引起新闻界恐慌，助理国务卿霍尔姆斯（Julius C. Holmes）发表了如下声明：案件并不意味着政府部门对于新闻出版业的信息公开将会有任何变动。鉴于以往对于新闻出版行业的政策，此次事件并不会为新闻出版自由带来多大影响。国务卿格鲁也强调，六人被捕是基于触犯法律和不忠诚的行为，是针对重要机密信息被未授权的人使用的情况。但引人遐想的是，被捕的几位新闻界人士都曾发表过对国务院政策的批评言论。[44]

事件期间，全国各地的斯克里普斯 - 霍华德报业旗下的报纸都登载了关于史迪威和蒋介石反目的头条。报道说，谢伟思秘访延安是"造成史迪威和蒋介石决裂的原因"。另外，"从国务院及其他政府档案窃取的秘密军警资料以及政策资料，被用来鼓动美国反对蒋介石委员长，支持中国共产党"[45]。有经验的中国问题观察员看得出来，这些莫须有的指控反映了国民党的舆论宣传。不久，源自国民党中央通讯社的报道出现在世界各地的报纸上。如谢伟思所说，这些报道称他为"日本间谍"。[46]

从案件来看政府政策走向的不只这一篇报道。比如《六人被捕案背后》一文指出：依据间谍法被控制的六人，他们的行为并不涉及间谍罪名。为什么认定保密文件很难？因为无论是新闻出版业还是国会人员，都认为信息保密越来越成为一句笑谈。所有机构都利用保密文件的借口，尤其是军事机密，把自身部门的信息封锁起来以免引起不必要的舆论危机。这些文件大多数是无关紧要的。没有明确的标准认定哪些文件属于"机密"，哪些属于"绝密"或者"最高机密"。有时候同样一份文件在这个部门是机密，在另外一个部门就可以公开。除了审查委员会之外，没有一个部门可以决定文件的秘密级别。审查委员会通过含有秘密信息文章的审核本身就说明这些信息属于公众，没有触犯保密条例。这种保密规则带来的结果是，很多工作敬业和观点独立的媒体人往往跟踪和掌握大量重要信息。他们想要的并不是军事机密，他们披露的是他们认为重要的政治事实。他们如何获取这些材料？这就涉及另外一个讳莫如深的事情。对公众释放消息的尺度在政府内部是一件见仁见智的事情。有的人乐于同那些有相关经历和独特眼光的记者、作家、评论家分享一些机密信息。报纸上经常会有一些引人入胜的内容，虽然属于内部信息，但是没有任何部门追究任何人的责任。所以，对于涉及法律问题的是非判断，最终还是要回归法理，而不是舆论声势。另外一方面，当时的美国政府在实际上正陷于对远东政策的矛盾中。有一个明显的趋势是，对日本缓和，对中国重新评估。有些官员认为美国应该支持蒋介石打压共产党。一个普遍的现象是，凡是到过中国的美国政府部门的人员，大部分对国民党颇有微词，对共产党评价很高。所以，这次的逮捕行动的"敲打"目的是有效的。[47]

在一篇题为《六人被捕案使国务院亚洲政策亮红灯》的文章中，作者认为所谓"六人被捕案"将公众视线引向国务院内部的深层矛盾。案件的一个事实是被逮捕的国务院人员都是对现行的美国政策持不同意见的人。[48]

到了 1945 年 6 月中旬，全国各地的报刊开始批评这次抓捕行动。斯克里普斯 - 霍华德报业的一个记者提醒联邦调查局，他们办的这个案子已经变成了一场公关灾难。《柯利尔氏》(Collier's) 杂志更是大张旗鼓，发表了马克·盖恩的文章，批评美国对日政策和前驻日大使约瑟夫·格鲁。该杂志标榜说，这篇文章参考了从秘密政府渠道获得的秘密信息。纽约报业协会（New York Newspaper Guild）谴责这次抓捕，认为这是在有意堵塞源头，不让从政府获取信息；而从政府获得消息对于负责任的新闻传播活动和理智的公共政策研讨而言是极为重要的。一项全国性调查显示，67% 报纸编辑认为 "《美亚》事件" 与宪法第一修正案是相抵触的，还说政府的文件分类体系"死板、不合理"。[49]

　　在他们看来，贾菲的行为和其他许多有良心的记者所做的事情相比，并没有很大的偏离。他们认为，对贾菲采取措施，是因为他批判了政府的亚洲政策，而国务院对这种批判抱有不安。[50] 对于格鲁在刚执行逮捕后所作的前述发言，报纸的态度也是批判性的，特别是谢伟思等三人的不起诉被确定以后，对联邦调查局局长胡佛以及格鲁、霍尔姆斯等政府内反共派的抨击更加强烈。

　　在这种状况下，战事刚结束后的 8 月 17 日，格鲁辞职，霍尔姆斯和杜曼亦退任。8 月 25 日，艾奇逊（Dean Gooderham Acheson）任副国务卿。很难判断 "《美亚》事件" 对这一人事更替有多大影响。格鲁自称，他的辞职是因为年龄关系，与《美亚》事件"无关。但无可否认的是，国务院内外对"对日绥靖派"

格鲁的批判之高涨，促使格鲁加强了引退的决心，而如同前面已经看到的，这一批判当中，是包含着针对他关于"《美亚》事件"的发言的责难的。不管怎样说，格鲁的退任一般被看成国务院内保守派的退潮。在此过程中，不乏一些报纸杂志刊登小道消息，期望引起"红色恐慌"。有的报道声称嫌疑人已经准备离境，而相关情报文件已经被转移。[51] 还有报道认为嫌疑人依然掌握着获取秘密情报的特殊渠道。[52]

不管是肯定对六人逮捕的一方，还是否定它的一方，都在事件的处理经过中嗅到一种政治气味。一方人士认为，同其他新闻界人士获取资料的做法相比，贾菲等人的行为并未超出多少界限，但却被煞有介事地当作重大的间谍事件，遭到大规模的搜查与逮捕；这种做法使人怀疑，是否是为了压制对政府的亚洲政策持批判态度的《美亚》杂志，抑或是出于对《美亚》杂志的某种偏见。另一方的人则认为，如此重大的泄密事件，以如此轻微的处分收场，使人怀疑是不是因为司法当局或政府受到了某种政治压力。这样，事件结审以后，围绕事件的政治反响反而更加扩大。尤其是随着"冷战"的加剧，出现了更多关于苏联间谍的讨论。

比如，有报道提到在美苏同是反法西斯联盟成员的时候，很多海军人员在明知道是共产主义分子的情况下依然被任命。比如"《美亚》事件"中的罗斯。贾菲在服罪之后被处以 2500 美元的罚款。据说贾菲获得了国务院第 58 号文件，是美国在中国的情报机构发出的关于反对蒋介石的报告。政府调查人员还获知，贾菲把文件交给了中国共产党在旧金山会议时的代表和美国共产党领袖白劳德。[53] 政府和海军部门对秘密文件管理的松懈导致情报出现在亲共杂志上，引起了白宫司法委员会的怀疑，于是司法部门重新启动了对"《美亚》事件"的听证。听证的目的是想知道，司法部审理案件的过程和结果是出于自愿，而非受到苏联方面的胁迫。[54]

谢伟思由于从国务院和海军部门传递秘密情报给亲共杂志《美亚》而被逮捕。当时，连同谢伟思在内的三名嫌疑人被无罪释放，现在白宫司法委员会怀疑当时司法部判决的正当性。司法部重启对"《美亚》事件"的审理之后，1945 年 12 月 5 日，外交关系委员会（Foreign Relations Committee）传唤赫尔利出庭作证。赫尔利抓住这次机会证明，政府内部的苏联同情者在怂恿美国对中国共产党进行军事支援一事上"功不可没"。赫尔利认为他 1945 年辞职的直接原因就是国务院内部远东事务方面的左倾分子决心要对中国共产党的军事力量进行武装和训练。这次调查还显示，随着赫尔利的辞职，远东事务方面的左倾日益严重，很多美国军事机构暗地受命为内蒙古和张家口一带的中国共产党机构培训现代战争的策略和新式武器的使用。这种情形得到了前飞虎队成员陈纳德（Claire Lee Chennault）的证实。赫尔利把自己的辞职归咎于艾奇逊在 1945 年 2 月的一个想法：把中国共产党的武装力量打造成一支胜利之师。赫尔利对记者说，艾奇逊的目的就是要让中国共产党取代蒋介石。赫尔利怀疑，谢伟思就是艾奇逊在国务院幕后团队中重要的一员。[55]

赫尔利在接受调查时的言论带有明显的情绪。他作为第一证人，充满激情地重申了他之前的陈述，并声称美国国务院里"共产主义支持者和帝国主义支持者"各成一派，通过鼓吹武装中国共产党，并向媒体"泄露"重要信息，破坏了美国在中国的政策。他指控艾奇逊、谢伟思、范宣德、戴维斯、弗里曼（Fulton Freeman，美国前任驻重庆大使馆三秘）、埃默森（John K. Emmerson，此前在重庆的美国大使馆，然后又被分配到麦克阿瑟将军政治顾问的办公室）以及亚瑟·林沃尔特（Arthur Ringwalt，前任驻重庆大使馆二秘）。他还说，他早前就呼吁美国政府发表强有力的公开声明，以便让每个人都知道美国政府的对华政策；他仍然相信这样一个非常明智的做法。在这一点上，他与委员会主席汤姆·康纳利（Tom Connally）及其他许多人都发生了激烈的争论；赫尔利为了这个问题争得面红耳赤，不断地向参议员咆哮。为了让自己的证词更加有说服力，赫尔利还向美国外交关系委员会提交了十三份文件的目录材料，他声称这些在当时是机密的材料，可以证明他对美国国务院的指控。[56] 这些文件中，有赫尔利自己的一些报道，以及艾奇逊、戴维斯和谢伟思的一些报道，其中许多包含了美军观察组对中国情况的评论。文件中确实指出了美军观察组和大使馆之间的分歧。美国国务院授权委员会查看了这些文件，但拒绝将文件公之于众。其中的原因是显而易见的，这些文件会使得马歇尔在中国的调停变得非常尴尬。

虽然赫尔利从未真正加入麦卡锡的阵营，他也"不认为我们应该与任何反对共产主义的人作战"，而且从严格意义上看，他对当时一些参议员的行为是非常不认可的。但是他将自己置于民族主义的大潮之中，通过支持共和党的右派，以及他在 1946 年、1948 年和 1952 年的政治运动中发表的言论，至少间接地帮助了麦卡锡主义。[57]

对案件的审理、宣判和反响的研究，既是对涉及"《美亚》事件"的美国法律体系和司法程序的交代，更重要的是从案件的发展脉络和舆论反响中梳理"《美亚》事件"性质的变化。在案件的审理过程中，谢伟思被确定为头号嫌疑人。谢伟思和朋友们请了能量巨大的谋士和律师暗箱操作，反而起了反作用。这种背地里的行为让联邦调查局怀疑谢伟思是否真的清白。再加上联邦调查局在清点谢伟思借给贾菲的报告时，无论是文件的数量还是内容、递交的过程，都与谢伟思本人的供述有很大的出入。也就是说，谢伟思涉嫌故意隐瞒。这些文件包括美国情报机构、人员和地点的代码名称，从延安发回的战时考察报告，研究美国共产主义政治协会（American Communist Political Association）的备忘录。

司法部对案件的审理和宣判是非常清晰明了的。案件经由刑事司提交到大陪审团之后，大陪审团投票决定是否对贾菲、拉森和罗斯进行起诉。他们主要被控告在没有得到许可的情况下盗窃和拿走了官方文件。大陪审团在听了谢伟思、盖恩和米切尔自己的证词、政府的证词和有关他们的证据后，拒绝对他们三人起诉。在听取了证词之后，许多投票赞成不予起诉的陪审员认为，被告所采取的活动方式，基本上是由管理、归档、控制和发布官方文件的办法不严格引起的。他们还认为，除了这些被告外，许多其他新闻记者和作家也有为了了解背景而取得机密材料的机会，补救的方法在于各部和各机构内部，而不在于检察机关。谢伟思等三人被无罪释放。拉森和贾菲分别被处以 500 美元和 2500 美元的罚款。罗斯由于其特殊的服役身份免于起诉。

案件之所以草草收场，是因为调查证据是通过事先违反宪法的查抄而获得的，这样得到的证据不能用于法庭。如前所述，正式宣布对贾菲、拉森和罗斯起诉，主要是指控他们在未获许可的情况下共谋盗窃和拿走官方文件。政府放弃了那个可疑的前提，即文件的相当一部分与国防有关，就是因为证据不足。在这类案件中，重要的是政府的证据要清楚和令人信服。输掉这样一场诉讼不仅对检察机关不利，而且会影响公众舆论对这种性质的案件的看法，换句话说，大家将倾向于低估这一类案件以及有关于间谍阴谋的严重性。与"《美亚》事件"相关的一个事实是：在美国历史上，司法部在以共产党活动为其特征的诉讼中，除了"《美亚》事件"外，其他的未再输过。

在事件发生之时，舆论关于案件合法性讨论和新闻自由的讨论，尚在理性的范围之内。大家的关注点是被查抄的《美亚》杂志和被逮捕的嫌疑人都是和政府内部一些人士持不同政见的人，政府这种行为是否只是反对批评舆论和表达对信息泄露的不满，这就使事件的合法性受到质疑。此外，媒体普遍认为对于"秘密"文件可否公开的裁决和判定是随意的，没有标准的。政府如果不能拿出可信的证据证明当事人的间谍行为，那么就涉嫌妨碍新闻自由。

/ 事件发酵：抗战结束前后的三国四方

对于中国共产党来说，由于"《美亚》事件"发生时间和当事人的特殊性，从事件中认识到美国对华政策的两条线路，是中国共产党放弃对美幻想的关键一步。1945 年 2 月 4 日至 11 日，苏、美、英三国首脑召开了雅尔塔会议，讨论确定了欧洲战事结束后在远东共同打败日本的问题。毛泽东对此十分关注，一再要周恩来"探明苏联对远东战争及对中国政治的态度"。但从公开报道中，中共中央还是注意到，战后国际政治格局和政治形势已得到更进一步的确定，这就是：（1）英、美、苏三大国间虽有过并仍将有某些重要争执，但团结始终是统治一切的，这将保证战后的持久和平；（2）三大国在解放欧洲之后，将立即增强解放亚洲的可能性，而太平洋问题，没有苏联参加，也绝不会得到彻底解决；（3）三大国在欧洲不仅要彻底胜利，消灭法西斯主义最后残余，而且要保证所有解放区都能实现民主制度，这一决定将来可以运用于亚洲和中国（原文如此——引者注）。[58]

注意到苏、美、英三国之间的矛盾，对于中国共产党是十分重要的。随着欧洲战事的不断胜利，在苏联周边国家中出现了越来越多的共产党的政权组织，这使得中共中央更加确信苏联不会不支持中国革命。因此，它再度开始重视国际社会中意识形态和社会制度间的区别，重新开始日益加强其外交斗争策略中的阶级观念了。

3 月下旬，毛泽东在中共六届七中全会上向党的高级干部明确说明了在外交政策上这种区别的意义。他明确指出："对外国主要联合苏联，对英、美及其他反法西斯的各国以联合为主，但也有警戒的暗示，希望他们尊重中国人民的意见。"他还指出，党外许多人主张我党改名，"但改了一定不好，把自己的形象搞坏了，所以报告中索性强调一下共产主义的无限美妙"。因为形势已经今非昔比了，现在许多人，包括国民党将领都能看出来，"天下是我们的"。因此，"我们要准备迎接胜利"。"在我们有一百五十万军队、一亿五千万人民时，在蒋介石的力量更加缩小，削弱，无联合可能时"，就要"以我们为中心"来建立联合政府了。"这是中国政治发展的基本趋势和规律，我们要建设的国家就是这样一个国家。"[59]

4 月初，赫尔利在华盛顿公开指责中国共产党是中国统一的障碍，美国政府对华政策更加明朗化。几乎与此同时，苏联政府正式宣布废除《苏日中立条约》，中共中央自然更加坚定了靠近苏联的立场。在这时举行的中国共产党第七次全国代表大会上，毛泽东公开作了《论联合政府》的报告，但他所论述的"联合政府"实际上已经指向了他在《新民主主义论》中所提出的那个由共产党领导的新民主主义的"联合政府"了。因此，毛泽东提出，中国共产党与美国的关系将要完结，大骂的阶段恐怕快到了，美国不到山穷水尽，决不会和我们合作。它目前只是害怕苏联参战助我而不愿放弃对我关系，并企图借此侦察我之对外关系。他进而开始重新依据斯大林的理论对世界政治的矛盾进行具体区分，并且提出警告说："中国将要成为美国的半殖民地，这是一个新的变化，高级干部要注意研究美国的情况，要准备吃亏。"[60]

4月18日，毛泽东批转晋察冀分局电。该电提出："苏联废除苏日中立条约，表示苏联将要参加远东战争，估计苏日战争爆发时期不远，远东问题将发生大的变化，今后我们的任务在配合苏、英、美三大盟国……作战中，主要是配合苏联。必须使干部了解，英、美虽然在抗日中帮助了中国，但其政策目前还是偏重扶蒋。除中国外，只有苏联才是最先抗日和中国人民最先的主要支援。"[61]

几乎同时，中共中央开始改变对美政策，通知各地对美方人员加强防范，并决定立即开始准备应对内战。中共中央断言"蒋的内战方针是确定了的，除非我有力量胜过他，才能制止之"，并且决定"除扩大武装，扩大解放区，并派兵建立华南战略根据地外，在大后方，应着重农村武装斗争之积极准备及国民党军队中的工作"[62]。

6月17日，《解放日报》以《美国〈美亚杂志〉编辑等六人横遭美国当局逮捕——美亚杂志曾站在美国人民立场，批评美国反动派的错误对华政策》为题报道美联邦调查局以所谓"窥探机密文件"，并取"国务院、陆军部、海军部及战略参谋处、战时情报局的极秘密文件"罪名，将贾菲诸人逮捕，分别在纽约、华盛顿审讯。据报道，此六人被捕之第一日，美国副国务卿格鲁发表声明称："昨夜逮捕六人之事，为一精密的安全计划的成果，我们将继续无情执行此计划，以便完全制止将机密消息非法背地透露给未经认可的人物。"格鲁副国务卿所说的所谓"非法背叛"，实际是指《美亚》杂志在本年3月、4月两个月中，连续四期所刊登的几篇探讨中国政治现状，站在美国人民立场上，批评美国反动派所执行的错误的对华政策的文章。据说，这些文章的某些关于中国的材料，是"极机密"的，因此，将上述六人加以逮捕。在美国国内像《美亚》杂志这类探讨中国问题的文章，在最近几年中不下百数十篇，最著名的如常在"外交政策报告"上撰文的罗森格，即其一例。这种借口泄露秘密而逮捕同情中国人民抗战民主事业的人士，在美国说来，也是此次战争中第一次，而又恰恰发生于美驻华大使赫尔利4月2日在华盛顿发表的关于美国对华政策的声明之后，应深刻注意。[63]

6月25日，《解放日报》刊发了时评《从六人被捕案看美国对华政策的两条路线》。关于六人被捕案的内幕，时评引用了美国报纸的一篇报道："政府在我国（指美国）远东政策上正处在激烈的幕后争论之中。现在有着倾向于绥靖主义并对中国采取强烈的新政策的趋势。有些官吏认为我们应该帮蒋介石摧毁中国共产党。……现在这六位被捕者每一位都曾对国务院统治人物（以副国务卿格鲁为象征）作了许多批评，其中有三位曾计划出版著作批评国务院和国民党。"接下来，时评一针见血地指出："这就是说，六人被捕的真正原因，不在于什么泄露'秘密'，而在于这六位友华人士曾剧烈反对国务院里面部分统治人物支持中国反动派的政策。"

时评认为："六人被捕案，无疑不是偶然的，而是和美国对华政策有密切关系的事件。"回溯几年来美国对华政策的演变，"美国人民对于中国人民的英勇抗战，一向抱热烈的同情。太平洋战争爆发以后，中美两国并肩对日作战。美国政府更采取积极援助我国，促进中国民主团结，以便有效地打击日寇的方针。一九四四年三月间美故总统罗斯福在孙中山先生逝世纪念日演讲中曾这样说：'孙中山先生所坚决奋斗的诸大目标，就是保持主权，建立代表人民以及改善人民的经济生活。这些目标是中国各地人民共同一致的信念，也是决心抵抗日本暴徒的原动力。'早在一九四二年十月十二日美副国务卿威尔斯在一件备忘录中回答美共领袖白劳德指摘某些官吏执行着'用战争以反对中国共产党'的时候，他宣称'本政府不曾有过这种政策，不管新的或是旧的'。美国政府促进中国内部民主团结的方针，还表现于它在中国的代表人物的具体行为。据美国各报章杂志所载：'史迪威与高思所设法做到的，便是使委员长和共产党合作'（皮尔生语），美前副总统华莱士也'间接地参加了一手'，并'和言辞锋利的"酸醋约瑟"（史迪威将军的绰号）基本上的意见是一致的'（皮尔生语）。史迪威将军还力图'监督租借法案供应品'，'保证这些器械不是被中央用来反对共产党'（《纽约时报》），并要求国民党政府'取消对游击区的封锁，允许美国供给游击队以最低限度的装备'（《美亚》杂志）。"

时评还认为："中国反动派和美国内部绥靖主义分子的协力活动，使近来美国对华政策发生了某些变化。根据《纽约时报》记者爱金生的评论，去年十月史迪威将军'被一个曾经对他横加阻碍的政治制度赶出了中国’以后，‘美国默认在精神上与事实上都是反民主的、而又不是中国人民的代表这样一个制度’。事态的发展，说明爱金生这一判断，不是没有根据的。四月二日美国驻华大使赫尔利在美京国务院记者招待会上的谈话，粉饰国民党统治的反动面目，称之为‘并无法西斯野心’，‘正在为了他的国家走向民主政府’；他把阻碍中国统一战线的原因，归之于‘有武力之政党’，就是说，归之于中国解放区、八路军、新四军的存在；他抛开中国政治上的民主团结，而谈中国的‘军事上的统一’。正因为这样，中国国民党反动派更感觉到有恃无恐，增强了坚持独裁、摧残民主、准备内战的决心；本月六日国民党政府军政部长陈诚公开声明将以盟国租借武器进行内战，即是一个例证。”

最后，对于六人被捕案的本质，时评认为：

正是美国对华政策两条不同路线剧烈争论的表面化，一条路线承认中国人民的伟大民主力量和这个力量的中坚——中国解放区、八路军和新四军，因而主张和这个力量合作，反对中国反动派利用美国的援助来打内战，愿意以美国的影响促进中国的民主团结，以便加速抗日战争的胜利，增进中美两大国家在反法西斯事业中的真正友谊。拥护这条路线的，有富有民主传统的美国广大人民，美国朝野具有远见的民主人士。与此相反的，是另外一条路线，这条路线不承认中国人民的伟大力量，而只承认“反民主的而又不是中国人民的代表的"国民党政府及……蒋介石，认为"他就是中国"（美议员孟斯菲尔语，载于孤立主义分子鲁斯所办的《时代周刊》上），因而采取支持中国反动势力的方针，实际上助长了中国的内战危机，妨碍了对日抗战的共同事业。主张这条路线者，有美国的反动势力——绥靖主义者和孤立主义者，赫尔利之流，是其代表者。他们……在美国政府里面也占了一些重要位置，因而他们的阴谋活动能够影响美国政府的政策。

今后美国政府的对华政策，究竟将要怎样呢？支持独夫蒋介石反对中国人民呢？还是赞助中国人民，获得解放呢？我们希望美国政府加以慎重的考虑，美国必须弄清楚这样一个问题：中国究竟是什么人的？我们可以肯定地告诉美国人，中国是属于中国人民的，而不是属于少数独裁者的。中国人民争取独立、自由、民主、统一和富强的伟大运动，是世界上任何力量所阻遏不住的。美国人民对于中国抗战的援助，是值得感谢的。我们中国人民欢迎美国人民给我们以更有效的援助，我们准备和美国及其他同盟国一致努力，配合作战，来完成击败日寇和重建远东和平的伟业。但是我们愿意重复毛泽东同志在《论联合政府》一书中的警句，希望美国政府"对于中国最广大人民的呼声加以严重的注意，不使他自己的外交政策违反中国人民的意志，因而损害或失去中国人民的友谊。我们认为任何外国政府，如果援助中国反动分子进行反对中国人民的民主事业，那就将要犯下绝大的错误。"我们一不反对美国人民，二也不反对美国政府中一切愿意赞助中国人民事业的朋友，但是我们坚决反对美国的帝国主义者——赫尔利之流，因为这些老爷的目的，和中国的独夫民贼的目的完全一致，要在中国人民身上喝取鲜血。这些帝国主义者如不早日缩手，敢于向中国人民头上动一个指头，那他们就将从中国人民获得其应有的教训。[64]

综上，中共中央对六人被捕事件有以下判断。

第一，六人被逮捕的真正原因并非泄露秘密，而是这些民主人士反对国务院的统治人物所执行的支持中国反动派的政策。这一事件同美国的对华政策有密切关系。

第二，太平洋战争爆发后，美国政府采取的方针，是积极援助中国，促进中国的民主团结，有效地打击日本侵略者。这一方针体现在史迪威和高思等人的具体行动上。但对于中国反动派与美国内部绥靖主义分子的勾结，最近美国的对华政策产生了一些变化（赫尔利4月2日华盛顿谈话）。其路线是只承认反民主的蒋介石，支持中国反动派，助长中国的内战危机。美的反动势力——绥靖主义与孤立主义者是这条路线的主张者，赫尔利一类人是其代表。

第三，这一事件是美国对华政策中两条不同路线激烈斗争的表面化。反动派不仅拥有反动的新闻机构，在美国政府内部也占据着重要地位，因此他们的阴谋活动能够影响美国政府。

第四，我们并不反对美国人民，也不反对美国内一切愿意赞助中国人民事业的朋友，但坚决反对赫尔利一类的帝国主义者。

这里值得注意的是，上述论述是基于这样一种判断，即不仅是赫尔利大使个人，即使在美国政府中反动派也占据着重要的地位，影响着美国政府的对外政策；目前两条路线正围绕对华政策展开激烈的斗争，"《美亚》事件"是反动派对民主派的攻击。对于中国共产党来说，这一事件意味着事态正在进入重大阶段。中国共产党意识到，它正面临着一个直接关系着中国是否爆发内战的问题。也就是说，反动派是否在美国政府内得胜，涉及美国的对华政策是否改变，蒋介石的内战政策是否会继续得到美国的支持。中国共产党已经到了不能忽视这个问题的阶段。其后，从7月起批判赫尔利政策的文章接连刊发。不过，如同上述时评所表现的，此时中国共产党依然把美国人民及美国政府内的"朋友"同赫尔利派予以明确区别，集中于批判赫尔利政策的反动性和危险性。

中国共产党对"《美亚》事件"作出敏感反应有充分的理由。首先是因为《美亚》杂志是主张中国民主化的进步杂志，《解放日报》经常转载它的文章。其次是因为谢伟思被卷入了这一事件。如前所述，谢伟思从1943年8月以后常驻重庆的史迪威总司令部，1944年夏作为军事观察组成员访问过延安。而且，他很早就主张改革国民政府、援助中国共产党和缔结国共协定等，对赫尔利的政策持批判态度。1945年2月，重庆美国大使馆参赞艾切森（George Atcheson）建议本国政府改变中国政策，因而激怒了赫尔利，被赫尔利认为不称心的外交官随之几乎都被召回本国，正在延安的谢伟思也于 4 月被召回，调返本国。谢伟思在重庆的时候会见过周恩来等人，到延安后又同以毛泽东为首的许多中国共产党领导人会谈过。中国共产党方面对谢伟思有好评。据当时一起在延安的观察组成员有吉幸治说，中国共产党在听到谢伟思受命回国时，曾期待美国政府是为了重新考虑中国政策而召回谢伟思。[65] 但同这种希望相反，当中国共产党弄清谢伟思是应赫尔利的要求而回国之时，也许把它视为一种危险的预兆。正因如此，当谢伟思被逮捕后，中国共产党把此事看成反动派阴谋也就不足为奇了。

当然，最根本的是，此时国共两党的力量对比已经发生根本性的变化。1944 年 12 月 25 日，中共中央根据毛泽东的意见向全党发出了一个雄心勃勃的指示："国共力量已经发生根本性的改变，现在两党力量已成平衡之势"，"正在走向共强国弱的地位，我党现在已确实成了抗日救国的决定因素"。"如果在数年之后，我们能达到一百万至一百五十万有纪律有训练的军队，而又有充足的粮食及日用品供养这个军队……而不感到勉强与竭蹶，中国的命运就可由我们掌握了。"[66] 所以，中国共产党在面对美国的政策转向时有信心与国民党正面对峙。

从《美国〈美亚杂志〉编辑等六人横遭美国当局逮捕》一文开始，中国共产党接连发声，批评美国现时的外交政策。《解放日报》先后于 1945 年 7 月 11 日、13 日、20 日发表了《评蒋介石参政会演说——赫尔利蒋介石的双簧似将破产》《赫尔利政策的危险》和《再评赫尔利政策》的时评，其中前两篇由毛泽东亲自撰写。文章再次批评了赫尔利4月在华盛顿的讲话，并认为蒋介石之所以在第四届国民参政会上敢说中共必须先将军队交给他，然后他才赏赐中共以"合法地位"，正是赫尔利在背后撑腰起了决定的作用。而赫尔利、蒋介石的行为，"不管他们怎样吹得像煞有介事，总之是要牺牲中国人民的利益，进一步破坏中国人民的团结，安放下中国大规模内战的地雷，从而也破坏美国人民及其他同盟国人民的反法西斯战争和战后和平共处的共同利益"[67]。时评还认为，"以美国驻华大使赫尔利为代表的美国对华政策，越来越明显地造成了中国内战的危机"。"一九四四年十一月，赫尔利以罗斯福私人代表的资格来到延安的时候，他曾经赞同中共方面提出的废止国民党一党专政、成立民主的联合政府的计划。但是他后来变卦了，赫尔利背叛了他在延安所说的话。这样一种变卦，露骨地表现于四月二日赫尔利在华盛顿所发表的声明。"

毛泽东进一步认为，"美国只同蒋介石合作，不同中共合作"这种观点"不只是赫尔利个人的意见，而是美国政府中的一群人的意见"。"这个以赫尔利为代表的美国对华政策的危险性，就在于它助长了国民党政府的反动，增大了中国内战的危机。假如赫尔利政策继续下去，美国政府便将陷在中国反动派的又臭又深的粪坑里拔不出脚来，把它自己放在已经觉醒和正在继续觉醒的几万万中国人民的敌对方面，在目前，妨碍抗日战争，在将来，妨碍世界和平。"[68]更进一步说，赫尔利等人对于中国的政策，"是要把中国放在美国的'领导权'之下"[69]。

事件发生的时间点牵动了蒋介石对于中美关系的敏感神经。"《美亚》事件"发生的时间，恰逢赫尔利调停国共关系和反法西斯战争胜利的前夕。蒋介石在1945年元旦的日记中谈及的外交策略，主要是在"亲苏俄，联英美"和"自主自立"的基础上防止美国对东亚采取"绥靖"政策不管不问，防止苏联和中国共产党结盟孤立国民政府，用国际形象和政治力量制服中国共产党。他所制定的外交方针是"一、边疆与俄合作；二、内地与美合作；三、对俄重政治（中共关系）；四、对美重经济；五、军事重自主，不偏不倚"。预防要领则是"第一步离间中美之策略，第二步断绝中美合作关系，第三步中国投入俄怀抱，第四步怂恿中共叛变制我死命，第五步赤化中国统治东亚，第六步驱逐英美发动第三次世界大战"。从以上各点可以看出，虽然蒋介石对美国有诸多不满和猜忌，如要防止美国在东亚实行孤立主义政策，减少或者中断对抗日战争的支援和对国民党的支持；对中美关系没有信心，要时刻警惕苏联离间中美关系，导致中美合作中断；甚至为矛盾冲突进一步升级爆发新的世界大战而忧虑。但是"联英美"的总方针没有变，也没有条件改变。所以蒋介石在收笔时感慨："今日国际交涉无所谓公理与情感，只有实力与利害关系，更无是非可言。……在国际只有运用其矛盾与冲突，一面争取时间以待有利之时机，求得独立与解放而已。"[70]

　　赫尔利出任美国驻华大使之后，蒋介石对美国的戒心有所放松。对于一些国内国际政治问题，他经常与赫尔利商谈，赫尔利也适时送上鼓励和奉承。赫尔利对待蒋介石的态度与史迪威截然不同，虽然他没有采取"强迫"中国共产党和蒋介石达成协议的手段，但是他一直坚信自己的正确性并幻想美国能"强迫"中国共产党对蒋介石妥协。[71] 1945 年 1 月，美国撤回史迪威的得力助手窦恩（Frank Dorn）。蒋介石认为这是美国善意的表现："美军已自动撤除窦恩，此人为史迪威手下第一骄横侮华之人，美援华之诚意又进一步。"[72] 所以，蒋介石认为此时是离间中国共产党和美国关系的机会，"如何使美国了解其阴险，为第一要务"[73]。蒋介石在 1945 年认为开年最令他宽慰的事情就是"美国对我之表示其政策似已完全改变"，美国从史迪威的恶劣态度转变为援助的诚意，赫尔利和魏德迈（Albert Coady Wedemeyer）也表示拥护国民政府统一，绝对不会援助中国共产党及其他各民主党派和军阀。虽然对美国是否有独占中国的野心还难以断定，不过蒋介石认为美国的立国精神与英国、苏联不同，"不以侵略统制为主义"，所以"不足为惧"。[74]

可以看出，蒋介石对这一段时期与美国的合作充满期待。但是美国同情中国共产党的记者和外交官们对中国共产党的赞赏，使得蒋介石在考虑与中国共产党的交涉问题时也常常顾虑美国的看法。蒋介石曾有意让赫尔利带宋子文等人赴延安交涉以表和谈诚意。他预先假设了如下几种情况：第一，中共骄横拒绝，那么责任在中共，美国可以认清中共并与之绝交；第二，中共乘此机会合作，但是暗地里破坏和谈，美国也能由此知道中共的实际用心；第三，此时对中共的方针是"迁就容忍"，使美国对中国嫌恶为主要目的。[75] 蒋介石认为派宋子文赴延安交涉，一来可以打探虚实灵活变通，了解中共对苏联和美国的真实态度；二来即使交涉失败，因为国民党已经表现出极大的诚意，失败原因当然要全部归咎于中共。中国共产党最终没有同意宋子文和赫尔利于 1945 年 1 月出访延安的要求，而蒋介石也对"中共与美国就此其盖疏偏"增强了信心。[76]

在与美国打交道的过程中，由于在战争中还不断排挤、打压中国共产党，加之内部国弱民贫，蒋介石在对外关系中并不能独立自主。蒋介石在日记中写道：

> 美国政府之中国现状报告仍以中国不统一为口实。魏德迈提备忘录要求对中国租借案，物资归其管理支配，不知美国政策仍未改变也，今日心神甚为苦闷。[77]
>
> 中共代表周恩来到渝，要求开国是会议与组织联合政府，而对政府之政务会议及编组共军与指挥系统置之不顾。此来虽应哈雷之请，而其目的全为运用反对党派，此谓民主同盟等联合以倒政府也。[78]
>
> 上午十时到美军总部研究作战计划到十二时，阅及指挥系统色愉而心又苦矣，弱国处境之苦，盖为此矣。下午约见美军由黑海区三国会议回来之待令要点。近来美国军人对余之态度由轻而变为敬畏矣。而此敬畏之中存在疑惧之意，是比轻侮之心更是为虑。[79]

可以看到，出于以往和美国打交道的经验，蒋介石对于美方对国民党态度的揣测和疑虑，已经到了察言观色的地步。他的基本判断是："对美应说：一、内政无论中共能否就范，我政府必尽力建议民主道路前进。二、对俄无论俄国如何协助共党，我政府必不想美国协助我'剿共'排俄，但深信俄国亦绝不敢以武力助共。故对共问题只要美国不为中共声援或袒护，则我必能自了之。"[80]这表明，蒋介石认为只要削弱苏联和美国对中国共产党的影响和帮助，他就能独立解决"对共问题"。

综上，在"对共问题"上，蒋介石十分担心美国会在关键时刻偏袒中国共产党，甚至对中国共产党实行武器和经济上的支持。[81]中国共产党由于对外宣传工作而得到国际社会的同情，同样是蒋介石的心病。"前美国顾问拉铁摩尔表赞共党之著作，可知俄共在美宣传之深入。今日美国反华之宣传复烈，是否为政府之方针乎。彼美不自知其为俄国驱使之政策矣。"[82]拉铁摩尔和斯诺、斯特朗等人都曾在《美亚》杂志上发表过亲共的文章。斯诺的《西行漫记》在西方世界引起巨大震动，罗斯福与斯诺交谈之后也受其影响，多次向中国共产党示好。虽然罗斯福逝世以后蒋介石对美国"畏强欺弱以我中国为牺牲之政策或亦随之消灭"[83]抱有疑问，但是中国共产党在美国舆论上占据的有利位置一直为蒋介石所不快。"《美亚》事件"的发生适时解决了蒋介石的这一难题。

"《美亚》事件"得到了蒋介石的极大关注。1945年6月8日"《美亚》事件"发生后，蒋介石在日记中写道："美政府昨已将勾共排华攻击我政府者六人以泄露机密罪逮捕。其中有旧为驻华使馆之三等秘书谢伟思，此为共最得力之人，而去年史迪威与共勾结，亦为其所主持者也。此六人逮捕以后，美国对华政策乃可渐次明朗，其阻碍亦可逐一扫除，而其对俄政策之坚强亦可从此窥见矣。此实为外交形势转优之关键也。"蒋介石对新任的杜鲁门政府在对待中共强硬的态度上大为赞赏，于是分析"《美亚》事件"是外交形势转优的标志，称之为"转优之关键"。在日记中，蒋介石还收集了各大报纸对于"《美亚》事件"的全面报道，包括美国政府部门对"《美亚》事件"的声明和调查情况，关于当事人的背景介绍，关于"《美亚》事件"的评论文章等。这在其日记中是不多见的，足见蒋介石对此事件的重视，以及对下一步中美关系发展方向的期待。

所以，蒋介石不仅对事件情况进行了解，还追踪了事件被捕者的详细背景，并在剪报的边缘批注"美间谍案官方证据甚充分"。他在1945年6月的一周反省中写道："此次共俄明目联手，作有计划破坏我国整个之阴谋，实为不测之危机。不料美国政府与哈雷所识破，于是全部阴谋为之暴露。而其勾共通俄之美人且为之逮捕受审。此又一逢凶化吉化险为夷之大事也。"蒋介石对于史迪威及其部下谢伟思等人确实心有余悸，以至于后来马歇尔准备再派史迪威到中国时，蒋介石表现出强烈的反对："美马歇尔实有派史迪威为华北美军司令之准备，且已预订。故其致魏德迈电报余坦白交换意见，此事如落实，则余数年来所受苦痛与奋斗全归泡影。国家更增分崩之危机，以其护共阴谋总不能消除也，故昭告以不能再令史在中国战区服务也。"[84]

蒋介石对此事所造成的舆论效果，以及美国政府所表现出的对中共问题的强硬很乐观。再加上 7 月中国共产党扣押了美国的降落伞兵六人，蒋介石认为"其势已与美国不能妥协"[85]。罗斯福政府同情、支持中国共产党，甚至于在诸多驻华官员和记者的报告和报道的影响下向着偏袒中国共产党的方向发展，蒋介石对此一直充满不满和忧虑。对他来说，中国共产党与美国的交恶无疑是重大利好。

在"《美亚》事件"发生的同时，中苏和谈也正在进行。"《美亚》事件"释放的信号，以及国民党和苏联的条约签订，都对国共心态产生了微妙的影响。苏联和美国在对中国问题的关注以及战后问题的整个思考中，一直以自身利益为首要考量。大国外援此时对于国共斗争而言就成为福祸相依的复杂因素。国民党在争取外援的问题上左右逢源，但是误判了中国革命运动在世界政治中的地位和作用，而且疏于处理自身内部结构的根本问题。美国和苏联劝说中国共产党服从国民党政府的统一领导，本质上是美苏以协调对华政策为背景的对中共战后政策的干预。中国共产党在美国摇摆、苏联疑虑的艰难夹缝中正确理解了自力更生和外援的关系，正确处理了中国革命运动与东亚国际格局的关系，抵制了来自国际的压力，根据中国的具体情况形成了处理对外关系的指导原则。

"冷战"的铁幕拉开之后，美国对苏联和共产主义的疑惧剧增，新闻报道开始出现一些非理性的煽动和一些不真实的猜测。"红色分子""内部间谍"这样的字眼开始见诸报端。大家怀疑，如此重大的泄密事件，以如此轻微的处分收场，是不是因为司法当局或政府受到了某种政治压力。司法部重启《美亚》案的审理之后，1945 年 12 月 5 日，外交关系委员会传唤赫尔利出庭作证。赫尔利是作为第一证人接受问询的，这表明案件的性质此时已经发生了彻底的变化。"《美亚》事件"已经深深卷入美国国内关于中国政策的争论，继而又卷入反美意识形态民族主义的大潮，从一个刑事案件转变为政治工具。

/ 结　语

"《美亚》事件"发生几十年后，已经在八卦新闻和严肃研究的所有领域中逐渐淡化。我们在后来的新闻中还是经常可以看到"间谍""亲共""通俄"这样的字眼，并且有时国与国之间会因此而产生摩擦。但是很少能激起像麦卡锡主义那样的恐慌，大多只是用来转移民众的注意力，这样能在政局不明朗或者政府内部有分歧的时候被利用作为靶子。不可否认，"冷战"时期苏联情报人员渗透进美国的一些核心部门是中美关系一度受挫的重要因素之一。就"《美亚》事件"及其嫌疑人而言，其源起和发酵的过程与美苏"冷战"和间谍事件有关，是意识形态对立的根源和表现，但据目前的档案资料来看，事件本身并不涉及间谍人员和情报工作，所以这些被大肆宣扬的里通外国事件都属于莫须有，其政治效用大于实际意义。[86]

当事人虽然由于"《美亚》事件"受到政治迫害和精神摧

残，但随着中美邦交正常化和中国共产党领导的中国国际地位不断提升，关于中国问题的研究成为一些人毕生的事业所在。贾菲于 1975 年出版了《美国共产主义的兴衰》(*The Rise and Fall of American Communism*) 一书，详细记录了美国共产党的内部讨论和备忘。他还写有自传《同行者》(*Odyssey of a Fellow Traveler*)，但还没来得及出版，就于 1980 年在纽约去世。盖恩在"《美亚》事件"之后搬到了加拿大，在 1981 年去世之前一直都是《多伦多星报》(*Toronto Star*) 的资深外交事务记者。拉森在 1944 年加入国务院之前先在国会图书馆工作，又到海军部门担任中国海军情报工作的研究分析员。"《美亚》事件"后，他做了自由撰稿人。麦卡锡主义肆虐的时候，拉森在华盛顿的酒店做收银员和柜台服务员，于 1988 年逝世于久居的华盛顿。[87]

在指控被撤销后，罗斯加入《多伦多星报》担任驻外记者，在二十多个国家走动，最后定居伦敦。20 世纪 50 年代，针对几名作家在作品中对他提出的间谍诽谤，他两次获得英国出版商的巨额赔偿。1953 年，他建立了议会档案，两年后又建立了威斯敏斯特密档，详尽记录议员们外部利益的增长。[88] 2010 年 8 月，罗斯逝世于英国。此时，他已经将自己从一个间谍嫌疑人重塑为在英国国会议员的心目中关于自由观点和商业利益的权威。[89] 事件唯一涉及的女性米切尔，在事件之后彻底淡出公众视野，过起普通人的隐居生活，连采访都不曾接受过。

"《美亚》事件"从个案出发，以更有解释力的视角把中美关系和"冷战"这两个同时发生、互相影响的重大事件结合起来。

从全球层次来看，事件的发展和结果体现了中美关系对全球"冷战"进程和全球"冷战"对中美关系的影响。这种"反应—反反应—再反应"的模式一方面打破了以美国为主的叙述方式，另一方面凸显了当时中美同盟的不对等关系。从双边关系的层次来看，意识形态斗争是除了领土主权和经贸争端之外的另一块阵地，中国共产党早期对此类事件的处理和经验积累，形成了其基本的世界观。中国共产党对全球战略态势和政治格局变动的回应，转化到其对外政策的行动当中。从亚太层次来看，"《美亚》事件"的本质是美国政府内部政策矛盾的表面化。主张对事件进行严肃处理的副国务卿格鲁属于亲日派，美国在亚太事务的深入对地区政局的影响在当时已经初露端倪。随着中国实力的增强和亚太区域一体化进程的加快，东亚问题越来越成为重要关切，并且需要我们重新回顾历史找寻根源。

此外，中国共产党对美政策的发展与国内重大政治变动是同步的。对外政策并不完全是对外部世界变化的反应，很有可能是国内政治运作的结果和国内政治斗争的投射。"《美亚》事件"证实了一项对外政策不是或不完全是，有时甚至都不主要是由于面对的外部事态本身有多严重，而是国内政治将它解读和运作成一件非常严重的事情。回到事件本身，国共两党领导人对事件的评价和判断都有过度解读的倾向，这导致"《美亚》事件"的真相与其被认定的真相已经相去甚远。从当时的话语情境来看，从泄密事件向政治工具的转变，也使其在"冷战"意识形态对抗的大背景下被赋予的意义与其本身的意义相比更为复杂深远。在内政和外交的互联互动下，"冷战"对中国领导人战略思维的影响主要体现在把中国同西方资本主义国家的矛盾和斗争都视为国家生死攸关的，所以在许多问题上展开了极为尖锐的斗争。此外，"冷战"也夸大了一些地区性事件的全球意义，从而使"冷战"双方，包括深受"冷战"影响的中国，在战略思维中产生了多米诺骨牌的效应。

"要谨慎对待事件：不要只考虑短时段，不要相信最吵闹的演员才是最可靠的——还存在着其他比较安静的演员。"在历史的长镜头下看，同一时期发生的历史事件，诸如史迪威事件，从赫尔利到马歇尔的调停失败，联合国制宪会议的召开，中国抗日战争的胜利，等等，都具有特殊的历史地位，以至于"《美亚》事件"在一流的历史学家和研究领域并未得到过多的关注。但这一"冷战"伊始美国历史上第一个间谍大案，也是迄今为止，美国司法部对涉及共产主义活动提起上诉的唯一一个因证据不足而败诉的案例，在根源上导致美国在处理类似问题时采取更加实用的方式。而当美国内部矛盾激化时，政府又可以利用经过反共舆论灌输的美国民众，用意识形态对立的传统来转移视线。这种行为和后果所导致的观念和机制，在随后的麦卡锡主义和中美关系正常化中对"《美亚》事件"不断重提的过程之中得到了应验。独立自主的指导原则对中国共产党的影响是最深远的，它与国民党的外援惯性、美国的亚太策略和苏联主导国际共产主义运动共同构成了一个系统，这几个因素各自的发展及其之间的互动，最终导致了虽然中美意识形态有分歧，但伴随着矛盾和转折，中美关系还能继续前进的历史趋势。

"中美特殊关系"是"充满误解和迷思但亦长期流传的一种观念"[90]。因为它不只关乎冷冰冰的文件和外交政策，还涉及诸多鲜活的个体。这些鲜活的个体共同构成了中美关系历史的图景，在剑拔弩张和波澜壮阔的大背景下氤氲着历史的细节和多样的命运。被称作间谍案件的"《美亚》事件"中，实际上并无间谍存在。从某种意义上说，"《美亚》事件"的角色和情节是被中美关系的发展现实和"冷战"所共同设计和选择的。在此事件中，有一个人物值得另辟章节单独书写，那就是谢伟思。

注释

1. Tydings Report, Report of a subcommittee of the United States Senate Committee on Foreign Relations, 81st Congress, 2nd Session, p.123.

2. Tydings Reports, Report of a subcommittee of the United States Senate Committee on Foreign Relations, 81st Congress, 2nd Session, p.124.

3. Michael Schaller, *The US Crusade in China, 1938–1945*, NewYork, Columbia University Press, 1982.

4. The Amerasia case from 1945 to the present, p.20, Box 1, Folder 5, Philip Jaffe Papers, Special Collection Department, Robert W. Woodruff Library, Emory University.

5. Harvey Klehr and Ronald Radosh, *The Amerasia Spy Case: Prelude to Mc-Carthyism*, Chapel Hill,University of North Carolina Press, 1996, p.32.

6. FBI Files on Amerasia Affair, A UPA Collection from LexisNexis. 2005. 中国国家图书馆（缩微），Reel 1, pp.14−21.

7. FBI Amerasia, memo March 20, 1945. A UPA Collection from LexisNexis. 2005. 中国国家图书馆（缩微），Reel 1.

8. FBI Files on Amerasia Affair, A UPA Collection from Lexis Nexis. 2005. 中国国家图书馆（缩微），Reel 1, p.120.

9. FBI Files on Amerasia Affair, memo Mar 22, 1945. A UPA Collection from Lexis Nexis. 2005. 中国国家图书馆（缩微），Reel 1, p.46. 胡佛认为，通过对苏联秘密情报部门和苏联间谍机构的调查，可以确定贾菲在纽约的《美亚》办公室有间谍行为。为了进一步调查贾菲的间谍行为，并确定其他的间谍机构，胡佛授权对贾菲的办公室进行监听。

10. Harvey Klehr and Ronald Radosh, *The Amerasia Spy Case: Prelude to McCarthyism*, Chapel Hill, University of North Carolina Press, 1996, p.83.

11. FBI Files on Amerasia Affair, A UPA Collection from Lexis Nexis. 2005. 中国国家图书馆（缩微），From Gurnea to Hoover, Mar 22, 1945, Reel 1, p.48.

12. Tydings Reports, Report of a subcommittee of the United States Senate Committee on Foreign Relations, 81st Congress, 2nd Session, p.126.

13. Report of Subcommittee IV of the Committee on the Judiciary, House of Representatives, 79th Cong., 2nd Session, pursuant to H.R., p.430.

14. Tydings Reports, Report of a subcommittee of the United States Senate Committee on Foreign Relations, 81st Congress, 2nd Session, p.127.

15. The Amerasia case from 1945 to the present, p.21, Box 1, Folder 5, Philip Jaffe Papers, Special Collection Department, Robert W. Woodruff Library, Emory University.

16. Tydings Reports, Report of a subcommittee of the United States Senate

Committee on Foreign Relations, 81st Congress, 2nd Session, p.127.

17. 伯恩斯坦生于 1908 年 9 月 30 日，在纽约公立学校上学，并于 1928 年获得耶鲁大学艺术学学士学位。随后他在耶鲁大学研究生院学习罗马语，并在巴黎访学。1935—1938 年，他在欧洲当自由记者。返回美国后，他任职于国际难民组织。从 1943 年 1 月 1 日到 1944 年 6 月，他为《美亚》杂志工作。他从 1940 年到 1943 年的履历是空白的。伯恩斯坦已经被认定为在美国为苏联军事情报机构工作的特工。

18. FBI Files on Amerasia Affair, A UPA Collection from Lexis Nexis. 2005. 中国国家图书馆（缩微），Reel 9, p.173.

19. FBI Files on Amerasia Affair, A UPA Collection from Lexis Nexis. 2005. 中国国家图书馆（缩微），Reel 9, p.174.

20. FBI Files on Amerasia Affair, A UPA Collection from Lexis Nexis. 2005. 中国国家图书馆（缩微），Reel 9, p.178.

21. FBI Files on Amerasia Affair, A UPA Collection from Lexis Nexis. 2005. 中国国家图书馆（缩微），Reel 9, p.181.

22. 《董必武年谱》编辑组编：《董必武年谱》，223 页，北京，中央文献出版社，1991。

23. 因国民党当局阻挠，伍修权未能成行，董必武率陈家康、章汉夫二人赴美。

24. 《董必武年谱》编辑组编：《董必武年谱》，223~227 页，北京，中央文献出版社，1991。

25. 参见杨瑞广：《董必武出席联合国制宪会议始末》，载《党的文献》，2006（2）；[美]邝治中著，杨万译：《纽约唐人街：劳工和政治，1930—1950 年》，151 页，上海，上海译文出版社，1982。

26. 《董必武年谱》编辑组编：《董必武年谱》，226、228 页，北京，中央文献出版社，1991。

27. Report made at New York City, May 2, 1945, FBI File 100-267360-211,

Box 116, Folder 10; Attention: Inspector M.E. Gurnea, May 17, 1945, FBI File 100-267360, Box 117, Folder 4; and report made at Washington, D.C., May 26, 1945, FBI File 100-267360-273, Box 117, Folder 6. All in Jaffe Papers, Special Collection Department, Robert W. Woodruff Library, Emory University, Atlanta, Georgia.

28. Chicago Tribune Press Service, June 3, 1946.

29. FBI Files on Amerasia Affair, A UPA Collection from Lexis Nexis. 2005. 中国国家图书馆（缩微），Surverllience From Special Agent, Reel 2, p.163.

30. FBI Files on Amerasia Affair, A UPA Collection from Lexis Nexis. 2005. 中国国家图书馆（缩微），Surverllience From Special Agent, Reel 2, p.179.

31. Harvey Klehr and Ronald Radosh, *The Amerasia Spy Case: Prelude to McCarthyism*, Chapel Hill, University of North Carolina Press, 1996, p.63.

32. 唐明照：《董老在美国》，见湖北省社会科学院组编：《忆董老》第二辑，25页，武汉，武汉人民出版社，1982。

33. 董必武法学思想研究会编：《董必武诗选（新编本）》，171页，北京，中央文献出版社，2011。

34. 《董必武传》撰写组：《董必武传（1886—1975）》，450页，北京，中央文献出版社，2006。

35. *The New York Times*, June 7, 1945.

36. *The New York Times,* June 8, 1945.

37. *PM Daily*, June 8, 1945.

38. *New York Post*, June 8, 1945.

39. *Ameraisa*, Sep, 1945.

40. *New York World Telegram*, June 8, 1945.

41. *New York Herald Tribune*, June 8, 1945.

42. FBI Amerasia, File#100-267360.memo #420.

43. Editorial, "Try It in Court," *Cincinnati Post*, June 12,1945. Attached as FBI Amerasia, Files#100-267360-419 to 100-267-360-420 memo, June 14, 1945, to Hoover and Gurnea from Conroy.

44. *PM*, 8, June, 1945.

45. Frederick Woltman, "Reds Caused Stilwell and Chiang Break," *San Francisco News*, June 8, 1945.

46. John S. Service, "State Department Duty in China, the McCarthy Era, and After: 1932–1977," an oral history conducted by Rosemary Levenson, Berkeley, Regional Oral History Office, Bancroft Library, University of California, 1978, p.316.

47. *PM*, June 8, 1945.

48. *Chicago Sun*, June 7, 1945.

49. Harvey Klehr and Ronald Radosh, *The Amerasia Spy Case: Prelude to McCarthyism*, Chapel Hill, University of North Carolina Press, 1996, p.100.

50. Ross Y. Koen, *The China Lobby in American Politics*, NewYork, Harper & Row, 1960, p.72.

51. *New York Sun*, June 7, 1945.

52. *New York World Telegram*, June 7, 1945.

53. *Chicago Tribune Press Service*, June 3, 1946.

54. N.Y Journal-American Washington Bureau, Amerasia Probe Centers on Leak, June3, 1946.

55. N.Y Journal-American Washington Bureau, Amerasia Probe Calls Hurley, June 3, 1946.

56. Statement by Hurley to the Foreign Relations Committee, Dec. 5, 1945, and unpublished copy of Investigation of Far Eastern Policy, U.S. Senate

Committee on Foreign Relations, Dec. 5, 6, 7, 10, 1945, Box 104, Hurley Papers.

57. Russell D. Buhite, *Patrick J. Hurley and American Foreign Policy*, Ithaca, Cornell University Press, 1973, p.285.

58. 《毛泽东关于探明苏联态度致周恩来电》，1945 年 2 月 12 日；《中共中央关于目前国际国内形势给各中央局、中央分局并转各区党委的指示》，1945 年 3 月 15 日。转引自杨奎松：《"中间地带"的革命——国际大背景下看中共成功之道》，457 页，太原，山西人民出版社，2010。

59. 《对〈论联合政府〉的说明》，1945 年 3 月 31 日，见《毛泽东文集》第三卷，274~277 页，北京，人民出版社，1996。

60. 毛泽东：《第七届中央委员会的选举方针》，1945 年 5 月 24 日，油印件。转引自杨奎松：《"中间地带"的革命——国际大背景下看中共成功之道》，457 页，太原，山西人民出版社，2010。

61. 《毛泽东批转晋察冀分局关于积极进行配合苏联作战的准备工作的知识》，1945 年 4 月 18 日。转引自杨奎松：《"中间地带"的革命——国际大背景下看中共成功之道》，457 页，太原，山西人民出版社，2010。

62. 《中共中央关于对付美蒋反共发动内战的方针给王若飞的电报》，1945 年 6 月 17 日，见中共中央党史和文献研究院、中共重庆市委编：《中国共产党关于抗战大后方工作文献选编（二）》，1123 页，重庆，重庆出版社，2019。

63. 《美国〈美亚杂志〉编辑等六人横遭美国当局逮捕——美亚杂志曾站在美国人民立场，批评美国反动派的错误对华政策》，载《解放日报》，1945-06-17。

64. 《从六人被捕案看美国对华政策的两条路线》，载《解放日报》，1945-06-25。

65. 《美国和中共接触的历史证言》，载《朝日杂志》，1972-03-17。转

引自 [日] 山极晃著，鹿锡俊译：《中美关系的历史性展开（1941—1979）》，246 页，北京，社会科学文献出版社，2001。

66. 《中央关于目前形势的分析与任务的指示》，1944 年 12 月 25 日，见中央档案馆、中共中央文献研究室编：《中共中央文件选集》第十四册，432~434 页，北京，人民出版社，2013。

67. 毛泽东：《评蒋介石参政会演说——赫尔利蒋介石的双簧似将破产》，载《解放日报》，1945-07-11。

68. 毛泽东：《赫尔利政策的危险》，载《解放日报》，1945-07-13。

69. 《再评赫尔利政策》，载《解放日报》，1945-07-20。

70. 蒋介石日记，1945 年 1 月 1 日，斯坦福大学胡佛研究所藏。藏所同，下略。

71. Russell D. Buhite, *Patrick J. Hurley and American Foreign Poli*cy, Ithaca, Cornell University Press, 1973, p.194.

72. 蒋介石日记，1945 年 1 月 5 日。

73. 蒋介石日记，1945 年 1 月 7 日。

74. 蒋介石日记，1945 年 1 月。

75. 蒋介石日记，1945 年 1 月 9 日。

76. 蒋介石日记，1945 年 1 月。

77. 蒋介石日记，1945 年 1 月 14 日。

78. 蒋介石日记，1945 年 1 月。

79. 蒋介石日记，1945 年 2 月 14 日。

80. 蒋介石日记，1945 年 2 月 16 日。

81. 苏联对中国共产党的援助也是蒋介石的担心之一，所以他所采取的态度就是暂时忍耐。

82. 蒋介石日记，1945 年 2 月 23 日。

83. 蒋介石日记，1945 年 4 月。

84. 蒋介石日记，1945 年 7 月 30 日。

85. 蒋介石日记，1945 年 7 月 8 日。

86. 关于案件嫌疑人可能参与间谍行为的唯一证据是苏联特工人员伯恩斯坦曾经以提供给《美亚》杂志政府内部消息去引导贾菲去获取作战新闻处的参考消息。但是此事还没有来得及进入实施阶段，贾菲就被捕了。参见 FBI Files on Amerasia Affair, A UPA Collection from Lexis Nexis. 2005. 中国国家图书馆（缩微），Reel 2, p.77。

87. Emmanuel Larsen, " China Expert For State Department, Dies at 90," *Washington Post*, May 4, 1988.

88. 威斯敏斯特密档（Westminster Confidential），一个为政客和议员们提供的有偿情报的资料库，比如谁想知道哪个议员是勋爵情妇的孙子，或者曾被女王授予爵位。

89. The Telegragh, Aug 12, 2010.

90. Hunt, *The Making of a Special Relationship*, pp.299–300, 304–305.

第07章

/ 从替罪羊到座上宾：
谢伟思的跌宕人生

中国共产党同美国的接触在 1944 年美军观察组进驻延安前后到达高潮。观察组的顺利进驻首先得益于当时的国际大背景。苏联于 1943 年 5 月解散了共产国际，虽然其本意是为了推进反法西斯战争的进程，加快反法西斯同盟的协作以尽快结束战争，但是各国共产党，包括中国共产党在内，少了共产国际的桎梏，而拥有了更大的自主权。1943 年国民党顽固派发动了第三次反共高潮，国共关系再次陷入危机，美国政府表达了不希望国共内战的信号，这也使得中国共产党有理由相信美国会在国共谈判中保持客观的立场。[1] 这一时期，中国共产党的宣传方面对美国极尽赞赏。在世界反法西斯战争的大潮流中，中共中央也表达了对这一主流价值的认同。双方的策略靠拢为进一步接触打下了基石。

与此同时，美国亟待加强对日作战，并知晓中国共产党的方针政策。谢伟思于 1943 年 1 月向美国国务院提交了关于国共形势的报告，最早建议向中共控制区派遣美国观察员。此时，中国共产党人则希望美国政府在延安设立领事馆，以便双方合作。而最不愿意看到美国与中国共产党建立官方关系的蒋介石，则寻找各种借口阻挠这一计划的实施。所以美国政府不断催促蒋介石同意罗斯福的意见。[2] 1944 年 6 月，美国副总统亨利·华莱士（Henry Agard Wallace）访华。史迪威等吁请华莱士与蒋介石交涉，蒋介石被迫同意美方派人去延安。7 月 22 日，美军观察组进驻延安，成员包括驻华使馆武官包瑞德（David D. Barrett）、二等秘书戴维斯、三等秘书谢伟思等人，其中谢伟思还被委任为小组政治顾问。美军观察组进驻延安标志着中国共产党与美国政府建立了一种官方联系，美军观察组成员因此成为最早代表美国官方与中国共产党打交道的美国人。

/ 谢伟思及其实用外交

美军观察组的到来引起中国共产党的极大重视。1944 年 8 月 15 日，《解放日报》发表了经毛泽东改写的欢迎美军观察组的社论。毛泽东不仅在题目"欢迎美军观察组"中加上"战友们"三个字，还对社论中的许多句子作了细致的改动。[3] 这种热情不是单方面的，美军观察组多位成员，如包瑞德、谢伟思和彼得金（Wilbur J.

Peterkin）等人，先后主动提出要为中国共产党提供武器的设想。美军观察组最初打算在延安驻扎三个月左右，最后逗留了将近三年之久。在驻扎的蜜月期，中国共产党为美军观察组提供了诸多便利。美军观察组由此可以更深入地观察敌后根据地并且源源不断地向美国国务院发回报告。

谢伟思在《关于陕北共产党根据地经济形势的札记》中，对于陕北地区经济情况的改善作了详细描述。他认为，根据地经济改善的最重要因素就是"在共产党的鼓动和领导下，地方政府发起了一次强大而广泛的发展农业和工业生产的运动"[4]。谢伟思在这里列举了一系列生产运动、增产措施、生产合作社等具体计划，他还注意到了人民生活水平的提高和饮食日用的变化。总的来看，谢伟思认为陕北苏区的状况与政策，"同国民党中国的状况和政策对比是太明显了"。[5]延安令人鼓舞的形势和朝气蓬勃的精神面貌，与经济萧条、官僚腐败、特务横行的重庆形成了鲜明对比。这一反差不禁让谢伟思大发感慨："他们是由精力充沛的、成熟的和讲求实效的人们组成的一个统一的集体，这些人忘我地献身于崇高的原则，并且有杰出的才干和坚毅的领导素质。这一印象——和使我联想起的他们的经历——把他们排列在现代中国任何一个团体之上。这是不足为奇的，他们给大多数或一切在过去7年里曾经会见过他们的美国人留下了美好的印象。"[6]

1944年10月10日，谢伟思在延安举行的小型临时舞会上与毛泽东相遇，毛泽东再次重申"共产党人不愿冒险和美国发生摩擦，因而愿意与美国政策'步伐一致'"[7]。在延安先后两次的访问中，谢伟思多次受到毛泽东的接见。毛泽东对谢伟思释放的信号是，希望与美国合作，并且互相帮助。对于中国共产党来说，美国的资金和武器援助无疑是具有吸引力的；对于美国来说，想要尽快取得太平洋战场的胜利，和中国共产党的合作也是必不可少的。尤其是谢伟思已经撰写报告给国务院，对中国共产党的军事实力和根据地建设都有了较好的了解。

这并不是谢伟思第一次与中国共产党领导人接触。谢伟思的父亲是传教士，于1905年创办了成都基督教青年会。1909年，谢伟思在成都出生。小时候的谢伟思就在自家的学堂看当时还在读书的陈毅评论国内外时事，也一个人在成都走街串巷，说一口流利的四川话。谢伟思十二岁回到美国，大学毕业之后成为一名外交官。1938年，谢伟思被调往美国驻上海总领事馆任副领事。1941年太平洋战争爆发，谢伟思又被调往重庆，任大使馆三等秘书。在延安的三个月期间，他多次会见毛泽东、刘少奇、周恩来、朱德、彭德怀、任弼时、叶剑英、董必武、杨尚昆等中国共产党领导人。其中，与毛泽东的谈话多达五十余次。

苏联情报人员孙平[8]不止一次提到谢伟思是美军观察组中最积极的成员。[9]而谢伟思和戴维斯的看法，在美军观察组中应该是最富有远见的。在1944年秋天，戴维斯和谢伟思对政治局势作了很多评论，这些观点包含了几个重要的主题。他们认为中国共产党拥有非常强大的军事力量，保证其在战后至少能够有效地控制中国北方。他们认为中国共产党是一个高效的、值得信赖的和值得称赞的组织，这不仅仅是（由于）共产党人所说的，更是

（由于）他们所做的，他们因此得到了大量中国人的支持和尊重。他们认为中国共产党在与日本的战斗中表现得积极有效；与此相比，蒋介石政府是腐败、低效的，并且对中国人民的利益漠不关心。他们认为，蒋介石政府正在失去支持，因为他没有带来预期的改革；只要美国继续支持国民政府，蒋介石就无法真正有效地与日本人作战，也不愿意与中国共产党合作解决问题。因此，他们建议在与中国打交道时应该采取"实用主义"的策略，即美国"一定不要坚定地支持一个政治上已经破产的政权"，美国"必须下定决心，在政治上努力拉拢中国共产党，而不是将他们完全推

1944 年中国共产党领导人与谢伟思就国共关系问题进行长时间谈话后合影留念（左起：周恩来、朱德、谢伟思、毛泽东、叶剑英）

向俄国人"[10]。换句话说，美国应该采取更加灵活的政策支持蒋介石，不应该排除对中国共产党的军事援助。这在军事上是有利的，从长远来看在政治上也是如此。

谢伟思与毛泽东在延安谈论的问题，对于美国来说并非谢伟思所倡导的实用外交这么简单。虽然盟军在太平洋战场上接连取胜，令中国战场的重要性相对下降，但中国的政治分裂和各派武装势力对美国来说依然是个战略大问题。在赫尔利看来，解决国共问题的前景是光明的。他主观判断中国共产党和国民党都以"民主"为出发点，有着相同的原则，只是在实现合作的程序上需要第三方的推动。他认为，以美军观察组为代表的美国国务院内部一批外交官是他解决中国政治合作问题的绊脚石；所以他先后将戴维斯调到莫斯科，撤去包瑞德的美军观察组负责人职务，并把谢伟思从延安召回。[11]

/ 从延安回到美国：被忽视的建议

谢伟思怀着强烈的使命感回到首都华盛顿。1945 年 4 月 12 日刚返回华盛顿，谢伟思就得知了罗斯福去世的消息。他对范宣德说：中国内战的威胁"就像一枚滴答作响、一点点逼近爆炸的定时炸弹"，国共双方均在"积极地公开地为打内战作准备"，美国一定要未雨绸缪，想办法阻止。[12]谢伟思把自己刚刚写好的几份延安报告的副本交给范宣德说，没时间可浪费了，一旦内战爆发，饱经战争蹂躏的中国人民就要继续忍受水深火热之苦，经济复苏将会延迟，国共双方的温和派将被彻底清除，在可预见的将来，中国将处于惨痛的分裂状态。谢伟思后来撰文说："外交政策中的务实主义也许从不同的角度会有不同的说法，但是可以断定，不论什么样的务实主义，都绝不会是一味地抱着某个外国政党不放，一条道走到黑，明明前边是祸坑，还要睁着两眼照直走过去。这个外国政党为什么走下坡路？因为它丧失民心，本国人民不支持它。"[13]

他认为，不论是夺取对日战争的胜利，还是维护第二次世界大战后美国在东亚地区的势力和影响，美国的根本利益或增或损尚在两可，必须马上采取果断行动。国务院谈到在中国保持灵活性时小心翼翼的外交措辞，实际上和消极旁观差不多，无非是看哪一方会最后胜出，美国就承认哪一方以保护自己的利益。谢伟思强调，在第二次世界大战结束之前，一定要采取行动，因为"日本一败很可能是内战打响的信号"；日本战败后，国共双方一定会争抢着接受日军部队投降。[14] 谢伟思认为，美国同中国共产党的军事合作可以用来施压，迫使蒋介石答应先成立一个松散的联合政府。这是一个避免内战的办法，也能让中国共产党成为政治上的利益相关者，促使其推行温和的改革方案，而不是通过革命夺取政权。最后一点，美国在华北地区同中国共产党游击队的合作，可以对苏联拓展其势力范围的可能起到制衡作用。

谢伟思把自己说成是"情报员"[15]。范宣德和国务院简化了手续，方便学者及政府各机构外交政策专家听取背景简报。谢伟思说："1944 年我回国时，大家都对我说的话感兴趣，有一种普遍的认同；可这次不一样，人群中开始有了一点分化。国务院的一些人议论纷纷……我们不能跟共产党人来往。"[16] 欧洲与苏联问题专家"强烈反共"，因为多年来，他们见识过共产党在苏联的力量，见识过战争期间苏联如何影响、操纵欧美国家的共产党组织。苏联军队解放了东欧国家，令英、美等同盟国十分紧张。"我的看法是，中国可能跟苏联不太一样。"谢伟思在报告中热情洋溢地介绍了美军观察组和中国共产党如何友好相处，观察员如何能自由地在中共控制区活动。这些在习惯了与一个封闭社会打交道的苏联问题专家听来，简直太夸张了。在谢伟思的眼中，中国和苏联并不一样，既不会是苏联的翻版，也不会是另一个美国。

紧接着，谢伟思被裹挟进了"《美亚》事件"的调查中。1945 年 4 月 18 日上午，谢伟思与记者马克·盖恩相约一起吃午饭。盖恩曾经和谢伟思的弟弟在同一所大学上学。他向谢伟思传递了一个消息，说很遗憾，那年秋天没旁听谢伟思在太平洋关系协会的发言，现在他已经回到华盛顿，要为《星期六晚邮报》（*Saturday Evening Post*）写一组文章，想找谢伟思咨询资料。谢伟思不会想到，盖恩已经被联邦调查局监视起来了，公寓还被秘密搜查过；他也不知道，盖恩的父亲是俄籍政治流亡人士，在移居美国之前，盖恩在苏联的学校里念过书。谢伟思知道的是，盖恩一定看过他给副总统华莱士的秘密报告，因为盖恩发表在《柯利尔氏》杂志的文章几乎是逐字逐句、大段引用了他的报告。谢伟思不以为意，反而觉得自己备受重视。他主动提出让盖恩看其他几份报告，了解背景。[17]

在偏僻的延安待过一段时间之后，首都华盛顿的氛围让谢伟思感觉备受瞩目，走到哪里他都是人们注目的焦点。他后来跟一个安全干事说："大家都对中国北方感兴趣，把我当明星捧了，起码我那时候的感觉是这样的。"[18] 所以，海军情报处研究亚洲问题的罗斯中尉邀请他赴宴时，谢伟思欣然接受，虽然他们只见过一面。罗斯曾在太平洋关系协会参加过谢伟思的座谈报告会。谢伟思不知道，罗斯上过冀朝鼎的课，还在《美亚》杂志社为贾菲打过工。罗斯告诉谢伟思，贾菲待会儿也来参加，希望和他见个面，提前认真聊一聊。谢伟思后来对参议院的一个小组委员会说："贾菲是远东问题专业杂志的编辑，杂志又很有名气，所以我觉得没有理由不见他，不跟他谈。何况我跟别的知名报纸记者们已经见过、谈过。"[19]

也是在这一天，联邦调查局的特工向国务院助理国务卿霍尔姆斯报告，该局正准备逮捕几个主要嫌疑人——贾菲、罗斯和拉森。霍姆斯和他的安全干事要求延长调查时间，查清楚有没有其他人涉案：第一，查清楚政府内部是否还有其他人员或者部门涉入其中；第二，查清楚贾菲是否把文件交给了苏联政府；第三，即使调查结果不理想，对下一步和苏联政府的外交交涉也是有利的。[20]

1945 年 4 月 19 日下午 6 点，谢伟思走进贾菲的房间，成为联邦调查局认定的另一位涉案人员。贾菲和罗斯的电话交谈早被窃听了，联邦调查局知道，贾菲再次来华盛顿是要送还一些"原件"。征得酒店的同意，联邦调查局在贾菲的房间秘密放置了一个窃听器。谢伟思来时，带着自留的报告副本，报告内容是他和毛泽东最近的一次谈话。"贾菲非常感兴趣，"谢伟思后来在参议院小组委员会作证时说，"他马上问我还有没有类似的有关延安的报告，可能的话，让他看一看。后来我们说定，第二天我把手里有的报告拿几份过来，并约好中午我跟他一块儿在酒店吃饭。"[21]

贾菲告诉谢伟思说，谢伟思递给副总统华莱士的"精彩报告"不止盖恩一人见过。他参加过太平洋关系协会举办的一次会议，会上曾私下传阅一份未署名的报告的副本。贾菲说，他一眼就认出是那份报告。贾菲很肯定，因为已经有人把国务院的官方版副本泄露给他了，他又把报告借给盖恩，盖恩参考它给《柯利尔氏》杂志写了那篇文章。谢伟思后来承认，那份报告是他和重庆公寓的室友、财政部驻华代表索尔·爱德勒（Sol Adler）合作的成果。"有天晚上，我们在一块儿聊了很长时间，谈到应该怎么写一份报告，把整个局势总结一下。就是那天晚上，我们各写了一份概要的草稿。"谢伟思说，"最终稿是我写的。"贾菲说："那你一定认识冀朝鼎。"谢伟思说他在重庆住公寓的时候，冀就住在他楼上。贾菲透露，冀还是他的姻亲表弟呢。"是吗？"谢伟思惊讶地问。他说，冀和爱德勒是好朋友，不过他对这位邻居了解不多。

接着，谢伟思跟贾菲讲了冀朝鼎有一次把一份非常敏感的手稿带回家的事。那份手稿是谈蒋介石最新的经济思想的。爱德勒请谢伟思将手稿翻译成英语，这样他可以研读一下。后来，他写了一篇长达 26 页的摘要给他在财政部的顶头上司，批判蒋介石大搞"封建主义加法西斯主义"。在贾菲所住酒店的房间里，谢伟思将自留的爱德勒密报的副本拿给贾菲看。贾菲提出自己抄录一份保存，谢伟思说："你可以带着去纽约看一段时间，一个星期左右吧。"不过，他要贾菲保证仅供了解背景情况之用，不得公开发表，因为这是一份密件，只"在非常高级别的中国官员中间传阅过"。[22] 事后，贾菲告诉联邦调查局的特工，他觉得谢伟思"不老练"，"追着"报纸记者和杂志编辑讲道理。谢伟思还说国民党政府腐败透顶，共产党夺取中国是早晚的事。[23]

监听记录被源源不断地送到联邦调查局局长胡佛手里。[24] 谢伟思对贾菲说，他谈到的关于军事计划的事情是机密的。军事计划是在魏德迈缺席的情况下制订的，他们想获得关于美国在中国共产党根据地驻军的建议。贾菲问谢伟思是否要和中国共产党合作。谢伟思承认，并且解释说，如果是在国统区，美军将采取和中国共产党合作的形式，如果是在解放区，那么中国共产党将成为主导力量。贾菲对国民政府为什么要和中国共产党合作不解。谢伟思承认国民政府就此事施压。[25]

1945 年 4 月 20 日，谢伟思将十余份报告交给贾菲带走，他认为这些报告内容"纯粹是描述性的，不含有关美国军政政策的议论"[26]。多年后，谢伟思向国务院的安全人员承认："我当时也意识到这是在冒险，当即就后悔不该这样做，我不希望他使用材料时一不小心把提供背景来源的人牵涉进去。让他拿着这些文件确实是我犯了糊涂。"[27] 罗斯后来回忆说谢伟思"想把《美亚》杂志当作传声筒","谢伟思愿意承担那些风险"[28]。根据联邦调查局的酒店电话记录稿，贾菲说他"要好好用用谢伟思"。于是，1945 年 4 月 20 日，联邦调查局特工认定，谢伟思就是向贾菲提供秘密情报的另一个人。

和贾菲等人的来往使谢伟思陷入正在调查中的《美亚》案，虽然他在事后反思自己身为政府工作人员应该有所警戒，但是他始终认为，他只是想给一位令人尊敬的新闻记者提供一些背景资料，他在中国时也这样做过。后来，他对一个官方的调查组说："没人提醒我不要跟这个和共产党有瓜葛的人接触。"[29] 谢伟思在战事严峻、局面复杂的中国动静自如，游刃有余，到了华盛顿却轻易落入陷阱之中，这与他急于推介他的政策观点有关。事隔五十多年后他回忆说："离开中国时，我对那儿的状况非常关注，对美国的政策抉择也非常关注，所以可能损害了本应有的客观态度。"[30]

被捕后，谢伟思在狱中给母亲写了一封信："我的冤屈必会洗清，但出庭受审似乎是不可避免的了。"他希望查清"背后的主谋"。[31] 信中还写道："如果您记得我与您书信及闲谈时所提之事，自会理解此事涉及诸多广泛且根本的问题。"他承认，他将自留的一部分报告的副本"给几个专事中国问题研究的作者和研究人员看过"，他向母亲保证，那样做，"某些上级是知情的，也是经过他们批准的"，他们现在正帮他找"最好的律师"。他借给贾菲的报告，没有一份涉及美国的政策和军事计划，但他承认，检察官有可能会"细抠法律条文，提起指控"。"但我不相信，凡了解情况者也不会相信我做了错事，对我的祖国犯下了罪行。"在信的结尾，他吐露了一个细节："这件事有可能动摇现在的格鲁帮，如果是这样，我即便当了替罪羊，也心甘情愿。"[32]

谢伟思刚被逮捕，联邦调查局的特工便搜查了他在国务院145号房间的办公桌。前后搜查了一个多小时。之前，特工们已在他借住的公寓里找到一份可疑的表单，上有美国情报机构、人员和地点的代码名称。之后他们又没收了谢伟思办公室抽屉里的东西：个人信件、几张用汉字写的便条、一个上面标着"延安资料"的牛皮纸袋，还有厚厚一摞战时考察报告的复写件，一共83份，都写于1944年至搜查当天。最近一份备忘报告准备递给范宣德，是关于研究美国共产主义政治协会（American Communist Political Association）当前采取的政治路线的。[33] 这些调查报告现在成为美国国家档案馆所藏"《美亚》事件"文献资料的主体部分，由此可以看出事件的走向，已经从泄密事件逐渐上升到意识形态层面。

这是谢伟思第一次意识到自己可能在美中政策的调适中被当成"替罪羊"。很快被保释之后，怀着对挽救职业生涯的一线希望，他请范宣德和居里[34]帮助他。居里咨询了国务院高级法律顾问本·科恩（Ben Cohen）。科恩在罗斯福执政初期曾帮助起草了许多具有里程碑意义的立法草案。得知此事，他马上意识到后续的几个比较大的影响：此时大张旗鼓审"间谍"案，有可能在很多重要的方向上造成难堪。杜鲁门总统很快要去波茨坦，与丘吉尔、斯大林举行首次会谈，希望修复破损的联盟，让苏联承诺对日本采取军事行动。在中国，赫尔利的谈判因国共冲突频频而搁浅。

朋友和同事们纷纷发言或发电报鼓励谢伟思。其中一封信是前驻华大使高思写来的，随信还夹带了一张 500 美元的支票，用作谢伟思的辩护费。谢伟思的弟弟从中国发来消息："国民党中央通讯社在所有报道里使劲抹黑此事，而中国的朋友们却一一给予批驳，纠正视听。"他从昆明写信给哥哥："你向来名声很好，这次的事情不用害怕。从未与你谋面却知道你的人特别多，多得让你惊讶，他们特意找到我，谈他们对此事的看法。"弟弟还向谢伟思转达了魏德迈将军对他的信任："他很着急，随时准备尽他所能帮助你……还说几天前跟赫尔利提到你的案子，并表明了态度。"魏德迈说，他领导的司令部的全体同人对谢伟思充满信任。[35]

/ 麦卡锡主义的起源："冷战"与美国反共意识形态

案件本来的第一嫌疑人贾菲在其回忆录中说，几十年来，关于"《美亚》事件"的研究汗牛充栋，但是从来没有一家媒体记者或者书籍作者采访或联系过他这位案件的始作俑者，大家的关注点都在谢伟思身上。[36]这不仅是当时中美关系的大背景和谢伟思外交官的特殊身份所导致的，案件的审理和宣传也是决定因素之一。谢伟思被认为是亲共分子。但是他自认为通过对中国共产党的军事观察而作出的有利于中国共产党的报告首先还是出于政治考虑。他提出防止给中国或太平洋地区国际关系造成灾难的唯一办法，就是使内战成为对国民党来说不具备吸引力的选择："我们给予共产党以援助，几乎一定会使国民党发动一场内战成为不可能。"[37] 所以，谢伟思在带着关于中国共产党的一手资料于 1945 年春回到华盛顿时，对联邦调查局及其开展的关于《美亚》杂志的调查毫不知情，国务院也并没有对谢伟思进行提醒。当《美亚》杂志的相关人员找到谢伟思，希望他提供关于中国方面的最新消息时，谢伟思像往常一样，大方分享了自己对于国共的报告和看法。

谢伟思在被捕当晚向联邦调查局特工发表声明，承认曾将自留的延安报告副本借给了贾菲。关于他本人和贾菲等被告的交往、联络，谢伟思的叙述同联邦调查局的调查结果是吻合的。检察官认为，当着大陪审团的面把情况说清楚，应该是澄清罪名的办法。谢伟思和律师在和检察官见面的时候把自己为何获准存留某些非正式报告的副本向检察官作了解释；还说，自己的任务就是向驻华记者提供背景信息。他耐心地回答了检察官提出的所有问题。谈话结束时，检察官似乎都相信了：谢伟思从未窃取国务院的文件。而更重要的是，谢伟思给人留下"一个非常明确的印象"，那就是：谢伟思除了和贾菲等一帮人有来往之外，毫无过错。

从"一头雾水"到头号嫌疑人，最终大陪审团全票否决了对谢伟思的起诉，谢伟思被无罪开释。案件结束后，谢伟思先是被派往美军占领下的日本，在麦克阿瑟手下工作，后来又被派往新西兰。但国会右翼势力一直对他在亚洲问题上的态度耿耿于怀，根据联邦调查局提供的"材料"，国务院又对他进行了四次调查，但一直没有查出任何不当行为。然而，谢伟思命运的起伏在于事情到这里并没有画上句号。

1950 年 2 月 9 日，来自威斯康星州的共和党参议员麦卡锡在演讲中宣称国务院内有 205 名共产主义者，从而掀起了所谓的"麦卡锡旋风"。2 月 20 日，在被要求对其所作指控的根据作出说明时，他在参议院全体会议上作了解释。在这段时期的证词中，麦卡锡举出九个人的姓名，指控他们是共产主义者和苏联的间谍等，其中就包括谢伟思。

1950 年 3 月，众议院决定重审"《美亚》间谍案"。密歇根共和党议员唐德罗（Grorge A. Dondero）于 1950 年 3 月 30 日提议对案件进行重审。他介绍调查将由一个两党共同组成的小组委员会构成，并拨款一万美元作为专项资金。唐德罗提到《华盛顿邮报》的一篇文章，里面说到的法官希契科克（Hitchcock），是司法局当时负责逮捕行动的主管，现在是凯内菲克（Kenefick）法律公司的一员。文章还提到，这个法律公司的所有人就是案件嫌疑人之一米切尔的叔叔。考虑到案件涉及海军部和国务院泄密事件以及前外交官谢伟思，议员请求重审案件。1950 年 3 月 31 日，唐德罗又指出，希契科克法官在案件过后从米切尔叔叔的公司里谋到了很好的差事。[38] 除了对当时草草收场的案件结果表示质疑之外，两位议员还讨论了谢伟思的案件。麦卡锡在参议院调查国务院内部红色活动之前宣读了他的 16 页证词。[39] 他们怀疑《美亚》案件的审理受到了政治操纵。

谢伟思被捕后，得到了国务院顾问和一些著名说客的支持。当时的政治压力和舆论都偏向谢伟思，包括后来的国务卿居里等。[40] 正是在这一时期，中华人民共和国于 1949 年 10 月成立，苏联又达到了拥有核武器的目标，社会主义阵营的力量获得了显著的加强。对麦卡锡来说，最大的目的在于引人注目。但他对国务院的攻击最初并没有引起什么反响。因此，麦卡锡接着继续攻击国务院。不久，国务院开始对报纸上的一些新闻作出回应，民主党议员也要求麦卡锡在参议院作出解释。麦卡锡终于如愿以偿。

对麦卡锡攻击国务院最表欢迎的是"院外援华集团"[41]。当时的形势对"院外援华集团"来说非常不妙：美国政府减少了同逃亡到台湾的国民党政权的联系，并为应对中国人民解放军解放台湾而准备调整中国政策。美国政府的想法典型地反映在 1949 年 8 月的《对华关系白皮书》中。该书就国民党政府失败的原因分析说，"它并非根源于美国援助的不充分"，"事实上，我们的观察者于战争初期在重庆看到的腐败，致命地瓦解了国民党的抵抗力……国民党军队不需要被敌人打败，他们是自我崩溃的"；进而强调，"现在很明白的事情，是我们必须正视今日的实际事态"。[42]

上述这些说法，一方面是为了把国民党政府同美国政府区别开来，将失败的原因与责任推给前者；另一方面则还是想从中国社会内部寻找中国革命胜利的原因。作为应对新事态的措施，同年 12 月 23 日，国务院向美国驻外使领馆送发了题为"政策情报资料——台湾"的文件。[43] 这是为了预备人民解放军解放台湾。在文件中，国务院指示采取措施，把"失去台湾"所造成的对美国威信与反共国家士气的打击降低至最低限度。其中包括，纠正诸如"失去台湾将严重损害美国及其他反共国家的利益"一类的错误观念，强调台湾"在历史上和地理上都是中国的一部分"。接着，杜鲁门总统于 1950 年 1 月 5 日发表了关于"不干涉台湾政策"的声明，明言：美国虽然将对台湾继续进行既定的经济援助，但无意夺取台湾或在台湾建立军事基地，亦无意对国民党当局实施军事援助。

麦卡锡主义在美国的流行，对于"院外援华集团"来说，不啻"雪中送炭"。他们的目的在于争取对蒋介石的援助，并使美国介入台湾事务。为此，他们需要强调台湾的国民党当局对美国的必要性，需要把那些想疏离国民党政府和美国的关系的人指责为亲苏派或亲共派，以削弱他们在政府中的影响力。而被视为亲共派之一的谢伟思卷入"《美亚》事件"，正中他们下怀。麦卡锡和"院外援华集团"相结合的条件就这样形成了。

麦卡锡和"院外援华集团"在对待指控谢伟思这件事上不谋而合。反对蒋介石、支持中国共产党就相当于对美国的背叛，这个逻辑使得麦卡锡对谢伟思的指控"师出有名"。在参议院全体会议上，麦卡锡认为美国国务院派遣谢伟思去中国的初衷显然不是服务于中国共产党，但是以谢伟思为代表的一部分政府人员发回的报告却一直在打压蒋介石，叙述中国共产党的种种优点。麦卡锡回顾了 1945 年"《美亚》事件"，声称：泄露机密的谢伟思被免于起诉，主张起诉的副国务卿反而被迫辞职，艾奇逊接任副国务卿后谢伟思旋即回到工作岗位继续晋升。这就给人造成当时国务院刻意包庇谢伟思的印象。在随后的证词中，麦卡锡把谢伟思升级为"全国务院中有关远东政策的十三个最高策划者之一"。

麦卡锡还在 1950 年 5 月 4 日宣称《美亚》杂志在 1945 年向苏联透露了原子弹爆炸的秘密。在第一次原子弹爆炸之前，原子弹的数据被《美亚》杂志相关人等传递给苏联。但是联邦调查局和其他部门并没有找到相关证据。[44] 随着朝鲜战争的进展特别是中国人民志愿军的参战，在中美军事对立的发展与战局的变化中，麦卡锡主义就是出于政党利益，利用公众舆论，有"院外援华集团"等利益集团在背后推波助澜的典型反共主义浪潮。当《美亚》杂志的嫌疑人的大幅头像被刊印在报纸头条，并附上"红色分子"的标题时，公众头脑中的共产主义印象被实体化和具体化了。从范宣德开始，国务院里有"可疑的"中国关系官员一个接着一个被迫离职。1951 年 12 月，通过了六次忠诚审查关口的谢伟思也以忠诚心可疑为由被解除了职务，不得不离开国务院。[45] 麦卡锡后来因为攻击军方而失败，结束了他个人短暂的胜利。但是，麦卡锡主义时期所确立起来的美国的中国政策，却长期没有得到改变。

/ 中美夹缝中的"院外援华集团"

在麦卡锡主义的活动过程中，出现过"院外援华集团"的身影。1949 年，纽约州共产党提出"中国政策行动纲领"，首次使用"院外援华集团"一词。以后，这一词语便被用来指代那些在第二次世界大战结束以后为中华人民共和国的成立所困扰，想让国民党当局继续在国际上代表中国并消灭中国的共产主义的个人和集团的大联盟。[46] 这一联盟成员在美国内外都有，包括台湾国民党当局的机构，美国华人，拿钱的游说人员，美国政治家、学者、金融投机商人，被新近成立的中华人民共和国驱赶回来的传教士，以及因"丢失中国"而备感挫折的军队领导人。[47]

美国"院外援华集团"的主要组织机构是"百万人委员会"。其主要目标是反对美国承认中华人民共和国在联合国的代表权，阻挠美国同中华人民共和国进行贸易，确保美国对台湾当局的经济和军事援助，等等。此外，"百万人委员会"的另一基本任务是使美国公众记得台湾的国民党政权的存在。为了实现这一目标，"百万人委员会"抓住当时美国大多数公众对共产主义的恐慌心理，把盘踞台湾的国民党政权打扮成在亚洲对抗共产主义的堡垒和美国的忠实盟友。[48]

"百万人委员会"在"冷战"时期是美国最有力量的政治压力集团，它的院外活动做得非常成功。由于它的很多领袖本身就是国会议员，他们形成了国会内所谓的"中国帮"，利用职务便利，乐意充当"院外援华集团"与国会之间的联络人。从其成立之日起一直到 1966 年，"百万人委员会"曾经多次获得参众两院绝大多数议员对其宣言的支持，年复一年地确保国会通过反对中华人民共和国在联合国的代表权的决议案，成功征集到一百万人的签名支持其"事业"，确保马歇尔计划资金和军事援助计划继续对国民党的支持。[49] 20 世纪 60 年代中期以后，由于内部分裂，"百万人委员会"竭力维持的民主、共和两党的广泛联盟才开始瓦解，其群众基础也日渐削弱。1971 年中华人民共和国恢复在联合国的合法席位后，"百万人委员会"的势力基本上已土崩瓦解，1979 年中美建交后，终于销声匿迹。

关于"《美亚》事件"的细节，前文已有详细回顾。最初，"《美亚》事件"在美国新闻界掀起了一场激烈的争论。许多报纸严厉批评政府逮捕和起诉被告人。其议论主要基于这样一个观点，即新闻自由。还有人认为，对贾菲采取的行动，主要是由于国务院对他指责美国政策而迁怒。但是，斯克里普斯 - 霍华德报业却连篇累牍发表文章猛烈指责政府对此案的处理，并暗示本案牵涉到间谍活动——或许是叛国行为。[50]

1946 年下半年，科尔伯格（Alfred Kohlberg）[51] 创办的《老实话》（*Plain Talk*）杂志上刊登了一篇报道，这是被反复地引证、解释和摘录次数最多的报道之一。[52] 根据泰丁斯小组委员会[53]的看法，这篇文章对"《美亚》事件的记叙竭尽歪曲之能事……"[54]。原文作者拉森作证，这篇文章公开发表的版本有很大一部分是由该杂志的编辑撰写的。[55] 泰丁斯小组委员会认为，"《老实话》上刊载的那篇文章是三个已经弄清的资料来源之一，这些资料是要指控美国国务院内的不忠诚分子应对美国对华政策的失败负责"。[56]

在 1946 年到 1950 年的这段时间里，"《美亚》事件"只是偶尔才被人们提起，1950 年，麦卡锡对国务院进行抨击时，又旧事重提。支持麦卡锡的就是美国的"院外援华集团"，他们都是坚决反对共产主义、反对新中国的。麦卡锡凭借其口才和富有煽动性的演说，得到了"院外援华集团"的支持。国会中的部分人士也开始与麦卡锡合作，一大批议员积极支持麦卡锡，并为他出谋划策。就在麦卡锡在参议院泰丁斯小组委员会上指控拉铁摩尔等人的同一天，参议院的共和党人的政策委员会就开始倾向于支持麦卡锡。国会内的亲蒋议员和国会外的"援华集团"里应外合，猛烈地攻击民主党政府的对华政策。在谢伟思、戴维斯等"中国通"先后被解职并受到泰丁斯小组委员会的忠诚调查之后，他们又集中力量攻击艾奇逊和马歇尔。

因此，尽管"《美亚》事件"的调查结果已经公布，但是关于它的一些传说仍然出现在"院外援华集团"的原始材料中。1950 年，当麦卡锡刚把这个案件挖掘出来不久，台湾当局便流露出对这起案件的兴趣。蒋介石在华盛顿的代理人发给他一封电报表明，发报人知道蒋委员长十分熟悉这一案件。他暗示说，正在进行的这次"重新调查"的任何发现，都将"大大地影响政治机构"。[57]这次重新调查没有任何新发现，但是"院外援华集团"的美国发言人却继续把这起事件描绘成一起间谍案。他们把与此案有关的文件数目从三四百份扩大到三千份。参与这一事件者一直被他们说成是受到了政府行政部门的庇护。整个事件被"院外援华集团"证明对共产党阴谋的存在的又一可靠证据。下面是《美国政治中的"院外援华集团"》一书作者从 1950 年散发的小册子中所作的一段摘录，它是"院外援华集团"对"《美亚》事件"的典型态度：

到战争结束时，艾奇逊对国务院的控制，在 1945 年的《美亚》间谍案后的一些事情中，令人震惊地暴露出来了。

这个案件第一次公开揭露了国务院内存在着苏联的代理人。……

联邦调查局搜查了纽约的《美亚》杂志的办公室，查出一百多份绝密的和十分机密的文件。这些文件都是在战时从国务院、陆军部、海军部以及战略情报局和陆军情报局盗窃出来的。在搜出的这些文件中，有一份报告详细地说明了蒋介石的各种军队的部署，这份情报对中国共产党人来说将是无价之宝。

人们预期，这一耸人听闻的揭露，将使国务院受到极大的震动，而且还会严重地削弱主张对俄国实行姑息政策的派别。可是，这种情况并未发生。某种神秘的势力及时地起了作用，将全部可耻的丑闻掩盖起来了。

由于司法部的代表们将此案递交给华盛顿的大陪审团时采用那样的一种方式，结果只有贾菲、拉森和罗斯被起诉。尽管在盖恩的房间里搜查出二百份秘密文件，但他仍被无罪开释。联邦调查局的证据表明，谢伟思在中国时经常和贾菲保持不正常的通信联系；在俄国驻华盛顿大使馆秘书长瓦西里·M.朱伯林手下工作的俄国特工人员马克思·格兰尼克曾被指派为贾菲和谢伟思之间的联系人。然而，谢伟思的案件被中止了。……

当愤怒的议员们准备对这个令人不快的案件进行一次众议员调查时，神秘势力又一次干预，而政府首脑们又终于将它掩盖成功了。[58]

"院外援华集团"的观点对国务院的远东问题专家产生了影响，其目的就是要解雇中国问题专家并抨击他们的政策。第一个被解雇的职位较低的中国问题专家就是谢伟思。"《美亚》事件"发生后，谢伟思屡次遭到泰丁斯小组委员会的调查，最终于1951年被革职。把谢伟思从国务院开除，是亲蒋势力的一大胜利。随后，又有三位中国问题专家于1951年7月12日被停职。美军观察组成员范宣德和戴维斯也先后被传唤调查。[59]

虽然"院外援华集团"不能对美国的对华政策产生实质性的、直接的影响，但是"百万人委员会"的活动至少对"冷战"期间弥漫美国的反共情绪起了推波助澜的作用；部分延缓了美国政府承认中华人民共和国政府是代表全中国的唯一合法政府以及中华人民共和国恢复在联合国的合法席位的进程；确保美国国会在美国政府作出与中国建交决定后通过所谓的"与台湾关系"的法案，继续维护美国与台湾当局的特殊关系，干涉中国内政。当然，历史的发展是不以人的意志为转移的，"百万人委员会"

无法永远阻止中华人民共和国恢复联合国合法席位和得到美国政府的承认。

时间推移到 1970 年。在中美关系开始破冰的时候，美国的"院外援华集团"又联合美国国会内部反共势力，出版了《美亚文件》上下两卷，妄图破坏中美接触。该书由美国国内安全委员会出版[60]，达拉斯大学历史系主任、美国国内安全委员会顾问库培克（Anthony Kubek）负责编辑，全书共计 1800 页，其中包括库培克写的长达 113 页的解说，以及近 1600 页的"美亚文件"。[61] 美国国内安全委员会主席伊斯特兰德（James O. Eastland）参议员写了序言。他说，之所以出版该书，是因为这些东西对历史学家具有作为基础性资料的价值。他评价说：库培克写的解说为"《美亚》事件"提供了新的视野，对谢伟思的中国报告也作出了最新的分析。他强调：库培克为写解说，细读了从《美亚》杂志社没收的 1700 份政府文件，其中很多文件系"机密"或"秘密"级别的，有的竟属于"绝密"。他还指出：库培克关于"《美亚》事件"的叙述，使人似乎在读间谍故事，但因为他写的是真实的东西，因此远远比间谍故事有趣。序言最后称：数百件"机密"或"秘密"级别的政府文件竟如此简单地落入无阅览资格的人手中，令人感到震惊甚至恐惧，这对我们每个人来说都是一个教训。[62]

阅读该书中库培克的解说和他所挑选的文件，首先使人注意到的是，他和"院外援华集团"及麦卡锡一样，把"《美亚》事件"同当时美国的中国政策挂上了钩，并把谢伟思作为中心人物。譬如，关于所收录的文件，库培克作了这样的说明：在被没收的

1700 份文件中，司法部在 1956—1957 年向参议院司法委员会国内安全委员会提供了 1260 份，其中有 340 份系个人文书，故除一部分最令人感兴趣的东西外，该书都未采用；剩下的 923 份中，该书采用了 315 份，相当于三分之一；选择的基准，是在文件出处、秘密等级、内容的趣味性、外交上的意义这几点中至少具备一点，结果被选中的，有 100 余份出自谢伟思之手。[63]

　　谢伟思给国务院的报告占了该书相当大的篇幅。这些文件的搜集毫无疑问是全面细致的，但是编者列举此部分内容的目的并不是还原历史真相，而是从报告中突出谢伟思的亲共政策，突出谢伟思等人一贯支持和同情中国共产党的主张和态度。由于大量罗列一手资料，编者的立场和观点表面上是令人信服的，但是究其本质，还是与赫尔利和麦卡锡等人一样，是在为美国政策的失败和国民党辩护。

　　该书是在中美华沙大使级会谈取得转折之时出版的，出版之后得到了"院外援华集团"的大力响应，一直反对中国共产党领导的新中国恢复在联合国的合法席位的"百万人委员会"迅速把此书装订成小册子散发。但是，和麦卡锡时代相比，中美关系的前景已经发生了巨大的变化。美国深陷越战的泥潭，迫切需要改变亚洲政策，甚至连麦卡锡过去的同僚、此时的美国总统尼克松都在积极设法谋求同中国的新接触。曾经在麦卡锡时代被转移视线的普通民众，经历过历史事件的洗礼，也开始重新审视自己的立场和态度。与时代发展背道而驰的《美亚文件》，并未引起广泛的关注和讨论。

实际上，谢伟思评价说："在库培克博士和国内安全委员会出版的这本篇幅庞大的书中，除了我当初同《美亚》杂志稍有瓜葛，而在事隔25年之后却奇迹般地变成了案件的'主角'之外，没有任何新东西……库培克博士通过艰苦努力，的确把我起草的100份文件收集到了一处；但这些文件的大多数只不过是我的私人文件，它们从未出现在《美亚》杂志社，因此与《美亚》杂志案件毫无关系……人们希望能够得出这样的结论，即库培克博士把我的私人文件和研究材料当作在《美亚》杂志社办公室查获的材料对待时，不过是犯了一个错误。但是库培克博士显然知道档案记载的情况，他不会那么糊涂，恰恰相反，他早已准备和反复提到这些论断时所采用的精心策划的方式清楚表明，《美亚文件》的出版是蓄意要蒙骗读者。"[64]

《美亚文件》出版以后，谢伟思出版了《〈美亚文件〉和美中关系史上的若干问题》(*The Amerasia Papers: Some Problems in the History of US-China Relations*)[65] 一书予以抨击。库培克声称他的资料文献都是当时联邦调查局从《美亚》杂志的办公室没收而来的，但是据谢伟思说，事实并不是这样。《美亚文件》中，有115件系谢伟思所写作或收集的东西，其中，有69件在谢伟思的个人文件复制品中是存在的，在《美亚》杂志社则未发现；有31件既存在于个人文件中，又在《美亚》杂志社被发现，但二者的内容多少有所差异，而《美亚文件》所收录的是前者；还有15件则仅在《美亚》杂志社被发现，未见于谢伟思的个人文件。当时谢伟思经上司许可把自己在延安时期所写的报告的复制品带回后保管在国务院的办公桌里，它们并非政府文件，而是个人物品。因此，这些文件虽然在谢伟思被逮捕时一时被扣押，但不久就由司法部作为个人财产归还了。不过，司法部在归还前先复制了下来。[66]

/ 结　语

谢伟思从国务院离职后曾返回加州大学伯克利分校读书，获得政治学硕士学位，并接受了伯克利分校中国研究中心的职位，致力于建设和充实学校的东亚研究和资料搜集。在他的努力下，加州大学伯克利分校的东亚研究和中国馆藏都蔚为可观。1971年，《中美联合公报》发表后，谢伟思被周恩来邀请访问中国。在时隔二十余年之后，谢伟思再一次与中国共产党领导人对话。尼克松访华期间，谢伟思的文章和观点受到媒体热捧。在20世纪40年代，他是间谍和叛徒；在20世纪70年代，他是爱国者和先知。对于中美关系的参与，有人称他是"活着享受了这部剧的高潮"[67]。1983年，谢伟思与美国记者索尔兹伯里（Harrison Salisbury）一道重走了长征之路。他们穿行在中国的穷乡僻壤，走访年迈的见证人，搜遍各省的档案馆。两年后，索尔兹伯里出版了《长征：前所未闻的故事》（*The Long March*：*The Untold Story*）[68]。晚年时期，谢伟思在重庆时期的女友赵蕴如也搬到加州和他的家人一起生活。[69]谢伟思于1999年在加州去世。

从 1972 年中美关系正常化到 1978 年中美正式建交，有着共同战略利益的中美两国在经过重重外交承诺和战略试探后才建立互信。这说明，中美两国间仅仅存在共同战略利益是不够的，还需要跨越当时历史条件下意识形态的鸿沟，跨越国内国际形势的干扰，在处理一系列事件中累积信任，才能最终走向战略联合。而发生于"冷战"开始初期，在 20 世纪 70 年代初期被重新提起的"《美亚》事件"便是双方关系正常化过程中深刻体现意识形态斗争和国际形势阻碍的一个案例。20 世纪 70 年代初中美关系正常化前夕，在"院外援华集团"的推动下，《美亚文件》在美国出版，重提美国反共历史。同一时期，苏联的《美亚》研究也如火如荼，但其实质对象则是美苏关系。正是中美双方对类似事件不同于"冷战"初期和麦卡锡主义时期的冷处理，才进一步推动了双方战略互信的形成，为中美关系后续的发展和突破提供了条件。

注释

1. 牛军：《从延安走向世界：中国共产党对外关系的起源》，142~144 页，北京，中共党史出版社，2008。

2. 《罗电蒋要求组织军事考察团去西北》，1944 年 3 月 6 日；《记者路线走二战区》，1944 年 3 月 10 日。转引自牛军：《合作—"中立"—对抗：1944—1946 年中共对美政策再探讨》，载《四川大学学报（哲学社会科学版）》，2016（1）。

3. 中共中央文献研究室编：《毛泽东年谱（1893—1949）》中卷，535 页，北京，中央文献出版社，1993。

4. 《关于陕北共产党根据地经济形势的札记》，1944 年 8 月 3 日，见 [美] 约瑟夫·W. 埃谢里克编著，罗清、赵仲强译：《在中国失掉的机会——美国前驻华外交官约翰·S. 谢伟思第二次世界大战时期的报告》，185 页，北京，国际文化出版社，1989。

5. John Service, "Brief Notes on the Economic Situation in the North Shensi Communist Base," August 3, 1944, Amerasia Papers, National Archives, pp.729–733.

6. 《对中国共产党领导人的总的印象》，1944 年 9 月 4 日，见 [美] 约瑟夫·W. 埃谢里克编著，罗清、赵仲强译：《在中国失掉的机会——美国前驻华外交官约翰·S. 谢伟思第二次世界大战时期的报告》，202 页，北京，国际文化出版社，1989。

7. 《和毛泽东主席谈话备忘录》，1944 年 10 月 10 日，见 [美] 约瑟夫·W. 埃谢里克编著，罗清、赵仲强译：《在中国失掉的机会——美国前驻华外交官约翰·S. 谢伟思第二次世界大战时期的报告》，237 页，北京，国际文化出版社，1989。

8. 孙平，即彼得·巴菲诺维奇·弗拉基米洛夫，生于 1905 年。1942 年 5 月被派往延安，任共产国际驻中共区的联络员兼塔斯社随军记者。到 1945 年 11 月为止，他一直在延安工作。

9. [苏] 彼得·弗拉基米洛夫著，吕文镜等译：《延安日记》，1944 年 9 月 1 日、1944 年 9 月 10 日，277、283 页，北京，东方出版社，2004。

10. Memorandum by Davies, Now.15, 1944, FRUS, 1944, VI, p.696; Memorandum and reports from Davies and Service on Communist question, FRUS, 1944, VI, pp.517–757.

11. John S. Service, *The Amerasia Papers: Some Problems in History of US-China Relations*, Berkeley, Center for Chinese Studies, University of California, 1971, p.164.

12. John S. Service, *The Amerasia Papers: Some Problems in History of US-China Relations*, Berkeley, Center for Chinese Studies, University of California, 1971, p.162.

13. John S. Service, *The Amerasia Papers: Some Problems in History of US-China Relations*, Berkeley, Center for Chinese Studies, University of California, 1971, p.163.

14. Harvey Klehr and Ronald Radosh,*The Amerasia Spy Case: Prelude to McCarthyism*, Chapel Hill, University of North Carolina Press, 1996, p.62.

15. John S. Service, "State Department Duty in China, the McCarthy Era, and After: 1932–1977," an oral history conducted by Rosemary Levenson, Berkeley, Regional Oral History Office, Bancroft Library, University of California, 1978, p.310.

16. FBI Files on Ameraisa Affairs. From Gurnea to the Hoover, April 25, 1945. A UPA Collection from LexisNexis. 2005. 中国国家图书馆（缩微），Reel 1, p.489.

17. John Service security file: John Service, Security interview November 24-December 11, 1958, p.60. Bancroft Library, Berkeley, California.

18. Tydings Hearings, Hearings before a subcommittee of the U.S. Senate Committee on Foreign Relations, 81st Congress, 2nd Session, RG46 General Files of the Tydings Committee, Sen 81A-F8, State Department Employee Loyalty Investigation.National Archives and Records Administration, Maryland,1272.

19. FBI Files on Amerasia Affairs, D. M. Ladd to Hoover, April 18, 1945. A UPA Collection from Lexis Nexis, 2005. 中国国家图书馆（缩微），Reel 1, p.315.

20. Tydings Hearings, Hearings before a subcommittee of the U.S. Senate Committee on Foreign Relations, 81st Congress, 2nd Session, 1272.

21. Service security file: FBI Transcript of hotel conversation April 19, 1945, Appendix D, Box 5, John Service Papers.

22. Phillip Jaffe, unpublished autobiography, Jaffe Papers, p.26.

23. FBI Files on Amerasia Affair, A UPA Collection from Lexis Nexis, 2005. 中国国家图书馆（缩微）, From Gurnea to Hoover, May 17, 1945, Reel 2, p.146.

24. FBI Files on Amerasia Affair, A UPA Collection from Lexis Nexis, 2005. 中国国家图书馆（缩微）, Surverllience From Special Agent, Reel 2, p.176.

25. Tydings Hearings, Hearings before a subcommittee of the U.S. Senate Committee on Foreign Relations, 81st Congress, 2nd Session, p.1273.

26. Service security file: Security interview, November 26-December 11, 1958, Box 22.

27. Harvey Klehr and Ronald Radosh, *The Amerasia Spy Case: Prelude to McCarthyism*, Chapel Hill, University of North Carolina Press, 1996, p.62.

28. Service security file, "Loyalty Review Board," transcripts, Appendix C, Box #2, p.35, John Service Papers, Bancroft.

29. Lynne Joiner, *Honorable Survivor: Mao's China, McCarthy's America, and the Persecution of John S. Service*, Annapolis, Md Naval Institute Press, 2009.

30. John Service, letter to Grace Service, June 7, 1945, John Service Papers, Bancroft.

31. John Service, letter to Grace Service, June 11, 1945, family Correspondence. John Service Papers, Bancroft. 信中提及的"格鲁帮"是指以国务卿格鲁为首的美国政府内部亲日派。

32. FBL Ameraria, memo #100-267360-523x lists the articles found in Services

office desk.

33. 居里（Lauchlin Bernard Currie）在第二次世界大战期间担任美国总统罗斯福的白宫经济顾问。来自美国政府机构的反情报项目维诺纳计划显示，9 份由苏联特工发送的部分解密的电报中引用了居里的资料。1954 年，由于特工的证词和维诺纳解密的信息，美国拒绝为居里更新护照，他最终成为哥伦比亚公民。

34. Richard Service letter to John Service, June 19, 1945, Box10, John Service papers.

35. The Ameraisa Case from 1945 to the present, private published, Philip Jaffe Papers, Special Collection Department, Robert W. Woodruff Library, Emory University.

36. [美] 约瑟夫·W. 埃谢里克编著，罗清、赵仲强译：《在中国失掉的机会——美国前驻华外交官约翰·S. 谢伟思第二次世界大战时期的报告》，275 页，北京，国际文化出版社，1989。

37. FBI Files on Amerasia Affair, A UPA Collection from Lexis Nexis, 2005. 中国国家图书馆（缩微），Reel 7, p.381.

38. FBI Files on Amerasia Affair, A UPA Collection from Lexis Nexis, 2005. 中国国家图书馆（缩微），Reel 7, p.382.

39. FBI Files on Amerasia Affair, A UPA Collection from Lexis Nexis, 2005. 中国国家图书馆（缩微），Reel 7, p.347.

40. 对于"院外援华集团"（China Lobby）这一概念的适用范围，学术界是有争议的。在美国，有人认为，"院外援华集团"是一个历史概念，专指美国院外游说集团中那些为盘踞在我国台湾的国民党当局利益而斗争的集团，它在 1971 年由于中华人民共和国恢复在联合国的合法席位、1979 年美国承认中华人民共和国政府为代表全中国的唯一合法政府以后便已失去其存在的理由，取而代之的是所谓"院外援台集团"。但是，更多的人并不这么认为，他们依旧在沿用"院外援华集团"这一概念，不过其"华"（China）的内涵已由指代台湾当局转向指代中华人民共和国。本书采用美国学术界大多数人的看法。1960 年出版的《美国政治中的"院外援华集团"》一书，当时由于"院外援华集团"的压力，有很大一部分被销毁，只有少数档案馆有留存。此书于 1974 年重新出版，详细描述了 20 世纪 40 年代美国国会内外的"院外援华集团"和蒋介石集团下的亲蒋势力如何影响美国对华政策。详见 Ross Y. Koen, *The China Lobby in American Politics*, New York, Harper & Row, 1974。

41. U.S. Department of State, United States Relations with China, 1949, pp.xiv–xvi.

42. Ross Y. Koen, *The China Lobby in American Politics,* New York, The Macmillan Company,1960, pp.253–256.

43. Congressional Record, Vol. 96, Pt. 2, p.1954.

44. FBI Files on Amerasia Affair, A UPA Collection from Lexis Nexis, 2005. 中国国家图书馆（缩微），From Ladd to Hoover, May 4, 1950. Reel 7, p.466.

45. John Service, *America Papers: Some Problems in the History of US-China Relations*, Berkeley, University of California, 1971, p.66.

46. Joseph Keely, *The China Lobby Man*, New Rochelle, NewYork, Arlington House, 1969, p.114.

47. Ross Y. Koen, *The China Lobby in American Politics*, New York, Octagon Books, 1974, p.212.

48. Nancy B. Tucker, *Taiwan, Hong Kong, and the United States, 1945–1992,* New York,Twayne Publishers, 1994, pp.21,46.

49. Nancy B. Tucker, *Taiwan, Hong Kong, and the United States, 1945–1992,* New York, Twayne Publishers, 1994, p.22.

50. 《被捕的六个人》，载《中国月刊》，1945（6）。

51. 中文名孔尔钵，美国著名反共人士，1946 年出任美国对华政策协会

（American China Policy Association）主席，是"院外援华集团"的重要成员。

52. Emmanual S. Larsen, *Spy Case in Government*, October, 1946.

53. 参议院外交委员会以泰丁斯（Millard Evelyn Tydings, 1890—1961）为首席的政府雇员忠诚审查委员会，又称泰丁斯委员会（Tydings Committee）。

54. Tydings Report, Report of a subcommittee of the United States Senate Committee on Foreign Relations, 81st Congress, 2nd Session, 144.

55. 拉森递交的草稿题为"他们称我是间谍"，但在杂志上发表时变成了"国务院的间谍"。拉森撰写该文的目的是为自己辩护，但是经济上的需要又使他同意出版这篇被修改过的文章。

56. Tydings Report, 145.

57. 《中国代理人于1950年5月24日发给蒋的电报》，转引自[美]罗斯·Y. 凯恩著，张晓贝等译：《美国政治中的"院外援华集团"》，81页，北京，商务印书馆，1984。

58. 转引自[美]罗斯·Y. 凯恩著，张晓贝等译：《美国政治中的"院外援华集团"》，81~82页，北京，商务印书馆，1984。

59. 详情参见[美]罗斯·Y. 凯恩著，张晓贝等译：《美国政治中的"院外援华集团"》，182~220页，北京，商务印书馆，1984。

60. Anthony Kubek, *The Amerasia Papers: A Clue to the Catastrophe of China*, Prepared by Subcommittee to the Administration of the Internal Security Act and Other Internal Security Laws of the Committee on the Judiciary, United States Senate, Washington, U. S. Government Printing Office, 1970.

61. Subcommittee to Investigate the Administration of the Internal Security Act and Other Internal Security Laws of the Committee of the Judiciary, U. S. Seneta, *The Amerasia Papers: A Clue to the Catastrophe of China*, 2 Vols.,

1970. "美亚文件"的原本和在编纂过程中搜集的与"《美亚》事件"有关的 1700 余份档案资料现藏于美国华盛顿国家第一档案馆。

62. Anthony Kubek, *The Ameraisa Papers: A Clue to the Catastrophe of China*, Prepared by Subcommittee to the Administration of the Internal Security Act and Other Internal Security Laws of the Committee on the Judiciary, United States Senate, Washington, U. S. Government Printing Office, 1970, Foreword.

63. Anthony Kubek, *The Ameraisa Papers: A Clue to the Catastrophe of China*, Prepared by Subcommittee to the Administration of the Internal Security Act and Other Internal Security Laws of the Committee on the Judiciary, United States Senate, Washington, U. S. Government Printing Office, 1970, pp.70–71.

64. John Service, *America Papers: Some Problems in the History of US-China Relations*, Berkeley, University of California, 1971, p.16.

65. 中文版见 [美] 约翰·斯图尔特·谢伟思著，王益、王昭明译：《美国对华政策（1944—1945）》(《〈美亚文件〉和美中关系史上的若干问题》)，北京，中国社会科学出版社，1986。

66. John Service, *America Papers: Some Problems in the History of US-China Relations*, Berkeley, University of California, 1971, pp.23–24.

67. Brooks Atkinson, letter to John Service, February 20, 1972. John Service Papers, Bancroft Library of UCB.

68. 中文版见 [美] 哈里森·索尔兹伯里著，过家鼎等译：《长征：前所未闻的故事》，北京，解放军出版社，2007。

69. 有关于谢伟思和赵蕴如的交往，参见赵蕴如：《梦飞江海——我的戏剧求索之路》，北京，中国戏剧出版社，2005。

第 **08** 章

/ 寻找革命：斯特朗的六次中国行

在中国共产党对外传播的成功范本里，安娜·路易斯·斯特朗的作品是思想性和严谨度比较高的。这和她受过严格的学术训练有一定的关系。斯特朗是芝加哥大学哲学系博士学位年纪最小的获得者，她二十三岁的时候就通过了《从社会心理学研究祈祷》的论文答辩。

在这篇 1908 年的博士论文中，斯特朗从理论上论述了众神之间的差异，并将祷文分成两种类型：一种是"美学祷文"，来自基督教神秘主义者和寻求大千世界万事皆空的佛教徒；另一种是"实用祷文"，是人们借上帝的名义来为自己的目的服务。斯特朗把这两种不同形式的祷文归结为人类灵魂摆脱绝望的基本需要。第一种在东方各民族宗教信仰者中更为普遍；第二种是为保证事业上取得成功的需要，这主要表现在西方讲究实用的各个民族身上。但是当时的斯特朗从未想到过，正是被压迫的民族才需要摆脱绝望境地，而奴役别人的民族需要的却是上帝保佑他们成功。

/ 走出花园：斯特朗与美国早期工人运动

顺利完成学业的斯特朗成长于一个充满爱和教育氛围的家庭。她的母亲是最早接受高等教育的美国女性之一，父亲是一位传教士。家庭教育使她变得勇敢无畏、特立独行，学校生活又把她铸成一位具有才思敏捷的头脑和充满激情的灵魂的高效率劳动者。但是斯特朗并没有选择去从事律师、政客或者教师的职业，年仅二十三岁的她宣称要"摆脱开阶级和时代的束缚"，"走出花园"[1]。当时的她已经渴望有一个世界，在那里她能进行创造和被人们所需要，并可以随心所欲地为自己暂时创造出各种各样在现实中无法找到的世界。"只有当养育我们的群体团结一致，有意识地去控制自己的未来，个人才能安定下来。"[2] 拥有自己的世界，并把自己同更大范围的生命融汇在一起，这些信念决定了斯特朗的一生。

对待工作的态度，斯特朗同样走在独立的前沿，感情崩溃在事业挫折面前不值一提，在斯特朗看来："我的工作能力却是我赖以生存的支柱。谁攻击我的工作能力，谁就是想要剥夺我生存的权利。"[3] 一开始在纽约和芝加哥的儿童福利展览中，斯特朗担任秘书，或者叫副手。但是 1911 年到了堪萨斯城，她很快胜任主任一职，组织了许多委员会，每个委员会都提出了一项有关儿童的计划，有健康计划、住房计划、教育计划，还有娱乐计划、反对童工计划、母亲补助金计划和最低工资计划等。[4] 也就是在这份工作中，斯特朗第一次了解了社会主义和资本主义。

福利展览由于预算的限制等，并不能为真正付出劳动的员工提供稳定的工作，斯特朗想了很多办法都无济于事，她开始谴责资本主义，不是出于个人受压迫，而恰恰是出于资本主义长期以来对斯特朗灌输的工作效率崇拜。正如资本主义的社会化大生产造就了组织起来的工人阶级来推翻资本主义制度一样，资本主义在它的技术和管理人员心中建立起来的效率准则，也会最终导致他们对资本主义制度的谴责。斯特朗由此设想出一个新世界，在那里，劳动、工作和工资都是公共事务，而一切制约他们的因素也为全民所有；在那里，社会组织分配工作，限制一定的劳动时间，照顾好所有的工人、正在学习的孩子和完成了工作的老人。[5]斯特朗知道，这个世界叫社会主义，她想成为一名社会主义者。但是这条道路在当时是没有先例可循甚至不被承认的，斯特朗开始走上了研究加实践的道路。

斯特朗在西雅图组织工人运动遇到很大阻力。有人提醒她："你所有的老朋友都在骂你，妇女俱乐部联合会已站出来反对你，还有家长教师联合会、大学妇女俱乐部和市政协会也反对你。……还会有什么人站在你一边呢？"斯特朗急切地说："噢，有的，我在这个城市里得到许多最大的组织的支持。拥有七千多会员的锅炉制造工人联合会正在热情地支持我。铁匠、码头工人、机械工人、电工，还有其他许多人也是这样。"[6]此时的斯特朗是全国童工委员会的委员，但是她并不十分在乎被罢免的后果。她为能同群众并肩战斗而高兴。

1918 年 4 月，列宁发表了《苏维埃政权的当前任务》。这个小册子传到西雅图之后，斯特朗立刻组织复印，在工人中广泛散发。她亲自为小册子写了序言，还在每一节上面加了小标题和内容提要，这样，习惯于阅读报纸标题的工人，就能很快理解每一节的中心意思了。工人们对列宁的这本小册子爱不释手，他们渴望知道俄国工人是怎样管理新诞生的国家的。温哥华的工人组织也选用了斯特朗写的序言和提要，这本小册子在北美的发行量达到几万册。[7]

成为著名的苏联问题专家，这是斯特朗的人生新目标。她于 1921 年抵达莫斯科，并于 1930 年创办了苏联第一份英文报纸《莫斯科新闻》（*The Moscow News*）。长时间近距离地观察苏联工人运动和革命，并没有消除苏联及其共产党员带给斯特朗的神秘感，而且斯特朗感觉"怎么努力也不能加入他们的行列"[8]。从外表看，在苏联问题以及其他革命问题上，斯特朗正在成为一个越来越有名望的权威作家。但是在内心里，在下意识中，斯特朗却在寻找一个成功的革命，以便她可以发挥更加重要的作用。

/ 发现"红色力量"：斯特朗眼中的大革命

就在这个时候，斯特朗得知，广大的农民群众在亚洲动起来了，于是她决定穿过荒无人烟的西伯利亚平原，越过半个地球，到革命的广州结识新朋友。1925 年秋天，斯特朗第一次来到中国。

由于对人类文明史和宗教史的熟识，斯特朗在观察问题时能以一种更加广阔的视野来进行解读。来到广州的斯特朗很快就意识到，俄国革命不仅开拓了一个新天地，而且是唤醒亚洲、使亚洲工业化的第一阶段。经过不可调和的战争之后，中国出现了两种外来文明：来自南方的是世界帝国主义赤裸裸的剥削，来自北方的是俄国革命。原始的生产方式、隔绝的状态和落后的交通，正在整个亚洲大陆崩溃。帝国主义国家大骂"俄国的宣传"，但是这些国家的基督教宣传了一个多世纪也没像俄国革命这样搅动中国。因为"基督教宣传是由外来的剥削者进行的；而对'俄国的宣传'却产生于他们自己的历史，适应了他们的需要"[9]。

亲身进入省港大罢工总部的斯特朗，感受到了广州罢工的艰巨、无情、明确，就和她所经历的西雅图、汉堡、匹兹堡、伦敦——世界任何地方有组织的工人罢工一个样，农民出身的工人已经工业化了，并且很有力量。第一次来到中国的斯特朗毫无异国之感，倒仿佛到了家里。罢工者要求在英国控制的香港"有言论自由，有权开设工会办公大楼；废除对工人的体罚；在法律面前，中国人和英国人一律平等；在香港政府里要有中国人的代表，因为中国人占香港人口的百分之九十九"。这次大罢工整整进行了六个月，在罢工的冲击下，香港变成了一个死港。香港的银行请求伦敦帮助，避免破产，罢工使香港一天损失一百万美元。香港领事馆的一个美国人忧心忡忡地对斯特朗说："在西方，你知道采矿高潮过去时的死城，整个夏天我都担心，那种情况是否会在东方的这个最大港口发生。"[10] 参与领导省港大罢工的苏兆征告诉斯特朗："一共有一百多个工会团体，二十余万工人参加。""我们这次斗争，决不是什么种族之争，而是一场反对帝国主义压迫，争取民族解放的正义行动。"苏兆征还说："请你代我们转告西方工人兄弟们知道，我们所进行的这一反帝斗争，是属于世界革命的一部分的！"[11]

但是，斯特朗观察到了工人运动背后的不稳定联盟。身着绸服的官员对工人的力量感到不安，但又竭力利用他们来抵制军阀和统一全省。工人们对绸服官员不满，但是又利用他们的友好态度取得一块基地来反对英国剥削者。这种联盟能持久吗？斯特朗就这个问题询问广州国民政府的苏联顾问鲍罗廷。鲍罗廷的分析是，地主商人希望有一个他们控制之下的稳定政府。他们希望清除土匪，修筑道路，开办工业，有一个稳定的货币以及办有益于他们行业的其他一些事情。这使他们与英帝国主义发生了冲突，而受剥削的工人与英国帝国主义更有着不可调和的冲突。斯特朗追问鲍罗廷，怎样才能建立稳定政府。鲍罗廷的答案是混乱使外国人有可能掠夺这个国家，但是他同时又认为，只有很少一部分外国人有意识地希望中国混乱。[12]

鲍罗廷的这番自相矛盾的话并没有说服斯特朗。在广州期间，她还见到了身处革命的中国妇女。她见到了廖仲恺的遗孀何香凝，她在丈夫被暗杀后依然坚强地向群众进行宣传。何香凝通过给她当翻译的女儿坚定地对斯特朗说："廖仲恺最支持工人们。这就是他被暗杀的原因。但是他的事业仍在。"妇女群众大会上的一张张斗争的坚强面孔，让斯特朗联想起基辅的妇女。斯特朗向参加大会的妇女们讲述了俄国革命时的环境：古老家长制的家庭、无知的农村、受奴役的妇女、过着军营生活的工厂。接着，她讲了莫斯科附近的一个纺织工人杜尼娅革命前后的生活情况，工厂里的妇女们是如何把厂长的住所改为日托站，她们是如何组织医院和工厂午餐餐厅的。[13] 斯特朗向这些妇女讲述的，是她们自己过去和将来可能的生活。

第一次观察中国的经历，让斯特朗认识了一些难以理解的新旧人物，比如张作霖、吴佩孚还有北京的学生们。这些人物是高踞于落后农村之上的统治者和知识分子，他们彼此不同，诞生于互相冲突的文化之中。但是，斯特朗预测，在通商口岸和现代化工业的影响下，从农民中将会分化出越来越多的有识之士，他们讲着世界工人的共同语言！[14]

1927 年 5 月，奔走于世界各个革命中心的斯特朗再一次来到中国。一年半以前，斯特朗在广州看到了国民革命。现在，半个中国已经掌握在国民革命军手里了。此时，国民党同组织工农群众的共产党结成了联盟，使得北伐势如破竹。不过，正如斯特朗当初担心的那样，穿丝绸长袍的商人和饥寒交迫的工人已经分裂为两个敌对的政府，一个在南京，另一个在汉口。宋庆龄发电报邀请斯特朗去汉口采访。[15] 于是斯特朗从上海出发沿长江溯流而上，抵达汉口继续追寻革命。

在汉口，斯特朗被安排住在中央银行的楼上，隔壁是宋庆龄的房间。斯特朗盛赞宋庆龄是她在世界上结识的人中"最文雅、最敏锐、最刚强的女性"[16]。此时的宋庆龄坚持留在汉口，并坚决执行与工人、农民和共产党合作的政策。她对斯特朗也留下了深刻的印象。斯特朗逝世后，她深情地回忆："那时我们都还年轻，我们经常见面，多次长谈，谈话的内容很广泛，主要是关于我国当时的政治形势。她非常关心中国革命的前途，也关心我的处境。我们得出的结论是乐观的，我们坚信，表面的混乱是暂时的，经过大革命锻炼和组织起来的工农革命力量，仍然坚强有力，朝气蓬勃，它的呼声很快就会响遍全世界。""斯特朗的热情和智慧，增强了我同邪恶作斗争的力量，更坚定了我为中国革命走自己应该走的道路的决心。"[17]

斯特朗参加了在汉口举行的中华全国总工会第四次劳动大会。出席这次大会的有三百八十一位选举产生的代表，他们来自全国各个省份，代表着四百万组织起来的工人。他们冒着生命危险越过封锁线，来到汉口，为的是加强和巩固他们的国家，以抗击世界帝国主义联合起来的力量。参会者已经等了两小时，但为了参加开幕式，还得再坐五小时。此外，还有好几千人想参加而未能如愿以偿。这就是人们对民族革命中的中国工人运动的兴趣。斯特朗与代表们共聚一堂，举目四望，她看见一张张面孔："有的翘首仰望，有的神情严肃，有的面露笑容，有的焕发着青春的容光，有的透露着生活的艰辛。但是，在所有的面孔上，有一个共同的特点：精神抖擞的、不屈不挠的决心。"[18]

斯特朗会见了其中的一些代表。一位姓余的代表是来自上海的久经考验的组织者，在他的领导下，许多运输工会得到了壮大。一位姓马的代表是广州的老印刷工人，他正在创建中华全国印刷工会。一位年纪较大的姓唐的代表是湖南的矿工。上海纺织厂的女工们不顾生命安危溯流而上，置生死于度外，想方设法通过封锁线。这些代表们代表了各行各业的工人，从落后村庄的苦工到武汉兵工厂的先进铸造工人。斯特朗称之为中国最强大的、最富代表性的人民力量。[19]

在构成"红色汉口"这个门面的这些人物背后，组织起来的工人和农民成了实际的"红色力量"。国民革命军每经过一个地方，当地的工农组织就以惊人的速度发展。国民革命军在任何地区取得胜利后，加入工会就成了每个工人"理所当然的事"。如果谁不参加，就会被怀疑为反革命，从而处于不安全、最不受欢迎的地位。将近三百万各类工人加入了庞大的工会组织。他们中有从农村流入城市的最落后的不熟练工人，也有已经高度专业化和高度觉悟了的、已在讨论工人阶级如何参加政府的工人。他们在汉口地区一次又一次举行罢工，向雇主们提出各种要求。

一些外国人对这些要求报以嘲笑，说"这不可能""这是疯狂"。因为工人们提出的这些要求实际上是把苏联劳动法规的规定全都搬了过来，包括假期工资照付、社会保险、八小时工作日、增加工资、免费医疗、组织工人俱乐部等。然而斯特朗发现，事实上提出这些要求的工人们只要每月工资能增加一两元，只要他们的工会得到承认，就愿意继续工作。斯特朗亲眼看到，七八岁的儿童在武昌棉纺厂中工作十小时，许多工人放弃了八小时工作日，在兵工厂内每天要工作十三到十七小时，因为在上海、广州和湖南，工人们正被处决。而在武汉，至少他们还有机会抬起头来争辩几句。工人们为这种微小的特权感到欣慰。[20]

中华全国总工会的宣言有两点引起了斯特朗的注意。"第一点是，中国工人运动首次把自己的斗争和俄国的斗争联系在一起。这是一种自然的联系。这不仅因为俄国工人不久前进行了类似的斗争，而且因为俄国是援助中国工人运动的唯一国家。俄国工人为支持五卅以后发生的大罢工捐献了财物，并继续长期支持省港大罢工。……俄国人派出了一个庞大的、精心选择的友好代表团。这个代表团不仅包括赤色职工国际主席罗佐夫斯基，而且包括金属制造工人、铁路工人、教育工作者和远东工会的主要领导人……这些人不但参加了大会，而且花了几周时间访问汉口以及汉口附近的工厂，了解中国工人的情况，回答有关俄国革命的任何问题。""世界上有哪一个劳工组织，对在战火中召开的、面临这样多严重问题的第四次全国劳动大会给予过这样的支持和祝贺？美国劳工联合会是否发出过祝贺中国工会会员迅速发展到三百万的电报？欧洲是否发出过哀悼上海和湖南的白色恐怖的受害者的电报？在最严酷的斗争时刻，除了俄国人及和俄国工人联盟的各国少数激进工人外，没有人给中国工人以帮助和同情。"

另外一点是："宣言大胆地指出了镇压工人的封建军阀的姓名，包括湖南的许克祥将军。接着宣言明确指出，白色恐怖笼罩着湖南。然而，湖南名义上仍忠于武汉政府；而工会也忠于武汉政府，以'国民政府万岁！'的口号结束自己的宣言。国民政府派特使出席了劳动大会的首次会议，并在会上致了贺词。……然而，同一个国民政府却容忍在它管辖下的一个省（湖南省——引者注）集体镇压和屠杀工人领袖。显然，这样的局势不可能继续存在下去，必然会向一个或另一个方向转变。"[21]

鲍罗廷把斯特朗介绍给中国共产党总书记陈独秀时说："斯特朗女士在她的革命中不够幸运。她去俄国太晚了，而现在来中国又太早了点。"[22]斯特朗当时对这句话不太理解，她认为中国的革命确实刚刚开始，但是它会自然而然地发展到全国。她还认为政府内部的派别越多越好，这样就更具有代表性。她还没有意识到，革命政府内部存在深刻的分歧，这些分歧正在加速政府的垮台。她解释说："因为，除了国民党某些核心成员外，我和世界上所有的人们一样，仍然以为武汉政府是革命的，不知道它已经向右转了多少。"[23]

妇女们向斯特朗叙说革命带来的变化。一位佩戴镰刀斧头[24]胸针的织布女工对斯特朗说："虽然农村和旧家庭中仍有妇女缠脚，但多数女工已终止这种旧俗。国民革命军来了以后，甚至连丈夫对待妻子也比以前好了。但是，妇女在没有取得经济上的自由以前，是不会有真正自由的。中国妇女是世界上受压迫最深重的人。我们没有受过教育，也没有时间学习。我们只有争取缩短工作时间，才能有时间学习。告诉你的美国和其他地方的同志们，要走革命的道路，争取真正的自由。请告诉他们，我们也是世界革命的一部分。如果中国妇女得不到自由，全世界也不会有自由。"[25]此时除了男女共同参加的劳工组织外，在国民革命军控制区内还有三个组织专门为妇女权利而斗争。它们是：廖仲恺遗孀何香凝领导下的国民党妇女部；邓颖超领导下的军队妇女宣传组织；各省和地区的妇女协会。这些都是妇女们为争取妇女权利而组织起来的群众团体。

在汉口结束采访之后，斯特朗又去到湖南，考察了长沙的农民组织和革命。但是长沙没有一位工作人员愿意在外国人面前说自己以前参加过工会。曾经轰轰烈烈的湖南革命，此刻呈现在斯特朗眼前的是新军阀通过屠杀群众领袖恢复了旧秩序；商人们又开始出售家神像和银箔护身符；农民们害怕外国飞机。斯特朗只能从外国人和传教士的口中得到湖南革命的只言片语，并感受到在表面平静的掩盖下，人们在思索、计划、期望。那些在短短四个月中买过"人民粮"，送孩子上过为穷人办的学校，以及得到过农会帮助的人，从这些简单的生活需要中发现了新希望。正如斯特朗所了解到的，工会又以新名目出现了。活下来的领袖们正重新集结残部，计划着将来的斗争。斯特朗预见到，"从华南的这些破碎的农会中，从千百万农民的希望和经验中，此后五年必将生长出苏维埃中国"[26]。

从湖南中部的革命片段中，斯特朗看见了中国的前途，而这是她从雄辩的演说家和聪明的知识分子的言辞中从未感觉到的。从革命敌人那里搜集到的一些革命插曲也说明了工农群众的现实主义、直截了当和严守纪律的勇敢精神，而这些品质正是此时的中国上层社会所非常缺乏的。在不到六个月中，这些看似愚昧、迷信、仍处于中世纪的农民，无畏地、民主地处理了控制粮食、管理政府、行使司法权、兴办教育等问题。因此，斯特朗断言："有勇气把中国从中世纪推进现代世界的，将不会是那些北方或南方的将军们，不会是那些富有而又卑躬屈膝的上海资产阶级，不会是那些胆小怕事的政客和官僚们，而必定是这样的工人和农民。"[27]

此后，斯特朗和鲍罗廷一起离开了中国，绕道苏联，返回美国。

/ 解读马克思的中国化：斯特朗在延安

斯特朗是除了斯诺之外，真正读懂了马克思的左翼作家。回到洛杉矶，她发现有五十万人通过失业者自发组成的一百多个合作救济协会，在一年多时间里靠以工换货维持生活。他们出卖剩余劳动力换取剩余产品，以劳动换取农产品、面包，换取拍电影抛弃的戏装、拆除工厂时留下的破皮革传动带。他们组织缝纫店，妇女把丢弃的戏装改成孩子的衣服，把皮革传动带做成鞋底。他们显示出了惊人的独创性，用这种方法为自己创建小工业和提供相当数量的食物和衣服。

这些人令斯特朗着迷。在斯特朗看来，他们发展了一种哲学，并且具有开拓精神。他们没有去参加纽约的领救济食物的队伍，也没有住进芝加哥的贫民屋，他们仍怀有希望，并组织起来。有人向斯特朗谈起了国际产业工人联合会的口号："在旧社会的躯体上建设一个新的社会。"资本家做不到的事情，这些工人组织起来了。这也勾起斯特朗在西雅图所产生过的激情的回忆——"我们工人的企业，我们要在不可抗拒的前进中不经战斗、和平地建立工人政权的梦想"。洛杉矶的工人们曾经进行过英勇的斗争，但最终却在加利福尼亚的垃圾堆上，靠慢慢降低生活标准来维持自身生活。他们甚至还不死心，渴望并随时准备为资本家卖力。而美国共产党人不仅没有指导，还反对工人的组织。斯特朗用了十四年的时间，经历了三个国家的革命才懂得，"马克思是科学"。[28]

从前的斯特朗认为马克思只不过是个宣传鼓动家，他的思想是建立在六十年前的德国和英国的基础上的。现在，斯特朗开始通过马克思的理论来理解出现在美国的工人组织和运动，她开始思考马克思。"工人阶级和雇佣阶级毫无共同之处"，马克思这样说。而斯特朗所接受的教育和价值则告诉她："他们有共同的人性。他们都遭受疾病、洪水、萧条的苦难，他们都爱妻子和孩子。"十四年的革命观察让斯特朗开始思考，假如把马克思主义当作教条，这样的回答很聪明的。但是，假如把马克思主义作为指导行动的科学理论，那就不同了。"资本家和工人都是人"，这当然是对的。但是，这种说法没有说明要怎样对待资本家和工人，或者他们互相之间会采取什么行动。这种说法没有提供改造人类社会的武器。马克思的分析则是一种武器，是有助于预言社会中不同阶层的人会怎样行动的一种有用的科学分析。

通过理解马克思的经典，斯特朗分析美国共产党人之所以失败，就是因为把马克思主义当作教条，而不是当作一种分析方法来使用。他们仅仅根据莫斯科的命令来领导美国工人，而不是根据马克思、列宁、斯大林以及其他经济学家提供的理论来分析他们自己的激烈斗争。"这种混乱，不是产生于俄国原始的农村，在那里，反对新社会的势力主要来自旧的习惯力量；这种混乱产生于地球上最强大的工业国和最具有进取心的资本主义。它刚开始蹒跚地走向深渊。在任何一种混乱中，最重要的是找到正确方向，而不是在一个接一个的、必然要失败的运动中浪费生命和精力。"[29]

1937 年末，斯特朗再次来到中国，乘飞机降落在武汉，然后从汉口乘坐阎锡山的专用列车，到达了山西八路军的司令部。1938 年 1 月，斯特朗参加了八路军的军事会议，见到了朱德、林彪、贺龙和刘伯承等人。"在这个战场上，你们是在政府统一领导下作战呢，还是作为政府的盟友战斗的？"斯特朗问朱德。朱德回答说："我们是蒋介石中央军事委员会领导下的一支正规的政府军队，作为第二战区的一部分，我们的顶头上司是阎锡山司令长官。我们通过他的指挥部同本省的其它部队——中央军和地方军——发生工作关系。我们既能进行阵地战，也能进行运动战。目前我们是在日本人的后方用轻型武器作战，因此，在这个战场上我们采用了运动战的战术。我们相信，拯救中国的希望主要寄托在华北开展运动战的部队身上——不仅包括我们自己的部队，也包括在我们帮助下建立起来的农民志愿军。正是这些部队阻止了日本，使之不能巩固其战果，无法把华北变成进攻中国南部的经济和军事基地。"[30]

斯特朗在八路军司令部住了十天，同他们一起吃饭，并经常同士兵和指挥员谈话。斯特朗的房间在当地一个村民家里，睡觉的炕占去了整个房间四分之三的面积，剩下的地方，摆了一个金属火盆，盆里放着冒烟的木炭。这里饮食没有阎锡山招待时那么丰盛，也没有热酒。在一间三面是墙、一面直通严寒的露天的小屋子里，地上放着大煤油桶，里面装着大米饭。不远处，摆着两只并在一起的桌子，上面放着一大碗青菜或萝卜，此外还有一大壶淡而无味的茶。大家吃饭时很随便，有的站着，有的坐在摆得东一只西一只的小板凳上。下午三四点，开第二顿饭，这次大米饭换成全麦面馒头。参加军事会议的将军们每天吃的就是这样两顿简单的饭菜。

吃早饭的时候，斯特朗观察到"结实、威武的贺龙神气十足地走来走去，嘴上露着若无其事的笑容；有学者风度的、戴着眼镜的刘将军弯着腰从大煤油桶里添饭；和蔼可亲的朱德，嘴上露着斯文、好客的微笑，耷拉着肩膀，从从容容地坐在那儿，双脚搁在桌子下的横档上，为的是使脚能不碰到冰冷的石头地"。就在这里，斯特朗上了一堂游击战术课，听到了闻名的英雄事迹，并了解到使一支军队始终和它为之战斗的人民保持亲密关系的方法。也就是在这里，斯特朗渐渐地认识到并喜欢上这支军队的特点——这支军队拥有中国军队中罕见的，也是世界任何其他地方所罕见的特点。正是这些特点，使这支军队获得了力量和声望。

首先是这支军队的领导人的朴素和直率，以及他们对"架子"

的漠不关心。斯特朗接触过的高级别官员或将军，没有人会这样不拘礼节地跑来迎接她的汽车，或者用这样的粗茶淡饭来招待她。其次是真诚和廉洁。为了扩大队伍，指挥员和士兵都削减了自己的薪金和口粮。在斯特朗访问期间，政府送来了四万五千人的给养和薪金，但是，军官们通过与新入伍的士兵共同分享这些给养，使当时部队的人数增加了将近一倍。像贺龙这样的师长，每月的工资为五元，朱德为六元，折合成美金连两美元都不到，这让斯特朗难以想象。[31]

在和八路军朝夕相处的十天中，斯特朗还注意到了他们之间深厚的同志情谊。他们之间不存在内部倾轧，没有吵架，也没有粗暴的行为。战士们在谈到他们的指挥官的时候，脸上流露喜悦的神色；军官们用担架抬上他们的伤员，进行长途跋涉。对八路军来说，每个普通士兵都是宝贵的；不仅他的生命，而且他的主动精神都是宝贵的。就连从汉口跟随斯特朗来到山西的翻译，也对八路军内部这种毫无官僚主义，上下级之间的友情，以及从等级最低的士兵到最高级的指挥员所发挥的主动精神印象深刻。[32]

"主动精神"这个词语在党内文献中不常见，斯特朗对这个词语的解释是，在运动战中，发挥主动精神是十分重要的，因为部队必须化成小组分散活动，而同时又要在一个广大的区域内协调行动。斯特朗的随同翻译说："过去我从未见过把下属训练成和他们一样出色的军人的将军。通常将领不在的时候，他的下属就会一筹莫展。但是看看朱德——你看不到他在下命令，几乎看不出他是在指挥一个军。他总有时间同农民、外国记者和普通士兵谈话；他有大量时间，他看上去一点也不'专横'。他们隔了一些时候，总要开一个会议，散会后，各人都主动去做全体决定了的事情。"

朱德谦虚地对斯特朗说：

> 游击战并不是个新事物，美国抗英的独立战争曾广泛运用过它；法国革命时期，人民曾用它来对付国民自卫军；俄国人民在1918—1919年抵御外来干涉的战争中也曾经开展过极其广泛的游击战。这是一个严阵以待的国家和人民，用来对付拥有优势军事装备的敌人的一种战术。我在德国学到的东西使我相信，德国的模式对中国来说，过分复杂，过分机械；不能灵活改变以适应不断变化的形势。因此我更多地研究了运动战的方法。我从中国的古典作品中，尤其是……《三国志》中找到了我的最好的教科书。[33]

经常以前线指挥员的身份参加战斗的彭德怀接着说：

> 游击战在军事上的运用是为了分散敌人的注意力，切断交通线，吃掉他们的掉队人员。尽管八路军主要以游击战方式进行战斗，但它并不完全是一支游击武装。——由于我们的军事装备非常少，所以我们就利用熟悉的地形以及和人民密切的联系这些条件，在这些方面我们胜过日本人。为了

成功地做到这一点，我们首先需要获得农村广大人民的信任，其次是我们每个普通士兵的高度的主观能动性和高度的觉悟。……从战略的观点来看，这场战争从总体上来说必须是持久战。但是具体的战斗应该是速决战。……这种战斗的政治方面比军事方面更加重要。因此我们派了政治干部而不是军事干部去组织人民。他们激励人民起来反抗日本人，阻止他们组织傀儡政府、征收税赋和抢夺财产，并且抵制日货。这种不合作态度的目的在于不让日本人建立一个立足点。……但是游击武装不可能取得任何战争的最后胜利，它们的作用是提高人民的士气，并通过在一场持久战中消耗敌人的有生力量来帮助正规军。[34]

一天晚上，斯特朗把三个为她送柴火和热水的普通士兵叫到一起，挨个问他们什么时候、为什么参军。其中一个是江西人，穷苦佃农的儿子，1931 年十七岁时就参加了红军，他说："为了爱国。而且我父母也同意我参军。"第二个是船工的儿子，也是十七岁在江西参军的，"因为我想把中国人民从日本人手中解救出来"。第三个不到三十岁，当过木匠，南方人，参军时家里留下了妻子和儿子。他说："等到我们战争胜利了，我们就会有一个强大的国家，那时候有的是回家团聚的机会；倘若我们打败了，我们谁也没有回家的机会。"[35]

任弼时和朱德等人都告诉斯特朗，中国战争的命运，在很大程度上将取决于人民自卫团、农民战斗队等农民组织，因此，他们代表这些组织向斯特朗求助。朱德说："我们不是在为自己寻求援助。我们是政府的正规军，因此，我们没有权力，也不想接受外国的捐助。但是这些农民战斗队生活非常困难，饥寒交迫，有没有可能从美国那里为他们取得一些帮助？他们经常没有外衣或羊皮穿，虽然一件温暖的外衣还不值三个美元。当地村民已经尽了最大的努力来支援他们，但是村民的生活也是极端贫困，他们的庄稼和房子经常受到破坏，至于医药用品和医生，则完全没有。"

组织人民的规模扩大了，生活水平的问题就变得非常重要。军队设法通过由当地政府召开群众大会来减租、减税、减息。任弼时对斯特朗说：

> 我们想办法不让这些要求提得过高，以致使有钱人破产。因为我们并不想加剧阶级矛盾，而是要减缓它，以利于团结一致，共同对敌。有几次，一些自发的农民组织不仅打日本人，而且也同当地的地主展开斗争。这时，我们就要进行解释，只对汉奸地主才应该斗争；对其余的地主，应该加以说服，使他们明确自己在共同事业中的责任。我们团结所有的阶级。我们向有钱人解释，除非人民的负担得到减轻，否则他们就无法继续抗战；而倘若日本人胜利了，那么谁都别想过好日子。我们曾经在许多从日本人手中收复的县里帮助组织地方政府，如果原来的县长是爱国的，我们就恢复他的职务，否则，就从当地最有名望的人士中组织临

时政府。只要有时间，我们就进行选举。[36]

斯特朗在中国听到了许多极其动人的故事。由于八路军和周围群众紧密相连，它的谍报工作——锄奸工作——无疑做得比任何其他的中国军队都好。任弼时对斯特朗说："农民替我们保守秘密是非常出色的。我们部队目前所在的村子里的每个人，都会在陌生人面前装得一无所知；相反，如果陌生人来了，他们马上就会把这一情况告诉我们。"甚至斯特朗在山西遇到的外国传教士也对八路军极为友好。有一个传教士告诉斯特朗，他最好的福音传道人和教士都放弃他们优厚薪金的职务，去过八路军的艰苦而又危险的生活。这支军队成功地激起一种全心全意的自我牺牲精神，而这是他一直所未能办到的。[37]

这次重返中国，斯特朗感受到的最明显的变化之一，是妇女走出家庭参加工作的现象增多了。十年以前，斯特朗要找一位私人秘书兼译员时，只能找到男人。现在已经有女秘书来担任这项工作了。有地位的妇女，同她们的丈夫一起，或者在妇女组织中开展爱国活动。千百万出身于工人和农民家庭、出身于商人和自由职业者家庭的妇女，英勇地献身于中国的事业。在华北，农家妇女们组织了镰刀队，为她们的男人服役的军队割马草；她们受过训练，知道空袭时如何分散和卧倒。在湖南南部遥远的农村里，妇女们一针一针地为北方冰天雪地里的战士们编织着长袜。[38]

看好中国共产党领导的抗战前景并且积极呼吁援助，在这一点上斯特朗和其他左翼记者的行动基本一致。她认为，在人类历史中，中国曾经是、现在是、将来也会是一个必不可少的因素。五分之一人类的解放是 20 世纪最具有决定性意义的大事，因为四亿五千万中国人赢得自由之时，世界解放的日子也就不远了。[39] 基于此，斯特朗认为，对于美国来说，一项争取远东和平、实现美国繁荣的全面规划不仅包括抵制日本进口和禁止向日本销售战争物资，并且还包括美国支援中国内地诸省和平地实现工业化。中国内地矿藏和农产品十分丰富，人口众多，人民勤劳；迅速发展这个地区就能拯救中国。美国对此给予援助或许也能拯救美国，因为这将使美国的工厂一连忙上几年，美国几乎连续不断的萧条就能得到缓和。中国战争伟大的第二阶段就可以缩短，中国战争发展为世界大战的危险就可以减少。在太平洋彼岸就会建立起一个强大的、友好的国家，从而加强世界和平。[40]

1940 年末，斯特朗本打算从莫斯科去美国，但发现希特勒已经封锁了一切通过欧洲的路线。于是，她从阿拉木图乘飞机到了重庆，并在重庆短暂停留。她于深夜在一个偏僻地方见到了周恩来。周恩来向斯特朗介绍，中国共产党在华北和华东的部队已经有五十万人，在北面他们与东北义勇军已经联系上，在北平附近切断了铁路并把标语贴到城里，他们深入山东海岸，并控制了烟台港一段时间，使供应物资能由此进口。他们的行动虽然打击了日本，却惹恼了不能守住自己城池的国民党将军们。从 1939 年起，国民党部队开始向中国共产党领导的部队发起进攻，甚至向日本飞机发信号示意中国共产党部队的驻地。周恩来还叮嘱斯特朗：在得到他的通知以前，这些情况不要发表。

1941年1月，皖南事变爆发。斯特朗到达纽约时，接到周恩来的电报："发表你所了解的情况。"同时接到一份附加的文件，那是中国共产党关于重组新四军、待命继续抗日并"严防后方亲日汉奸"的正式命令。那时，也就是国民党对新四军的大屠杀发生后的一个月，美国人竟然还相信，屠杀"只不过是对中国共产党所纵容的、不听指挥的部队的整肃纪律的行动"。这是重庆新闻检查所允许发表的唯一说法。斯特朗在纽约报纸上以大标题登出"蒋介石不再统治一个统一的中国，不再能指挥一支统一的军队"，同时在《美亚》杂志上发表了更为详细的报道。美国国务院的一些专家，还有史迪威将军，开始告诫华盛顿，蒋介石不是一个可靠的抗日盟友。但史迪威将军在蒋介石的要求下被召回，而那些国务院的专家后来也被麦卡锡清洗了。[41]

美国作为第二次世界大战期间中国最主要的反法西斯盟友之一，在战后从军事和经济上把亲美的国民党武装起来，这是中国共产党可以预见的情况。令人意外的是，皖南事变发生后美国的表现同之前的预测相去甚远。专注于远东事务的杂志和报刊对皖南事变中的中国共产党一方大多持支持和同情的态度，美国政府也向国民党政府发出不希望中国发生内战的信号。美国政府的一贯态度是认为有关中国共产党的事务不应该引起中国内战，或者是互相残杀。罗斯福对国共双方的紧张局势也开始关注，他派白宫助理给蒋介石捎去口信，希望国共双方在抗日的大背景下团结合作，不希望双方发生冲突，而中国共产党在农村地区和妇女运动以及抗日的态度方面都有可取之处。[42] 不得不说，斯特朗率先发出的关于皖南事变的报道发挥了一定作用。

/ 从中国人民到世界人民：毛泽东思想的早期国际传播

抗日战争胜利后，斯特朗于 1946 年 6 月乘坐美国军用飞机从旧金山抵达上海，对中国做第五次访问。这时正好是马歇尔调停时期。这一调停本来应该为正在内战的国共双方安排停火，但实际上却把资源和土地不断地送给国民党。斯特朗立即决定，这种形势持续多久，她就在中国待多久，并尽可能访问更多的共产党解放区。

在马歇尔的调停下，北平成立了一个超政府机构，名为"军调部"，美国的军用飞机可以从北平飞往华北和东北的近四十个点，每个点都设有"停战小组"。这样，美国空军就可以进入全中国，对于有时间也有意愿进入解放区的记者来说，机会难得。[43] "那些迅速攻占全中国的中国共产党人是些什么样的人？是谁宣布'新民主主义'，允许自由企业而又自称为马克思的追随者？他们是落后国家的土地改革者吗？他们是有觉悟、有组织的中国人民的政权呢还是莫斯科的政权？"[44] 带着这些疑问，斯特朗开始再次寻找革命的答案。斯特朗乘飞机访问了解放区，在延安住了几个月；还在国民党攻占前，访问了张家口；又去了中原解放区和东北解放区。

出乎斯特朗的意料，处于内战中的延安没有忙碌之感。她在这里所感到的是时代、时间、空间的存在和缓慢的季节更替，广阔而艰难的中国大地和天上转动的太阳，这一切又带来播种和收成。在窑洞生活，一出洞口就是天，落雨、下雪、月缺月圆，人们都清清楚楚。即使在冬季战役中，敌人袭击边境时，人们也对第一次下雪感到高兴，说"瑞雪兆丰年"。尽管在打仗，延安在斯特朗的心目中却是一个和平、安全的地方。

在延安，党的干部工作时间很长，但维持生存的食物却很少。到了冬季，每天减为两餐，主要吃小米和瓜菜。他们在寒冷的窑洞里工作，坐在木凳或长凳上，点的是昏暗的小油灯。即使在敌人即将进犯的情况下，他们的工作也不显得紧张。这部分是由于他们过着一种接近自然的宁静而简朴的生活，部分是由于相互间同志式的社交生活。但首先是由于在延安的十二年中，他们已使自己的全部理论通过实际的检验，使之适合于原始的中国农村和农民的日常生活。他们在老百姓家中如同在自己家里一样，来来去去，无忧无虑。[45]

斯特朗认为在整个延安生活中最有意义的是谈话。延安的谈话都很令她满意，每次采访时间都很宽裕。由于交通困难和缺少时钟，每次约见都没有准确的时间，而是一个半天，即上午或下午。宣传部部长陆定一曾经花了几个下午的时间向斯特朗介绍中国共产党的历史。刘少奇花了一整天的时间向斯特朗概括地介绍毛泽东对马克思主义的新创造。斯特朗最常听到的词语是"人民"，中国人民，最后总要提到世界人民。[46]

1946 年斯特朗与朱德、康克清在延安枣园

斯特朗在美国生活方式下长大，她参加过其中的一些斗争：争取妇女选举权，争取更好的民主形式如公民的创制权、投票权、罢免权，以及罗斯福新政等。后来她开始了解苏维埃制度。她在苏联结婚、办报，周游各地并进行了多年报道。她自认为对两大制度已有透彻的了解，但是中国却与两者都不相同，这是一个世界上最古老的民族的新生。斯特朗认为，延安人民是新生事物的创造者和建设者。他们头脑敏锐，思想深邃，眼界开阔。他们在延安有的是时间和空间，思想也很开阔。[47]

在长住延安之前，斯特朗一直以为中国共产党是在经过举世闻名的长征，"发动全中国起来抗日"之后，在一种胜利的气氛之下来到延安的。他们在敌人的猛烈攻击下生存下来并突破蒋军和十个省地方军阀的重重包围，这当然是胜利。此外，在长征途中他们也的确尽自己所能做了大量的"发动"工作。但毛泽东告诉斯特朗：他们来到延安是因为他们被赶出了南方的鱼米之乡；他们之所以能够在这个尘土飞扬的盆地安身是因为这里很穷，又十分遥远。[48]对此，斯特朗评价，毛泽东"从不对胜利夸大其词"[49]。

与毛泽东的第一次会晤（由陆定一担任翻译）给斯特朗留下了深刻的印象："毛泽东的直率的谈吐、渊博的知识和诗意的描述使他的这次谈话成为我所经历过的最激动人心的谈话。我从未遇见过有人使用比喻如此贴切而充满诗意。"也正是在这次谈话中，诞生了著名的"纸老虎"比喻。说到"美帝国主义"时，毛泽东对斯特朗说："它变得孤独了，它的朋友中有那么多人已经

1946 年斯特朗和周恩来在延安

死亡或病倒，即使盘尼西林也不能治好他们。"说到"反动统治者"时，他说："他们都是'纸老虎'，看起来样子很可怕，但一下就烂了。"说到这里，毛泽东还特意停下来问斯特朗是否真正明白了它的准确含义。一开始陆定一把"纸老虎"译成"稻草人"，毛泽东让他停下来，叫斯特朗解释什么是稻草人。毛泽东听后不同意用这个词。他说纸老虎不是插在一块田里的死的东西，它吓唬的是孩子而不是乌鸦。它做得看起来像一头危险的猛兽，但实际上只是纸糊的，一遇潮就软了。[50]

一位《纽约时报》的记者曾经同毛泽东争论说：如果中国共产党不把自己称作"共产党"，就不会引起恐俄病，也就不会在美国受到这样多的误解。如果美国人知道你主张的是民主，他们一定会支持你。为什么一定要用那个名字来自找麻烦呢？在这个问题上，斯特朗的分析和观察比卡尔逊等人要深入和高明。斯特朗采用了毛泽东的回答："并不是名字带来麻烦。一百多年来，在不牵涉到俄国人或布尔什维克的情况下，西方列强总是支持中国的反民主的统治者。"[51]

中国共产党所进行的斗争是自鸦片战争以后的一百年来，长期进行的解放斗争的继续。中国共产党人既不指望外援，也不指望通过暴动一下子取得成功，而是把希望建立在对政治力量进行周密的调查研究上。为了运用解决本国的问题，他们采用了马克思主义社会分析的方法。延安的中国共产党高级干部对斯特朗这样讲："我们使用的思想方法就是马克思列宁主义的辩证唯物主义。"[52]斯特朗同时也看到，中国共产党人的思想是有创造性的，不是抄袭他人的。这种创造性的品质在毛泽东身上表现得特别明显。她说："中国共产党依靠自己的思考来解决他们的问题。每当我向极为谦逊的中国共产党人询问莫斯科对土改或战略的某些方面有何看法时，他会惊讶地回答：'我们从不向莫斯科问这些事情。我们只管怎么办对我们自己有利。'"[53]

"你们（斯特朗这样的外国作家——引者注）写了关于中国的书，写了国民党和共产党，民主同盟和军阀——这些书都是不错的。但是你们写过几次农民？而在中国，农民占了全国人口的五分之四。你们应该认真写一写张三和李四。他们就是英语中的'汤姆、迪克和哈里'。"一位从新加坡来的青年对斯特朗说。身处延安的斯特朗也意识到，尽管蒋介石的军队正从西安扑来，他们的城市即将丢失，自己的生命危在旦夕，但这些年轻人首先关心的不是延安，不是共产党，也不是战争，而是把农民的日常生活放到头等重要的地位。数千年来，从来没有人认为农民是那么重要的。而中国共产党掌握了这个价值标准。[54]

1947 年 3 月，内战逼近延安，军调部连同飞机和停战小组一起撤走了。这时延安正在遭受轰炸，已经差不多撤空了。毛泽东告诉斯特朗，必须搭乘最后一架飞机离开延安。"不然，恐怕得在两年以后我们才能把你送出去，使你重返世界。你已经在非常广阔的范围内看到了我们的解放区，把这些消息带出去，以后你还可以再回来。"[55]斯特朗本想留下来，但由于无法赶上行军的步伐，不得不随最后一批美国飞机离开了延安。随后，斯特朗报道了毛泽东和她的谈话，还把共产党其他领导人告诉她的有关毛泽

1946 年斯特朗和刘少奇在延安

东和他的思想来源等材料写成文章发表。1947 年斯特朗在《美亚》杂志上发表的《毛泽东的思想》一文应该是世界上最早介绍毛泽东思想的文章。[56] 这篇理论文章不仅得到延安的认可，还引起了东欧一些国家的注意和重视。[57]

《毛泽东的思想》一文这样描述了毛泽东思想："他应用马克思主义的方法来解决中国四万万五千万人民的问题，因而也就把马克思主义者在中国人民中间通俗化，并为中国人民当作武器所把握。在每一种问题上面——民族问题，农民问题，战略与策略问题，党的建设问题，文学与文化问题，军事问题，财政与经济问题，工作方法以及哲学问题等——毛氏不仅把马克思主义应用于新的条件，并且使马克思主义和列宁主义的学说，有新的发展；他创造了一种中国形式和亚洲形式的马克思主义。"[58] 20 世纪 40 年代中后期，随着中国革命的即将胜利，毛泽东思想在国际上从早期的新闻报道介绍出现了早期的研究形态。1948 年美国学者费正清的《美国与中国》一书初步涉及了毛泽东与中国化的马克思主义等研究内容，1951 年史华慈（Benjamin I. Schwartz）撰写的《中国的共产主义与毛泽东的崛起》首次提出"毛主义"这一词，1952 年费正清与史华慈又合编了《中国共产主义文献史（1921—1951）》一书，这些研究渐渐开启了毛泽东研究热潮的大门。关注到斯特朗研究中国共产党的学者认为，斯特朗自身的知识背景决定了她不太可能提出有深度的理论问题。[59] 但是 1947 年就发表的《毛泽东的思想》，正处于国际社会对中国共产党从分析视野转向研究视角的分水岭，观察到了马克思主义在世界历史中的形势变化，也启蒙了随后的毛泽东研究。

/ 结　语

　　当斯特朗离开延安时，她知道中国共产党领导下的中国将是她要度过后半生的地方。但是回到中国的道路却并非一帆风顺。1948 年 9 月，斯特朗动身回中国，希望在中国定居。但是她在苏联被当作"间谍"逮捕，并通过波兰被遣送回美国。直到 1955年苏联才宣布斯特朗无罪，但美国国务院拒绝给斯特朗颁发护照。三年后，也就是 1958 年 8 月，斯特朗才终于到达北京，此时她已七十二岁高龄。

　　为什么要在七十二岁回到中国？斯特朗说，在北京，她找到了自己的工作——向自己的美国同胞介绍中国革命，特别是给参加反对当今威胁全人类的美帝侵略战争的美国人以及给世界上一切对中国革命感兴趣的人。这激励着她甚至在八十岁时还能不断搜集材料并进行写作。她找到了曾经在延安时代激励过她的同志情感和清醒头脑。除此之外，她还找到了自己未曾预料到的东西：她过去从未有过的广泛的读者，其中有些人生活在她没有听说过的国土上，那里，参加民族解放运动的人民要了解"中国的道路"。[60] 而这条道路就是斯特朗一生所要寻找的理想革命。

注释

1. 朱荣根等译:《斯特朗文集》第一卷《换了人间》, 39 页, 北京, 新华出版社, 1988。

2. 朱荣根等译:《斯特朗文集》第一卷《换了人间》, 12 页, 北京, 新华出版社, 1988。

3. 朱荣根等译:《斯特朗文集》第一卷《换了人间》, 41 页, 北京, 新华出版社, 1988。

4. 朱荣根等译:《斯特朗文集》第一卷《换了人间》, 43 页, 北京, 新华出版社, 1988。

5. 朱荣根等译:《斯特朗文集》第一卷《换了人间》, 46 页, 北京, 新华出版社, 1988。

6. 朱荣根等译:《斯特朗文集》第一卷《换了人间》, 72 页, 北京, 新华出版社, 1988。

7. 朱荣根等译:《斯特朗文集》第一卷《换了人间》, 76 页, 北京, 新华出版社, 1988。

8. 朱荣根等译:《斯特朗文集》第一卷《换了人间》, 248 页, 北京, 新华出版社, 1988。

9. 朱荣根等译:《斯特朗文集》第一卷《换了人间》, 249~250 页, 北京, 新华出版社, 1988。

10. 朱荣根等译:《斯特朗文集》第一卷《换了人间》, 254 页, 北京, 新华出版社, 1988。

11. 禤倩红:《斯特朗在广东》, 见卢权、禤倩红:《耕耘集（续集）》, 624 页, 广州, 广东人民出版社, 2003。

12. 朱荣根等译:《斯特朗文集》第一卷《换了人间》, 255~256 页, 北京, 新华出版社, 1988。

13. 朱荣根等译：《斯特朗文集》第一卷《换了人间》，256~257页，北京，新华出版社，1988。

14. 朱荣根等译：《斯特朗文集》第一卷《换了人间》，258页，北京，新华出版社，1988。

15. 盛永华主编：《宋庆龄年谱（1893—1981）》上卷，347页，广州，广东人民出版社，2006。

16. 朱荣根等译：《斯特朗文集》第一卷《换了人间》，276页，北京，新华出版社，1988。

17. 宋庆龄：《斯特朗的名字永远留在中国人民心里》，见《宋庆龄选集》下卷，615~616页，北京，人民出版社，1992。

18. 朱荣根等译：《斯特朗文集》第一卷《换了人间》，277页，北京，新华出版社，1988。

19. 朱荣根等译：《斯特朗文集》第一卷《换了人间》，278页，北京，新华出版社，1988。

20. 郭鸿等译：《斯特朗文集》第二卷《千千万万中国人》，54~56页，北京，新华出版社，1988。

21. 郭鸿等译：《斯特朗文集》第二卷《千千万万中国人》，87~89页，北京，新华出版社，1988。

22. 朱荣根等译：《斯特朗文集》第一卷《换了人间》，283页，北京，新华出版社，1988。

23. 郭鸿等译：《斯特朗文集》第二卷《千千万万中国人》，54页，北京，新华出版社，1988。

24. 从第一次国内革命战争时期到1942年，党徽既出现过镰刀斧头的图案，也出现过镰刀锤头的图案。在1927年以后相当长的一段时间内，党徽图案一直处于一种变动的、不规范的状态中。直到1943年5月，中央政治局会议才正式作出决议，将镰刀锤头确定为党徽党旗的图案。

25. 郭鸿等译：《斯特朗文集》第二卷《千千万万中国人》，108 页，北京，新华出版社，1988。

26. 郭鸿等译：《斯特朗文集》第二卷《千千万万中国人》，174 页，北京，新华出版社，1988。

27. 郭鸿等译：《斯特朗文集》第二卷《千千万万中国人》，186~187 页，北京，新华出版社，1988。

28. 朱荣根等译：《斯特朗文集》第一卷《换了人间》，416~418 页，北京，新华出版社，1988。

29. 朱荣根等译：《斯特朗文集》第一卷《换了人间》，418~419 页，北京，新华出版社，1988。

30. 傅丰豪等译：《斯特朗文集》第三卷《人类的五分之一》，123 页，北京，新华出版社，1988。

31. 傅丰豪等译：《斯特朗文集》第三卷《人类的五分之一》，123~124 页，北京，新华出版社，1988。

32. 傅丰豪等译：《斯特朗文集》第三卷《人类的五分之一》，125 页，北京，新华出版社，1988。

33. 傅丰豪等译：《斯特朗文集》第三卷《人类的五分之一》，125~126 页，北京，新华出版社，1988。

34. 傅丰豪等译：《斯特朗文集》第三卷《人类的五分之一》，126~127 页，北京，新华出版社，1988。

35. 傅丰豪等译：《斯特朗文集》第三卷《人类的五分之一》，130 页，北京，新华出版社，1988。

36. 傅丰豪等译：《斯特朗文集》第三卷《人类的五分之一》，137~138 页，北京，新华出版社，1988。

37. 傅丰豪等译：《斯特朗文集》第三卷《人类的五分之一》，139 页，北京，新华出版社，1988。

38. 傅丰豪等译：《斯特朗文集》第三卷《人类的五分之一》，156、158 页，北京，新华出版社，1988。

39. 傅丰豪等译：《斯特朗文集》第三卷《人类的五分之一》，205 页，北京，新华出版社，1988。

40. 傅丰豪等译：《斯特朗文集》第三卷《人类的五分之一》，204 页，北京，新华出版社，1988。

41. 郭鸿等译：《斯特朗文集》第二卷《千千万万中国人》，54~56 页，北京，新华出版社，1988。

42. 秦孝仪主编：《中华民国重要史料初编——对日抗战时期》第三编《战时外交》，第一册，542 页，台北，中国国民党中央委员会党史委员会，1981。

43. 傅丰豪等译：《斯特朗文集》第三卷《中国人征服中国》，221 页，北京，新华出版社，1988。

44. 傅丰豪等译：《斯特朗文集》第三卷《中国人征服中国》，226 页，北京，新华出版社，1988。

45. 傅丰豪等译：《斯特朗文集》第三卷《中国人征服中国》，231~232 页，北京，新华出版社，1988。

46. 傅丰豪等译：《斯特朗文集》第三卷《中国人征服中国》，236~237 页，北京，新华出版社，1988。

47. 傅丰豪等译：《斯特朗文集》第三卷《中国人征服中国》，237~238 页，北京，新华出版社，1988。

48. 革命根据地的不断巩固与扩大、农村土地革命轰轰烈烈的展开，引起了国民党的恐惧。1930—1934 年，国民党对革命根据地进行了多次大规模的军事"围剿"。在毛泽东、朱德、周恩来等领导人的正确指挥下，红军粉碎了前四次"围剿"，中央苏区进一步巩固。然而王明"左"倾教条主义在苏区的推行，导致第五次"反围剿"失败，红军损失惨重，中央红军和各根据地红军被迫进行战略转移，开始了震撼世界的长征。

49. 傅丰豪等译:《斯特朗文集》第三卷《中国人征服中国》, 249 页, 北京, 新华出版社, 1988。

50. 傅丰豪等译:《斯特朗文集》第三卷《中国人征服中国》, 252 页, 北京, 新华出版社, 1988。

51. 傅丰豪等译:《斯特朗文集》第三卷《中国人征服中国》, 261 页, 北京, 新华出版社, 1988。

52. 傅丰豪等译:《斯特朗文集》第三卷《中国人征服中国》, 262 页, 北京, 新华出版社, 1988。

53. 傅丰豪等译:《斯特朗文集》第三卷《中国人征服中国》, 270 页, 北京, 新华出版社, 1988。

54. 傅丰豪等译:《斯特朗文集》第三卷《中国人征服中国》, 326 页, 北京, 新华出版社, 1988。

55. 傅丰豪等译:《斯特朗文集》第三卷《中国人征服中国》, 222 页, 北京, 新华出版社, 1988。

56. [美] 安娜·路易斯·斯特朗著, 陈裕年译:《我为什么七十二岁来到中国》, 364 页, 北京, 新华出版社, 1988。陈葆华主编:《国外毛泽东思想研究评述》, 26 页, 西安, 陕西人民出版社, 1993。侯且岸:《毛泽东研究史论》, 21 页, 北京, 北京出版社, 1995。

57. *Amerasia*, June 1947.

58. [美] 史特朗著, 孟展译:《毛泽东的思想》, 6 页, 香港, 光华书屋, 1947。

59. 参见叶卫平编著:《西方"毛泽东学"研究》, 2 页, 福州, 福建人民出版社, 1993; 尚庆飞:《国外毛泽东学研究》, 40~41 页, 南京, 江苏人民出版社, 2008

60. 郭鸿等译:《斯特朗文集》第二卷《千千万万中国人》, 16 页, 北京, 新华出版社, 1988。

附录一

/ 国际友人与中国共产党纪事年表

1936 年 6 月 9 日，美国记者斯诺和医生马海德（后加入中国籍）进入陕北苏区的门户安塞县境。

1936 年底，美国摄影师加利·邓汉姆（Harry Dunham）来到陕甘宁苏区的首府志丹，完成了反映中国共产党抗战的纪录片《中国的反击》（*China Strikes Back*）。

1937 年 1 月 13 日，美国作家史沫特莱到达三原杜里镇红军驻地。

1937 年 3 月，德国友人王安娜（Anneliese Schwarz）到达延安。

1937 年 4 月，纽约《呼声论坛报》记者维克托·盖因到延安进行采访。

1937 年 5 月 30 日，美国记者海伦·斯诺到达三原红军驻地，随后去往云阳红军前敌指挥部和延安。

1937 年 6 月 21 日，美国记者毕森（毕恩来）、学者欧文·拉铁摩尔、《美亚》杂志主编菲利普·贾菲夫妇来到延安，进行为期五天的访问。

1937 年 7 月，美国记者哈里森·福尔曼（Harrison Forman）到达陕甘宁苏区。

1937 年 10 月上旬，英国记者詹姆斯·贝特兰（James Bertram）到达延安。

1937 年 12 月 13 日，美国海军陆战队军官卡尔逊到达八路军总部驻地山西洪洞县高公村。

1937 年 12 月，史迪威在西安访问了八路军办事处。

1938 年 1 月上旬至中旬，斯特朗访问了八路军总部。

1938 年 2 月，汉口外国租界的国际慰问团来到八路军总部，共五位国际友人。

1938 年 2 月，苏联塔斯社记者斯科沃绍夫到八路军总部访问。

1938 年 3 月，美国合众社记者王公达（George Wang）访问延安。

1938 年 3 月，美联社驻北平记者霍尔多·汉森（Haldore Hanson）进入冀中抗日根据地采访了吕正操领导的人民抗日武装。

1938 年 3 月 31 日，加拿大医生白求恩和护士琼·尤恩（Jean Ewen）到达延安。

1938 年 4 月 17 日，加拿大医生布朗（Richard F. Brown）到达延安。

1938 年 4 月，德国记者汉斯·希伯到达延安。

1938 年 4 月，瑞士记者沃尔特·博斯哈德（Walter Bosshard）到达延安，并拍摄黑白无声纪录片《延安之旅》。

1938 年 6 月 29 日，世界学联代表团到达延安。

1938 年 6 月，英国友人乔治·何克（George Hogg）来到延安。

1938 年夏，英国学者、燕京大学经济学导师林迈可来到冀中军区司令部和晋察冀根据地。

1939 年 2 月，美国合众社记者罗伯特·马丁（Robert P. Martin）在延安采访毛泽东。

1939 年 2 月 12 日，印度援华医疗队一行五人携带 63 箱药品和医疗器械到达延安。

1939 年 2 月 23 日，德国记者汉斯·希伯和美国记者杰克·贝尔登（Jack Belden）来到云岭采访新四军。

1939 年 3 月，新西兰友人路易·艾黎到达延安。

1939 年春，美国、英国、加拿大各国传教士访问延安。

1939 年 5 月，苏联电影工作者、《消息报》摄影记者罗曼·卡尔曼（Roman Karmen）来到延安访问。

1939 年 9 月 26 日，斯诺再次采访毛泽东。

1939 年 10 月，德国医生汉斯·米勒（Hans Müller）及其医疗物品运输队到达延安。

1939 年 12 月，路易·艾黎再次来到延安视察"工合"。

1939 年，美国"各教派教会对华救济委员会"（The Inter-denominational Church Committee for China Relief）派出的记者乔伊·霍默（Joy Homer）到达延安。

1939 年，英国记者杰·布鲁斯（J. Bruce）访问新四军军部。

1940 年 1 月 14 日，路易·艾黎第三次来到延安。

1940 年 4 月，曾任南京安全区国际委员会副总干事的美国人乔治·费区（George A. Fitch）访问延安。

1940 年 4 月，日本共产党领导人野坂参三秘密来到延安。

1940 年秋，德国友人叶华（原名耶娃，著名诗人萧三的夫人，后加入中国籍）来到延安从事妇幼保健工作。

1941 年 9 月 12 日，汉斯·希伯来到山东滨海区八路军 115 师师部驻地。

1941 年 9 月 21 日，八路军朱德总司令在延安军人俱乐部召开东方各民族友人座谈会。出席会议的有菲律宾、加纳、印尼、印度、朝鲜、日本等暨延安各团体代表 50 余人。

1941 年 10 月，东方各民族反法西斯代表大会在延安开幕，18 个国家共 130 多位代表参加大会。日本代表森健、原清志，朝鲜代表武亭，印尼代表毕道文在大会上作报告。

1941 年 12 月 31 日，英国物理学家、燕京大学物理系主任班威廉（William Band）教授夫妇、林迈可到达冀热察挺进军领导机关驻地，随后到达晋察冀军区司令部驻地，开展无线电工作。

1941 年 12 月，奥地利医生傅莱（Richard Frey，后加入中国籍）进入晋察冀边区。

1942 年 5 月 11 日，苏联资深外科专家阿洛夫、塔斯社记者弗拉基米洛夫（孙平）、无线电报务员里马尔到达延安。

1942 年 7 月，法籍记者乔治·武乐文一行到达延安。

1944 年 6 月 6 日，中外记者西北参观团来到南泥湾，并于 6 月 9 日到达延安。其中外国记者六人：爱泼斯坦（Israel Epstein，后加入中国籍）、斯坦因（Gunther Stein）、福尔曼、莫里斯·武道（Maurice Votaw）、科马克·夏南汉神甫（Connic Shanan）、N. 普金科。另有孔昭恺等中国记者九人，国民党指派的领队二人和国民党中央宣传部派来的陪同人员四人。

1944 年 7 月 22 日，美军观察组抵达延安。第一批包括组长包瑞德上校、外交官谢伟思等九人。

1944 年 10 月 4 日，美国记者爱金生（B. Atkinson）以著名剧评家的身份与延安文艺界座谈。

1944 年 10 月，白修德与美国驻华大使馆二等秘书、美军中缅印战区司令部政治顾问戴维斯同机飞抵延安。

1946 年 1 月上旬，费正清在重庆八路军办事处与周恩来见面。

1946 年 6 月 4 日，费正清以美国新闻处驻华总办事处主任的身份对张家口解放区进行访问，并见到了晋察冀中央局书记、军区司令员兼政委聂荣臻。

附录二

/ 相关人物主要作品

埃德加·斯诺著作

Far Eastern Front. New York: Harrison Smith and Robert Haas, 1933.

Living China: Modern Chinese Short Stories. Compiled and edited by Edgar Snow. New York: John Day. In association with Reynal and Hitchcock, 1936.

Red Star Over China. New York: Random House, 1938. Modern Library edition, Random House, 1944.

The Battle for Asia. New York: Random House, 1941.

People on Our Side. New York: Random House, 1944.

The Pattern of Soviet Power. New York: Random House, 1945.

Stalin Must Have Peace. New York: Random House, 1947.

Random Notes on Red China, 1936–1945. Harvard East Asian Monographs, no. 5. Cambridge, Mass.: Harvard University, 1957.

Journey to the Beginning. New York: Random House, 1958.

The Other Side of the River: Red China Today. New York: Random House, 1962. Revised edition published as *Red China Today* (New York: Random House, 1970).

Red Star Over China. Revised and enlarged edition. New York: Grove Press, 1968.

The Long Revolution. New York: Random House, 1972.

海伦·福斯特·斯诺著作

Inside Red China. New York: Doubleday, Doran and Company, 1939.

China Builds for Democracy (by Nym Wales). New York:Modem Age Books, 1941. First published in 1940 in HongKong.

Song of Ariran (by Nym Wales and Kim San). New York: John Day Company, 1941.

Chinese Labor Movement. New York: John Day Company, 1945.

Chinese Communists Sketches and Autobiographies of the Old Guard, Book I: Red Dust; Book II: Autobiographical Profiles and Biographical Sketches. Stanford: Stanford University Press, 1952.

Fables and Parables for the Mid-Century. New York: The Philosophical Library, 1952.

Women in Modern China. The Hague, The Netherlands: Mouton, 1967.

My China Years. New York: William Morrow and Company, 1984.

史沫特莱著作与小册子

India and the Next War. Amritsar, India: Sohan S. Josh, 1928 (pamphlet).

Daughter of Earth. New York: Coward-McCann, 1929. Reprinted in a shortened version with an introduction by Malcolm Cowley, New York: Coward-McCann, 1935. 1929 edition reprinted New York: Feminist Press, 1973 and 1986.

(Co-editor), *Five Years of Kuomintang Reaction.* Shanghai: China Forum, 1932.

(Editor), *Short Stories from China*, trans. Cze Ming-Ting (George Kennedy), with an introduction by Agnes Smedley. New York: International Publishers, ca. 1933.

Chinese Destinies: Sketches of Present-Day China. New York: Vanguard Press, 1933. Reprinted Westport, Conn.: Hyperion, 1977.

China's Red Army Marches. New York: Vanguard Press, 1934. Also published as *Red Flood over China*, Moscow and Leningrad: Co-operative Publishing Society of Foreign Workers in the U. S. S. R., 1934. Reprinted Westport, Conn.: Hyperion, 1977.

(Co-editor), *Banhua Xuanji: Kaisui kelehuizhi* (selected prints of Kathe Kollwitz). Shanghai: Sanxian shuwu, 1936.

Zhong-Ri wenti yu Xi'an shibian (The Sino-Japanese Question and the Xi'an Incident). Interview with Mao Zedong. Yan'an:n. p., 1937 (pamphlet).

China Fights Back: An American Woman with the Eighth Route Army. New York: Vanguard Press, 1938. Reprinted Westport, Conn.: Hyperion, 1977.

Stories of the Wounded: An Appeal for Orthopaedic Centres of the Chinese Red Cross. Hong Kong: n. p., 1941 (pamphlet).

Battle Hymn of China. New York: Knopf, 1943. Reprinted as *China Correspondent,* London: Methuen, 1984 (paper).

The Great Road: The Life and Times of Chu Teh. New York: Monthly Review Press, 1956. Paper ed., 1972, still in print.

Portraits of Chinese Women in Revolution. Edited by Jan and Steve MacKinnon, with an introduction. New York: Feminist Press, 1976, in print (paper).

安娜·路易斯·斯特朗著作与小册子

Storm Songs and Fables. Chicago: Langston Press, 1904.

The Song of the City. Oak Park, Ill.: Oak Leaves Press, 1906.

The King's Palace. Oak Park, Ill.: Oak Leaves Press, 1908.

The Psychology of Prayer. Chicago: University of Chicago Press, 1909.

Boys and Girls of the Bible. Chicago: Howard-Severence Company, 1911.

Child Welfare Exhibits: Types and Preparation. Washington, D. C.: Government Printing Office, 1915.

The Seattle General Strike, issued by the History Committee of the General Strike Committee; Anna Louise Strong, historian. Seattle: Seattle Union Record, 1918. Reprinted by the Shorey Bookstore, Seattle, 1972.

Ragged Verse. Seattle: Seattle Union Record Press, 1920.

The First Time in History: Two Years of Russia's New Life, Preface by Leon Trotsky. New York: Boni and Liveright, 1924.

Children of Revolution: The Story of the John Reed Children's Colony on the Volga, Which is as Well a Story of the Whole Great Structure of Russia. Seattle: Pigott Printing Center, 1925.

China's Millions: The Revolutionary Struggles from 1927–1935. New York: Knight Publishing Company, 1935; expanded from 1928 edition, New York: Coward-McCann. New edition, Peking, 1965.

Red Star in Samarkand. New York: Coward-McCann, 1929.

The Soviets Conquer Wheat: The Drama of Collective Farming. New York: Henry Holt and Company, 1931.

The Road to the Grey Pamir. Boston: Little, Brown, 1931.

I Change Worlds: The Remaking of an American. New York: Henry Holt and Company, 1935. Reprinted with an introduction by Barbara Wilson by SealPress, Seattle, 1979.

Spain in Arms. New York: Henry Holt and Company, 1936.

This Soviet World. New York: Henry Holt and Company, 1936.

The New Soviet Constitution: A Study in Socialist Democracy. New York: Henry Holt and Company, 1937.

One-fifth of Mankind. New York: Modern Age Books, 1938.

My Native Land. New York: Viking Press, 1940.

The New Lithuania. New York: National Council of American-Soviet Friendship, 1941.

The Soviets Expected It. New York: Dial Press, 1941.

Wild River. Boston: Little, Brown, 1943.

Peoples of the U. S. S. R. New York: Macmillan, 1944.

I Saw the New Poland. Boston: Little, Brown, 1946.

Dawn over China. Bombay: People's Publishing House, 1948.

Tomorrow's China. New York: CDFEP, 1948.

The Chinese Conquer China. Garden City: Doubleday, 1949.

The Stalin Era. Altadena, Calif.: Today's Press, 1956.

The Rise of the Chinese People's Communes—and Six Years After. Peking: New World Press, 1959, 1964.

When Serfs Stood up in Tibet. Peking: New World Press, 1960.

Tibetan Interviews. Peking: New World Press, 1961.

Cash and Violence in Laos and Vietnam. New York: Mainstream Publishers, 1962.

Letters from China, Nos. 1–10. Peking, 1961–1962.

Letters from China, Nos. 11–20. Peking, New World Press, 1963.

Letters from China, Nos. 21–30. Peking, New World Press, 1966.

Letters from China, Nos. 31–70. Peking, 1966–1970.

附录三

/ 卡尔逊跟随八路军小分队的行军路线

卡尔逊跟随八路军小分队的行军路线

日期	抵达地	方式	距离（英里）	备注
1937 年 12 月 16 日	苏堡镇	徒步	16	离开八路军总部
12 月 27 日	下冶村	徒步	21	
12 月 28 日	亢驿村	徒步	20	
12 月 29 日	石渠村	徒步	24	
12 月 30 日	尧山村	徒步	20	
12 月 31 日	沁县	徒步	10	山西地方政府，考察活动
1938 年 1 月 3 日	武乡县	徒步	17	
1 月 4 日	洪水村	徒步	26	
1 月 5 日	辽县	徒步	20	129 师总部
1 月 10 日	庄里村	徒步	24	
1 月 11 日	龙旺村	徒步	6	386 旅总部
1 月 12 日	石板坂村	徒步	11	
1 月 13 日	牛川村	徒步	22	
1 月 14 日	皋落镇	徒步	20	769 团总部
1 月 15 日	葱窝村	徒步	12	遭遇日军
不详	前岩村	徒步	3	回到前岩
1 月 16 日	皋落镇	徒步	9	等军事行动结果
1 月 20 日	前岩村	徒步	9	
1 月 21 日	营庄村	徒步	20	
1 月 22 日	（地名未知）	徒步	43	穿过正太铁路
1 月 23 日	（地名未知）	徒步	12	

日期	抵达地	方式	距离（英里）	备注
1月24日	北野里（音）	徒步	15	
1月25日	北青沟（音）	徒步	15	
1月26日	南文都村	徒步	2	344旅总部
1月27日	会口村	徒步	21	
1月28日	城南庄村	徒步	35	
1月29日	阜平县	徒步	14	晋察冀边区总部
1月31日	龙泉关镇	徒步	30	
2月1日	门限石村	徒步	21	
2月2日	南茹村	徒步	32	
2月3日	东冶镇	徒步	18	在五台县待了2小时
2月4日	营房村	徒步	23	
2月5日	上阳武村	徒步	29	穿过同蒲铁路
2月6日	轩岗村	徒步	15	359旅总部
2月7日	石庄村	徒步	22	
2月8日	宁化堡	徒步	14	
2月9日	静乐县	徒步	27	
2月10日	岚县	徒步	20	考察129师总部
2月12日	普明镇	徒步	15	
2月13日	方山县	徒步	27	
2月14日	峪口镇	徒步	27	
2月15日	离石县	徒步	23	
2月16日	忻城镇	卡车	145	
2月18日	蒲县	卡车	20	
2月19日	马牧村	卡车	70	八路军总部
4月末	延安	不详	不详	与毛泽东长谈
5月	榆林	徒步	50	中央政府军

日期	抵达地	方式	距离（英里）	备注
6 月	绥远	骑马、徒步	不详	马占山司令部
6 月	河曲	徒步	不详	等傅作义 4 天
6 月 22、23 日	同蒲路	徒步	不详	贺龙部队带领

资料来源：

[美]卡尔逊：《关于中国西北部军事活动的报告——特别有关中国八路军（原共产党部队）的组织和策略》，见舒暲、赵岳编著：《太阳正在升起——卡尔逊亲历的中国抗战》，135~136 页，北京，北京出版社，2018。笔者根据卡尔逊致罗斯福的信做了部分增补。

图书在版编目(CIP)数据

见证："中国通"与中国共产党/张虹著. —北京：北京师范
大学出版社，2023.5
ISBN 978-7-303-29052-9

Ⅰ.①见⋯ Ⅱ.①张⋯ Ⅲ.①中国共产党－党史－研究
Ⅳ.①D23

中国国家版本馆 CIP 数据核字(2023)第 073859 号

营　销　中　心　电　话　010-58805385
北 京 师 范 大 学 出 版 社
新 史 学 策 划 部

JIANZHENG

出版发行：北京师范大学出版社　www.bnup.com
　　　　　北京市西城区新街口外大街 12-3 号
　　　　　邮政编码：100088
印　　刷：鸿博睿特（天津）印刷科技有限公司
经　　销：全国新华书店
开　　本：880 mm×1230 mm　1/32
印　　张：9.75
字　　数：210 千字
版　　次：2023 年 5 月第 1 版
印　　次：2023 年 5 月第 1 次印刷
定　　价：59.00 元

策划编辑：李雪洁　宋旭景　　责任编辑：岳　蕾
美术编辑：王齐云　　　　　　装帧设计：王齐云
责任校对：段立超　　　　　　责任印制：陈　涛